Johannes Brahms

im Briefwechfel mit

heinrich und Elifabet von herzogenberg

———

herausgegeben

von

Max Kalbeck

——— Erfter Band ———

Zweite, durchgefehene Auflage.

Verlag der

Deutfchen Brahms-Gefellfchaft m. b. h.

Berlin

1908.

Johannes Brahms

Briefwechsel

I.

Vorwort.

Mit dem vorliegenden Werke eröffnet die „Deutsche Brahms=
gesellschaft" eine Reihe von Publikationen, die nach und nach alles
ans Licht ziehen sollen, was von allgemein interessanten, teils
aus der Hinterlassenschaft des am 3. April 1897 zu Wien ver=
storbenen Tondichters Johannes Brahms, teils aus dessen weit=
verbreiteter freundschaftlicher und geschäftlicher Korrespondenz
erflossenen Dokumenten als geistiges Eigentum seinen Erben zu=
gefallen und dann durch Verkauf in den rechtmäßigen Besitz der
Gesellschaft übergegangen ist.

Ein vom Mai 1891 datierter, mit der Aufschrift an seinen
Verleger Fritz Simrock versehener Brief, den Brahms als seinen
letzten Willen bezeichnet hat, entsprach in seiner schwankenden,
durch nachträglich vorgenommene Streichungen und flüchtig skiz=
zierte Zusätze entstellten Form nicht den legalen Anforderungen
und mußte daher für ungiltig erklärt werden. Der hinfällig
gewordene Tenor dieses Schriftstückes enthielt u. a. die strikte
Weisung, alle in der Wohnung des Verstorbenen vorgefundenen
Briefe, soweit sie nicht an die Absender zurückgehen könnten,
„ohne irgendwelchen Vorbehalt" zu vernichten. Daß dieser über=
eilten, aus einer augenblicklichen Gereiztheit hervorgegangenen
Verfügung nicht Folge gegeben, sondern bei der Ordnung des
Nachlasses ein gerichtlich sanktionierter Unterschied gemacht wurde
zwischen kunsthistorisch wertvollen Beweisstücken und belanglosen,
gleichgültigen Privatpapieren, ist das Verdienst des Erbenver=
treters Herrn Dr. Josef Reitzes in Wien. Im Verein mit

Herrn Dr. Erich von Hornbostel war Dr. Reitzes erfolgreich bemüht, seine vom Beginn des leidigen, langwierigen Erbschafts=prozesses an eingeschlagene kluge und ehrliche Vermittelungs=politik in ebenso konzilianter wie zweckdienlicher Weise aufrecht zu erhalten und durchzuführen. Ohne ihn wäre das lieblich redende Denkmal der Freundschaft, das den Leser dieses Werkes mit drei wahrhaft großen und bedeutenden Menschen näher be= kannt machen wird, schon im Fundament gebrochen und zerstört worden, und keines Sterblichen Ohr mehr hätte etwas von dem reinen Dreiklang dieser seltenen Seelenharmonie vernommen.

Nicht weniger gebührt rühmender Dank Herrn Geheimen Rat Professor Dr. Adolf Wach in Leipzig, dem als Vertrauensmann der Beteiligten die Entscheidung über die Veröffentlichung über= tragen worden war, und Fräulein Helene Hauptmann eben= dort, der glücklichen Besitzerin der kostbaren Original=Manu= skripte, für ihr freundliches Entgegenkommen wie für den regen, unermüdlichen Anteil, den sie an dem keineswegs mit leichter Hand abzutuenden Werke genommen haben. Außerdem ist der Herausgeber des Briefwechsels zu besonderem Danke verpflichtet Herrn Edmund Astor, dem Verleger der Herzogenbergschen Werke in Leipzig, Herrn Heinrich Buck, dem Bibliothekrat seiner königlichen Hoheit des Herzogs von Cumberland in Gmun= den, Herrn Professor Julius Epstein, Frau Bertha Faber und Herrn Professor Dr. Eusebius Mandyczewski, dem Ar= chivar der „Gesellschaft der Musikfreunde", in Wien.

Vorwort zur zweiten Auflage.

Zu meiner Freude ist die erste Auflage dieses Buches schnell vergriffen und eine zweite binnen kurzer Zeit notwendig geworden. Ich habe den glücklichen Umstand zu einer gründlichen Revision des Textes, der durch Druckfehler und einige unrichtige Daten entstellt war, besonders aber zu einer genauen Korrektur des allzu eilig hergestellten Registers benutzt, das vor dem ersten Erscheinen des Buches von mir nicht mehr durchgesehen werden konnte. Allen, die mich bei dem mühsamen und zeitraubenden Geschäft des Berichtigens und Verbesserns aus freiem, gutem Willen unterstützt haben, sage ich hiermit herzlichen Dank.

Von den vielen mir zugegangenen Kundgebungen der Sympathie, welche der Briefwechsel sich erworben hat, lasse ich eine Zuschrift Paul Heyses folgen, in dem Glauben, daß ich mir kein schöneres Vorwort zur zweiten Auflage wünschen könne, als den erwärmenden Herzenserguß des Dichters. Heyse schrieb mir aus Gardone am 27. Februar 1907:

„Wir sind nun wirklich hier, liebster Freund und dies vielgelobte Land beharrt darauf, noch Ende Februar unser Winterasyl bleiben zu wollen, da wir's als eine Frühlings= frische aufsuchten. Eine stahlblaue starre Heuchelsonne, im Garten eine Primel, neben unserm Gittertor, zwei Winterrosen, früh= morgens — 0,2! Aber ich verzweifle darum nicht, daß der alte Geibel recht behalten wird mit seinem „Es muß doch Frühling werden!", wenn auch vier Wochen später, und um nicht bis dahin zu erfrieren, habe ich das wirksamste Mittel angewendet und mich ganz frisch verliebt, in niemand anders,

als Elisabet von Herzogenberg. Galeotto fu il libro — delle
sue lettere. Welch ein Buch, lieber Freund! Welche Frau!
Was für Briefe! Ich kenne nichts Ähnliches an Temperament,
Bildung, Anmut des Herzens und des Stils und nie versagen=
der Güte! Nur Einen Kummer fühle ich neu bei jedem dieser
Blätter, daß keine Gegenliebe zu hoffen, und daß man nicht
wenigstens dieser Liebenswürdigsten immer von neuem seine
Liebe, Verehrung, Bewunderung erklären kann. Herrgott, und
so eine Frau hatte zu allem noch goldenes Haar und eine
goldene Stimme! Und einen Mann, den sie liebte, warm und
tief, neben ihrem großen Freunde! Und wie sie trotz ihrer
Vergötterung dem es zu sagen wußte, was zuweilen sehr mensch=
lich an ihm war — der eine Brief, in dem sie ihm seine
Freundschaftssünde vorhielt, wie unerbittlich in der Sache und
suaviter in modo! Es ist ohne Beispiel in aller Frauen=
geschichte!"

Möge Elisabet von Herzogenberg, dieses Vorbild edelster
Weiblichkeit, sich neue Freunde und Verehrer im deutschen Publi=
kum gewinnen, daß die Aussaat des Schönen und Guten, das sie
in ihren Briefen ausgestreut hat, in vielfältiger Frucht aufgehe!

Wien, April 1907.

Der Herausgeber.

Original-Aufnahme von C. Brasch, Hof-Photograph, Berlin W.

Einleitung.

„Laß nicht ungerühmt mich zu den Schatten hinabgehn!
Nur die Muse gewährt einiges Leben dem Tod."

Goethe.

Um die Mitte der Sechziger Jahre des vergangenen Jahrhunderts erregten zwei auffallend hübsche junge Blondinen allgemeine Aufmerksamkeit in der Wiener Gesellschaft. Man sah
sie fast immer zusammen in den Theater= und Konzertsälen,
am häufigsten im Kärntnertortheater und in der Burg, gewöhnlich von einem stattlichen Elternpaar begleitet, dessen aristokra-
tisches Air auf die vornehme Abkunft der Schwestern schließen
ließ. Sobald sie in der Gesandtschaftsloge Platz nahmen, wen-
deten sich aller Augen den jungen Damen zu, von denen die
eine, im Profil an Friedrich Schiller erinnernd, in der vollen
Blüte ihrer weiblichen Schönheit prangte, während die andere,
noch um vieles zarter und anmutiger gebildet, kaum über das
Knospenalter hinausgekommen schien. Es waren die Töchter des
kgl. hannoverschen Kammerherrn, geheimen Rats, außerordentlichen Gesandten und Bevollmächtigten Ministers am österreichischen Hofe, des Freiherrn Bodo von Stockhausen.

Bodo Albrecht Stockhausen, Herr auf Lewenhagen, Imbsen
Riedemjesa, Stane, Hermannsrode, Stifter des Fideikommisses
1861, — wie der volle Name und Titel des Freiherrn lautet
— ein Sproß des niedersächsisch=hessischen Uradels, der schon 1070
im Gefolge des Herzogs Otto von Bayern urkundlich erwähnt
wird, war breiundvierzig Jahre alt, als er 1853 den Gesandt-
schaftsposten in Paris mit dem in Wien vertauschte. Er hatte
sich 1837 mit Klotilde Annette Gräfin von Baudissin vermählt,
und seiner Ehe waren drei Kinder entsprossen, ein Sohn: Ernst,

geb. zu Berlin am 11. Mai 1838, und die beiden Töchter: Julie, geb. zu Paris am 25. Februar 1842, und Elisabet, geb. ebendort am 13. April 1847. Seine Staatsgeschäfte ließen dem Freiherrn Zeit, sich auch den Künsten zu widmen, unter denen die Musik obenan stand, und er benutzte seinen vieljährigen Pariser Aufenthalt, um sich von dem gleichalterigen Chopin und später von dessen Schüler Morhange im Pianofortespiel unter= richten zu lassen. Seine Gemahlin, eine Frau von Geist und Witz, fühlte sich mehr zur Literatur hingezogen. Beide aber fanden und ergänzten sich in ihren Lieblingsneigungen, die sie um so inniger miteinander verknüpften, als sie die Ruhe ihres Hauses nicht an das Geräusch der großen Welt verlieren moch= ten, sondern, von unvermeidlichen Repräsentationspflichten abge= sehen, auf möglichst bescheidenem Fuße in beglückter Abgeschieden= heit der Erziehung ihrer Kinder lebten.

Wie innig und gemütlich das Verhältnis zwischen Eltern und Kindern war, geben zwei Briefe zu erkennen, die Elisabet im November 1888 an Edmund Astor, den Inhaber der Ver= lagsfirma Rieter=Biedermann, richtete. Sie hatte einmal, wie sie schreibt, als sie lange krank zu Bett liegen mußte, eine Reihe von Volkskinderliedern (zum Teil sehr alte, von ihr aufgestöberte) be= arbeitet, sie dann autographieren lassen, um sie kinderbesitzenden Frauen zu schenken; der Vorrat war erschöpft und, anstatt wie= der autographieren zu lassen, fiel ihr ein, ob der Verleger nicht vielleicht ganz gern zu Weihnachten solch ein Heftchen heraus= geben würde, zumal es wirklich wertvolle und zum größeren Teil ganz unbekannte Melodien seien. Aber sie möchte mit einer so lumpigen Kleinigkeit nicht unter die Komponisten gehen, auch fände sie es lächerlich, gerade als Frau ihres Mannes, mit ihrem Namen hervorzutreten, und wählte daher am liebsten ein lustiges Pseudonym. — Dann widerruft sie den Entschluß mit den Wor= ten: „Das von mir vorgeschlagene Pseudonym hatte für mich etwas höchst Belustigendes, weil wir (meine Eltern und Ge= schwister) uns vor Zeiten alle nach dem Grimmschen Märchen von Pif Paf Poltrie, der um die schöne Katrinelje freit, benannt hatten. Es war uns so zur Gewohnheit geworden, daß wir

Mühe hatten, die Spitznamen nicht auch vor Fremden zu ver=
wenden. Mein Vater hieß stets der Vater Hollenthe, meine
Mutter Malcho usw. usw. Auf mich als die Jüngste fiel die schöne
Katrinelje. Das Kinderlied von der Brautschau hat nun die=
selben Personen, und da das ‚von Thruthei‘ so natürlich und
vernünftig klingt, so war ich einen Augenblick versucht, mir den
Namen anzueignen; aber hinterbrein fiel mir ein, wie preten=
tiös das aussähe, erstens, weil das Katrinelje als ‚schnucker,
schnacker und wacker‘ bezeichnet wird, und dann, weil ja jeder
sofort das Pseudonym merkt! Ebensowenig kann ich mich in=
dessen zu einem Namen wie Fanny Meyer entschließen, und so
bitt' ich schön: lassen Sie jeden Namen aus! Setzen Sie ein=
fach: Vierundzwanzig Volkskinderlieder für eine Singstimme mit
Pianoforte bearbeitet. Und oben drüber: Musikalischen Kindern
gewidmet, um anzudeuten, daß sie von dem ganz gewöhnlichen
Kinderliederschlendrian etwas abweichen.“

Von den Stockhausenschen Kindern zeichnete sich besonders
eben diese Jüngstgeborene aus, welche die Freude und der Stolz
der Eltern bis in deren hohes Alter blieb, nicht nur, weil sie
wirklich, wie es in ihrem Kinderliede von dem schönen Katrinelje
heißt, „schnucker, schnacker und wacker“ war, sondern weil sie
hervorragende künstlerische Anlagen besaß.

Elisabet hatte von der Mutter außer ihrer bezaubernden
Schönheit den feinen, beweglichen Geist, das schnelle, sichere
Auffassungsvermögen, die nie versagende, zuverlässige Kraft des
Urteils, vom Vater ihr hervorragendes musikalisches Talent ge=
erbt, das sie befähigt hätte, als Sängerin, Pianistin, vielleicht
sogar als Komponistin in der Öffentlichkeit zu glänzen. Wenn
es auch nicht im Sinne der Eltern lag, ihre Tochter für den
Künstlerberuf vorzubereiten, so wurde doch nichts versäumt, was
zu ihrer musikalischen Ausbildung dienlich und förderlich sein
konnte. Als guter Protestant, der den regelmäßigen Kirchenbesuch
nicht nur als eine mit seiner Stellung verbundene Ehrensache an=
sah, trat der Freiherr in Beziehungen zu D. Gustav Porubszky,
dem ersten Pfarrer an der Wiener evangelischen Gemeinde Augs=
burgischer Konfession, einem leidenschaftlichen Musikliebhaber, und

übertrug dem Organisten Dirzka die Fürsorge für den musiktheo-
retischen Unterricht seiner Tochter. Auch die Anfänge im Klavier-
spiel erlernte Elisabet bei Dirzka, vertauschte aber 1861 den Ele-
mentarlehrer mit dem Kunstpädagogen Julius Epstein, der damals
der angesehenste und bedeutendste Pianist Wiens war, und machte
unter seiner Leitung so große Fortschritte, daß sie sich im vierhän-
bigen Spiel mit ihrem Vater allmählich ausgebreitete Kenntnisse in
der gesamten Musikliteratur aneignen konnte. Später rekapitulierte
Elisabet ihren Bildungsgang dahin, daß sie sagte: „Musikalisch hat
mich der Dirzka wohl gemacht, aber Klavierspielen habe ich nur
vom Epstein gelernt." Ihr alter Lehrer wird noch heute warm,
wenn er seiner ehemaligen Schülerin gedenkt. Er schreibt: „Ich
war entzückt von ihrem Talent und überrascht von ihren Fort-
schritten. Sie hatte den weichsten Anschlag, die geläufigste Tech-
nik, die rascheste Auffassung, das ungewöhnlichste Gedächtnis und
den seelenvollsten Ausdruck im Spiel — mit einem Wort, sie
war ein Genie! Dabei war sie wunderschön, klug, hochgebildet,
edel und von bestrickender Liebenswürdigkeit im Umgange. Man
mußte sich in sie verlieben!"

Dem unentrinnbaren Zauber dieser holdseligen Persönlichkeit erlag auch ein schmächtiger, hoch aufgeschossener Jüngling,
der aus seiner Geburtsstadt Graz im Jahre 1862 nach Wien
gekommen war, um bei Otto Dessoff, dem Hofopernkapellmeister,
Lehrer am Konservatorium und Dirigenten der Philharmonischen
Konzerte, Musik zu studieren, nachdem er in der früher er-
wählten Berufsart des Juristen die erhoffte Befriedigung seines
auf die höchsten Ziele der Kunst gerichteten Ehrgeizes nicht hatte
finden können. Heinrich Picot de Peccaduc, Freiherr von Herzogenberg[1]) — der heimische Name ist eine Umschreibung des
fremden — ein Sohn des 1846 zu Graz verstorbenen k. k.
Kämmerers und Gubernialsekretärs August Peter v. H. — ent-
stammte einem altfranzösischen, nach Österreich ausgewanderten,
katholischen Adelsgeschlechte, das sich in bezug auf die Ahnen-
probe mit dem der Stockhausens messen konnte. Gleich Elisabet
v. Stockhausen war er eine bevorzugte Natur von universeller
Begabung, die sich beizeiten beschränken lernen mußte, um auf

---

[1]) geb. 10. Juni 1843.

einem Gebiete zur Meisterschaft vorzubringen. Ein moderner Renaissancemensch, hätte er ebensogut Maler, Baumeister, Gelehrter oder Dichter werden können, wenn er sich nicht, von seiner vorherrschenden Neigung dazu angetrieben, entschlossen hätte, bei der Musik zu bleiben, die ihm erlaubte, seine anderweitigen reichen Fähigkeiten insoweit zu entwickeln, als sie für ihre Zwecke taugten, sich ihr willig unterordneten und in ihr aufgingen. Die Vielseitigkeit seines Talents erklärt den Einfluß, den der Romantiker Robert Schumann und Richard Wagner, der Erfinder des „Kunstwerkes der Zukunft", auf den Knaben und Jüngling ausübten, einen Einfluß, dem sich der erst in der strengen Schule Sebastian Bachs gereifte absolute Musiker und Mann bewußt zu entziehen trachtete. Aber so wenig er in seiner Musik, die sich gerade mit ihren größten und bedeutendsten Schöpfungen der protestantischen Kirche zuwendete, den Katholiken und ehemaligen Zögling des Feldkircher Jesuitenkollegiums verleugnen konnte, so schwer wurde es ihm, sich von den ihm ins Blut übergegangenen, zersetzenden Gärungsstoffen der neudeutschen Schule freizumachen. Er kannte seine Schwächen und bekämpfte sie, wo er sie erkannte, mit der stillen Macht eines zähen Willens, mit dem nach innen gewaffneten Mut einer unbeugsamen Überzeugung. Doch entschlüpfte so manches seinem, die eigene Produktionskraft ängstlich messenden Scharfblick, wie er andrerseits seine mühsam gewonnene Erkenntnis mit den empfindlichsten Opfern und einem guten Stück seiner Naivetät bezahlen mußte. Mißtrauisch gegen die spontanen Eingebungen seines Genius, goß er Wasser in den Wein der Leidenschaft, wich dem einen Extrem aus, um in das andere zu fallen, und wollte lieber kalt, trocken und nüchtern als berauscht scheinen, sobald er die Lauterkeit seiner quellenden Begeisterung bezweifelte. Seine Phantasie krankte lange an der Übergewissenhaftigkeit des strengen Kritikers und lief Gefahr, sich in ein unheilvolles Mißverhältnis zu den technischen und theoretischen Errungenschaften zu setzen, die dem Verkündiger und Vorkämpfer der reinen musikalischen Anschauung alle Formen seiner Kunst so meisterhaft zu behandeln erlaubten, daß selbst ein Brahms den Hut vor ihm

abzog und bewundernd ausrief: „Der Herzogenberg kann mehr
als wir alle zusammen!"

In dem um zehn Jahre älteren Johannes Brahms, der
1862 von Hamburg nach Wien gekommen war, und sich bald
für immer daselbst niederließ, erblickte Herzogenberg sein künst-
lerisches Ideal; ihm nachzueifern wurde, nachdem er sich mit
den Werken des vermeintlichen Antipoden Wagners innig ver-
traut gemacht hatte, das Ziel und die Aufgabe seines Lebens.
Da Brahms bei Dessoffs, wo ihm immer der Tisch gedeckt stand,
aus- und einging, werden sich beide wohl schon 1863 oder 1864
persönlich kennen gelernt haben. Jedenfalls war der Eindruck,
den der Schüler Dessoffs von dem Wesen des jungen nord-
deutschen Meisters empfing, ein so tiefer und nachhaltiger, daß
Herzogenberg sich noch am 26. März 1897 in seinem letzten,
an den auf dem Sterbebette liegenden Brahms gerichteten Briefe
jener Zeit erinnert. Ganz wie vor 34 Jahren, schreibt er, frage
er sich beim Komponieren noch heute: „Was wird Er (Brahms)
dazu sagen?"[1])

In seinen ersten Wiener Konzerten hatte der Pianist Brahms
noch stärker auf das Publikum gewirkt als der Komponist, was
dem Ankömmling insofern lieb sein mußte, als er darauf
ausging, Klavierlektionen zu erteilen. Denn in seinen Ein-
nahmen sah sich Brahms hauptsächlich auf das geringe Gehalt
angewiesen, das ihm der Dirigentenposten bei der Wiener Singakademie abwarf, und dies reichte zur Bestreitung seines Lebens-
unterhaltes so wenig hin wie die Zubuße der noch ziemlich be-
scheidenen Honorare, die er von den Herausgebern seiner Werke
gelegentlich bezog. Deshalb betrachtete er es als einen Glücks-
fall, als ihm der Freiherr von Stockhausen, dem er im Hause
Porubszky begegnete, den Vorschlag machte, die musikalischen
Studien seiner Tochter Elisabet zu überwachen, und ging sofort
auf das Anerbieten ein. Merkwürdigerweise währte dieses En-
gagement aber nur ganz kurze Zeit. Schon nach wenigen Besuchen erklärte der gewöhnlich sehr schweigsame, schüchterne und
scheue Lehrer, er sähe sich genötigt, den Unterricht abzubrechen,
„weil der zurückgesetzte Epstein sich kränken und mit Recht be-

---

[1]) II. S. 276.

leibigt fühlen könnte". Vergebens wurde ihm vorgestellt, daß Epstein, der auch die ältere Tochter Julie unterrichtete, mit Lek= tionen überhäuft sei, und daß es kaum einer besonderen Rück= sprache mit ihm bedürfe, um alles nach Wunsch zu ordnen. Epstein, der dem von ihm angebeteten Brahms in jeder Weise die Wege zu ebnen suchte, würde, hochherzig und aufopfernd, wie er immer war, die Schülerin dem Meister und diesen ihr von Herzen gegönnt haben, und er beteuert ausdrücklich, daß er gern bereit gewesen wäre, mit einem cedo majori auf Elisabet zu verzichten, ohne darüber die Spur einer Kränkung zu emp= finden. Brahms aber beharrte auf seinem Entschlusse, schwieg und zog sich zurück. Sein weiterer Verkehr mit Elisabet von Stockhausen beschränkte sich auf zufällige Begegnungen bei ge= meinsamen Freunden.

Herzogenberg hatte 1864 seine Studien bei Dessoff beendet; nach einigen Jahren des Hoffens und Harrens hielt er um Elisabet an, und am 26. November 1868 führte der Glückliche die Braut heim. Das junge Paar zog nach Graz und lebte hier ganz seiner, von der Kunst veredelten und befestigten Liebe. Zur größten Betrübnis der Gatten blieb ihre Ehe kinderlos. Frau Eli= sabet hat es ihr Lebenlang nicht verwinden können, daß ein Glück, dessen die geringsten ihres Geschlechts teilhaftig werden, und das sich den Ärmsten so oft in Fluch und Unsegen ver= wandelt, ihr versagt sein sollte. Im Gegensatze zu gewissen emanzipationssüchtigen hochmütigen Weibern, die sich zur sieg= reichen Konkurrenz mit dem beneideten und gehaßten männ= lichen Geschlecht auf allen Gebieten der Wissenschaft, der Kunst und des Lebens befähigt wähnen, erkennt sie in der Gatten= und Mutterliebe den wahren Beruf der Frau. „Grüßen Sie" — so schreibt sie an Brahms — „die Anmutvolle" (Frau Emma Engelmann=Brandes, die vor ihrer Ehe eine gefeierte Pianistin war), „die so viel kann, einzig mit weißen kleinen Pfötchen Klavier spielen, wie ein Täubchen lachen, alle Herzen bezaubern — und Kinderchen auf die Welt setzen, was doch das Eigentlichste und Hübscheste ist, das ein Weiblein auf Erden vollführen kann." [1] In ihrem natürlichen Empfinden ist sie ein beherzigens= und

[1] I. S. 47.

nachahmenswertes Beispiel dafür, daß auch das bevorzugte, mit
den reichsten Gaben des Körpers und Geistes ausgestattete Weib
ihr Geschlecht nicht zu verleugnen braucht, um durch die eben=
mäßige Ausbildung der in ihm ruhenden Kräfte selbst zur rein=
gestimmten Harmonie des Lebens zu gelangen. Ja, der nie
völlig gestillte Schmerz, daß ihr der Grundton dieser Harmonie
fehlt, steigert ihr Empfinden ins Heroische. Eine andere Niobe,
findet sie selbst die Mutter beneidenswert, die ihr geliebtes
Kind verliert: hat sie es doch besessen und ans Herz gedrückt!
Beim Tode Anselm Feuerbachs, der Brahms zur Komposi=
tion der edelsten Totenklage (Schillers Nänie) antrieb, ruft
sie aus: „Die Mütter haben's gut auf der Welt, auch die, der
Sie das Klagelied widmen, wenn sie auch trauert!",[1] und als
Friedrich Chrysander seinen hoffnungsvollen Sohn mit dem
Leichenwagen aus dem Spital abholt, den prädestinierten Erben
und Vollender seines Lebenswerkes, entfahren ihr die schmerzlich=
herben Worte: „Sieht man solchen Jammer mit an, so fragt
man sich fast — aber doch nur fast, ob es wirklich besser, keine
Kinder zum Verlieren zu haben, wie die oberflächlichen Men=
schen ja immer behaupten."[2]

Für das, was Frau Elisabet entbehren mußte, suchte und
fand sie Ersatz in ihrer und ihres Mannes Kunst und in der
Freundschaft mit dem großen Musiker und Menschen, der flüchtig
ihre Wege gekreuzt und nichts weniger als eine angenehme Er=
innerung an sich bei ihr zurückgelassen hatte. In Leipzig sollte
sie ihn wiedersehen. Dorthin war das junge Paar 1872 über=
gesiedelt. Die engen Grazer Verhältnisse und der ziemlich ein=
förmige Aufenthalt in der jeden Fremden anheimelnden Pensio=
nistenstadt an der Mur, die auf Brahms, als er im November
1867 mit Joachim in Graz konzertierte, einen so verführerischen
Eindruck machte, daß er am liebsten gleich dort geblieben wäre,
dazu die Wahrnehmung, daß die Erfolge, die Herzogenberg als
Komponist symphonischer Dichtungen und dramatischer Kantaten
(„Odysseus" und „Kolumbus") davontrug, lokalisiert blieben,
sowie Hemmungen persönlicher Natur — dies und anderes hatte
einen durchgreifenden Wechsel ihres allzu provinzmäßigen Zu-

---

[1] I. S. 161. — [2] II. S. 26.

standes wünschenswert erscheinen lassen. Die von alters her
renommierte, im Herzen Deutschlands gelegene Musikstadt an
der Pleiße mit ihren vielen Verlagsanstalten, Konzertinstituten
und musikalischen Vereinen, der auch ein lebhafter wissenschaft=
licher und geselliger Verkehr nachgerühmt wurde, versprach An=
regung und Förderung nach allen Seiten hin. Aus ihrer an=
fänglichen vorsichtigen Zurückgezogenheit traten die neu An=
gesiedelten immer froher und sicherer heraus und sahen ihre
Erwartungen in jeder Hinsicht übertroffen. Die Häuser der
Engelmann, Frege, v. Holstein, Wach — lauter ebenso vor=
nehme wie behagliche Heim= und Pflegestätten einer durch die
Musen verschönten und gehobenen Geselligkeit — taten sich
ihnen auf, und das liebenswürdige, interessante und schöne
Künstlerpaar, das mit dem freien, ungebundenen Wesen süd=
deutscher Natürlichkeit, auch im mündlichen Ausdruck, den sym=
pathischen Wiener Ton in das reserviertere und kühlere nord=
deutsche Wesen hineintrug, stand bald im Mittelpunkte eines
großen und bedeutenden Kreises. In Edmund Astor, dem
würdigen Nachfolger seines Schwiegervaters J. Melchior Rieter=
Biedermann, fand Herzogenberg den opfermutigen, treuen Ver=
leger seiner Werke. Wie der alte Rieter, der Herausgeber des
d moll-Konzerts, f moll-Quintetts, Deutschen Requiems und an=
derer, zuerst keineswegs gewinnverheißender Brahmsscher Kom=
positionen, sich durch die Mißerfolge seines Autors nicht irre
machen ließ, so glaubte Astor unerschüttert an Herzogenberg,
und auch sein Glaube sollte nach vieljährigem geduldigen Zu=
warten nicht zu schanden werden. Die von beiden gegen=
seitig geübte edle Rücksicht war so groß, daß sie Mißverständ=
nisse zur Folge hatte, die einmal fast zum Bruche zwischen
ihnen geführt hätten. Herzogenberg mochte Astor das Risiko,
einige große, schwerverkäufliche Chorwerke zu drucken, nicht
ohne weiteres zumuten, und Astor wurde ungehalten über den
„praktischen" Vorschlag, den er ihm machte: sich auf den Kla=
vierauszug zu beschränken, Partituren und Stimmen aber nicht
stechen, sondern auf Kosten des Autors kopieren zu lassen, damit
dieser sie an Vereine ausleihen könne, bis die Sache in Schwung

käme. Das Manöver war gewiß sehr fein ausgedacht, aber
dem Geschäftsmanne, der darin einen Mangel an Vertrauen
witterte, nicht recht begreiflich. Als sich das Mißverständnis
aufgeklärt hatte und Astor, zur angenehmsten Überraschung
Herzogenbergs, auf dem Druck bestand, erwiderte dieser: „Mit
welcher tiefempfundenen Freude ich Ihren Vorschlag hörte, können
Sie mir glauben. Ich glaube kaum, daß Sie in puncto
Noblesse und unerschütterlichen Vertrauens einen Rivalen haben!
Was das letztere betrifft, kaum an mir selbst, wie ich heute
zu meiner eigenen Beschämung eingestehe."

Außer diesen fruchtbaren, freundschaftlichen und geschäft=
lichen Verbindungen aber war es vor allem ein Moment, das
von größter Wichtigkeit für die künstlerische Entwickelung des
Ehepaares, zumal für die des Mannes, werden sollte: das
praktische Studium Sebastian Bachs und die daraus sich er=
gebenden Beziehungen zur protestantischen Kirchenmusik. Das
Leipziger Dezennium (1875—1885) bedeutete nach der Wiener
und Grazer Lehrzeit Herzogenbergs die Periode seiner Wander=
jahre, während denen er zum Meister heranwuchs, indem er
lernend und lehrend, empfangend und gebend das unermeßliche
Kunstgebiet des großen Thomaskantors durchwanderte. In Leip=
zig schöpfte er unmittelbar aus dem Urquell, dem auch Brahms
die Tiefe und Klarheit seiner musikalischen Anschauung ver=
dankte: Bachs Passionsmusiken, Motetten und Kantaten wurden
ihm lebendig in seinem Geiste und unter seinen Händen. Zudem
erschien damals jährlich ein neuer Band Bachscher Kirchenkan=
taten, die immer erstaunlichere musikalische Wunder enthüllten
und die Phantasie aller ernsten Künstler mächtig anregten. Hatte
ihm die Beschäftigung mit Brahms die Theatralik einer auf
äußeren, rein sinnlichen Effekt berechneten Musikmacherei für
immer verleidet, so war er doch dem Los des Epigonen, der
den Stil des Meisters zur Manier verbildet, nicht entgangen,
und der Schöpfer verlor sich im Nachahmer. Bach in seiner
durch die Ferne der Zeiten erwirkten Unpersönlichkeit führte
Herzogenberg zu sich selbst zurück und stellte ihn wieder auf die
eigenen Füße, die ihn im letzten Viertel seines Lebens zum

Ziele trugen. In Gemeinschaft mit Alfred Volkland, von dem die erste Anregung ausging, Philipp Spitta und Franz v. Holstein, drei gediegenen Musikern von vielseitiger Bildung und idealer Gesinnung, gründete Herzogenberg am 31. Januar 1875 den Leipziger Bach-Verein und übernahm, da Volkland bald darauf als Musikdirektor nach Basel berufen wurde, dessen artistische Leitung. Bevor sich der Verein konstituierte, hatten seine 81 Mitglieder am 23. Januar 1875 mit einer Aufführung Bachscher Kantaten in der Thomaskirche die erste Probe ihrer Fähigkeiten abgelegt, unter Mitwirkung von Amalie Joachim, und in den 34 öffentlichen Aufführungen, denen Herzogenberg vorstand, wurde das Programm, welches außer den Chorwerken auch Konzert- und Kammermusik enthielt, seinem Zwecke, die Kenntnis Bachs durch möglichst vollkommene Wiedergabe seiner Werke zu verallgemeinern, niemals ungetreu. Neben der öffentlichen künstlerischen Mission erfüllte der Leipziger Bach-Verein auch privatim seine Sendung, Trost und Freude durch die Kunst der Töne zu verbreiten; er jubilierte mit den Fröhlichen und trauerte mit den Leidtragenden — das Sterbehaus Franz v. Holsteins hallte von seiner Klage wider. Dies alles geschah in majorem dei gloriam, ohne den Mitgliedern und ihrem Oberhaupte etwas anderes einzutragen als die Anerkennung der Gutgesinnten. „Am mäßigsten", berichtet der humoristische Vereinschronist in seinem „Losen Gedenkblatt", „belastete die Kasse unser Herr Dirigent. Jeden Herbst in der Generalversammlung haben wir ihm sein Gehalt verdoppelt, und im letzten Jahre bezog er ebensoviel wie im ersten. Wer rechnen kann, rechne! Dafür aber hatte er auch die Erlaubnis, dickleibige Orgelstimmen auszusetzen, Solisten zu ersinnen, das Orchester der Oper abzuluchsen und was sonst."

Wenn Heinrich von Herzogenberg das sinnende und sorgende Haupt des Vereins war, so verdient Frau Elisabet sein liebevolles, den Kreislauf des Blutes regulierendes Herz genannt zu werden. Sie war es, welche die Säumigen anfeuerte, die Mißmutigen aufheiterte, die Schwachen unterstützte; sie hielt den Organismus des Ganzen zusammen, ihr Eifer und ihre Uner-

müdlichkeit kannten keine Grenzen. Allen ging sie mit gutem
Beispiel voran, und da sie die Partituren immer auswendig
wußte und sich in der Polyphonie der Chöre genau zurechtfand,
so war sie nicht bloß der Koryphäos ihrer besonderen Stimme,
des Soprans, sondern auch der Unterkapellmeister, der bald dem
Tenor, bald dem Alt einhalf und selbst dem Baß den Kopf
zurechtsetzte. Dafür aber hatte der Chor nicht nur ausnahmsweise seinen guten Tag, „wo jeder über sich selbst hinausgehoben
wird, angefacht von etwas, das man mit dem bloßen Worte
Begeisterung nicht abtun kann." — „In solchen Momenten",
schreibt Frau von Herzogenberg an Brahms, „verdreifacht sich
gleichsam die Kraft jedes einzelnen, und wir, ‚die wir so ein
kleines Häuflein sind‘, bringen dann doch ’was fertig. Meinem
braven Heinz gönne ich solche Freude für die viele miserable
Plage, die’s ihm oft doch macht, wenn jedes schwere Intervall
erst eingebläut werden muß."[1]) Und mit Stolz meldet sie am
14. Januar 1881 ihrem Freunde: „Das war unsere 35. Kantate, und wir sind doch noch jung, — das sind schon drei über
die Adelsprobe!"[2])

Nachdem Herzogenbergs in Leipzig festen Fuß gefaßt hatten,
konnte Heinrich daran denken, dem von ihm schwärmerisch verehrten Brahms, der bisher in den Konzertsälen von Klein-Paris
nicht eben mit Auszeichnung behandelt worden war, auch öffentlich zu huldigen. Er wollte das Seinige tun, um ihm zu der
gebührenden Anerkennung zu verhelfen. In einer im Mai 1873
veranstalteten Matinee führte er das fmoll-Quintett auf — den
Klavierpart spielte seine Frau — und beteiligte sich außerdem an
einer größeren, für Brahms eingeleiteten Aktion. Brahms selbst
war lange nicht in Leipzig gewesen und hatte auch die Direktion
seines, mit dem fünften (nachkomponierten) Satze bereicherten,
am 18. Februar 1869 aufgeführten Deutschen Requiems Reinecke
überlassen. Das Publikum des Gewandhauses hatte diese groß-
artige Manifestation seines Genius ziemlich gleichgültig aufgenommen und dem tonangebenden Kritiker J. Schucht stillschwei-
gend zugestimmt, der es scheinheilig bedauerte, daß Brahms noch
nicht den Mut gehabt habe, sich zu der Freiheit der Gestaltung,

---

[1]) I. S. 182. — [2]) I. S. 140.

namentlich der rhythmischen und deklamatorischen, aufzuschwingen, mit der Wagner und Berlioz, und besonders Liszt in so epochemachender Weise reformierend vorgegangen seien. Erst der Riedelsche Verein, der das Requiem am 14. März 1873 aufgeführt hatte und für den 21. November von neuem ankündigte — das Gewandhaus kam ihm dann mit einer Wiederholung am 13. zuvor — brachte den Leipzigern eine bessere Meinung von dem Werke bei. Um dieselbe Zeit spielte auch Klara Schumann das d-moll-Konzert im Gewandhause, und es wurde dort diesmal nicht, wie am 27. Januar 1859 ausgezischt, sondern wenigstens mit Respekt angehört und, vorzüglich der verehrten Künstlerin wegen, mit Beifall begrüßt. So war in Leipzig allmählich doch das Gefühl durchgedrungen, daß man ein gegen Brahms begangenes Unrecht zu sühnen habe. Seine anderweitigen großen Erfolge, die er in ganz Deutschland mit seinem Requiem davontrug, sprachen zu laut für ihn, um hartnäckig überhört zu werden. Überdies hatte ihm auch Hermann Kretzschmar in einer für das seit 1870 bestehende „Musikalische Wochenblatt" geschriebenen Serie von sachkundigen, liebevoll auf seine Werke eingehenden Aufsätzen warm das Wort geredet, und im Verein mit Riedel, der Direktion des Gewandhauses und der kleinen Gemeinde von Brahms-Verehrern, mit Herzogenbergs an der Spitze, gelang es, eine ganze Brahms-Woche in Leipzig zu veranstalten, die dem Verkannten und Vernachlässigten auf einmal die jahrelang vorenthaltene Rehabilitation bereiten sollte. Karl Reinecke veranlaßte den Vorstand des Orchester-Pensionsfonds der Gewandhauskonzerte Brahms zu einem großen Konzerte einzuladen, in dem er mehrere seiner Kompositionen persönlich vorführen sollte. Brahms nahm die Einladung, nicht ohne inneres Widerstreben, an, und kam am 29. Januar 1874 nach Leipzig. In der Woche vom 30. Januar bis zum 5. Februar hat er sich, wie das „Wochenblatt" schreibt, das Terrain vollständig erobert. Bewillkommnet wurde der Gast vom Zweigverein des Allgemeinen deutschen Musikvereins mit einer Soirée, die das Horn-Trio op. 40, die vier KlavierBalladen op. 10, die Variationen über ein Thema von Schu-

mann op. 23 und außer mehreren Sologesängen die Marien=
lieder für gemischten Chor op. 22 unter Leitung Kretzschmars
brachte. Ihr folgte am 1. Februar eine Kammermusikmatinee
im Gewandhause, in welcher Brahms seine Händel=Variationen
op. 24 und den Klavierpart seines g moll-Quartetts op. 25
spielte. Dann dirigierte er in einem „Pauliner"=Konzert den
„Rinaldo" op. 50, und am 5. Februar in dem außerordent=
lichen Gewandhauskonzerte die Orchestervariationen über ein
Thema von Haydn op. 56, die Rhapsodie für Altsolo (Frau
Joachim), Männerchor und Orchester op. 53 — beides waren
Novitäten — sowie aus dem Manuskript die drei von ihm für
Orchester gesetzten Ungarischen Tänze. Außerdem spielte er noch
mit Reinecke ein Dutzend der für das Pianoforte zu vier Hän=
den komponierten Liebeslieder op. 52 — zu dem Soloquartette
vereinigten sich vier Stimmen von seltener Schönheit und künst=
lerischer Bildung, die der Peschka=Leutner, Joachim, Ernst
und Gura. Kein Wunder, daß Brahms, der gefeierte Held
des Tages, auch mit gesellschaftlichen Auszeichnungen über=
schüttet wurde. Die Häuser der Frege, Holstein u. a. über=
boten einander in Aufmerksamkeiten für den berühmten Gast.
Er war der unverwüstlichste und dankbarste Genießer aller der
ihm zu Ehren veranstalteten Dejeuners, Diners und Soupers
und hinterließ bei seiner am 7. Februar erfolgten Abreise das
freundlichste Andenken.

Bei dieser Gelegenheit waren auch Herzogenbergs zum
erstenmal in nähere Fühlung mit ihm getreten, und Frau
Elisabet, die sich immer gern über ihre Erlebnisse aussprach,
berichtet ihrer Wiener Freundin Frau Bertha Faber als der zu=
nächst Interessierten: „Es drängte mich, Dir zu sagen, wie
sehr Euer Johannes uns bei seinem hiesigen Aufenthalt gefiel,
so daß wir kaum den alten Brahms in ihm wiedererkannten,
und welch aufrichtige Freude wir alle diesmal an dem Menschen
Brahms hatten. Was nach dem Sprichwort „den Schwachen
umwirft", das hat auf Brahms, der sich als ein Starker hier=
bei erweist, den günstigsten Einfluß gehabt. Das Berühmt=
werden ist eine Klippe, an der die meisten Menschen Schiffbruch

leiben, ihn hat es (so war wenigstens der allgemeine Eindruck) wohlwollender, milder und liebenswürdiger gemacht. Sein Ruhm hat keinen unnahbaren Unfehlbarkeitsschein à la Richard Wagner um ihn verbreitet, sondern nur die Atmosphäre wohliger, behaglicher Wärme eines am Ziele angekommenen Menschen, der, im besten Sinne, lebt und leben läßt. Die Zeit, die er in unserer Mitte verbrachte, war eine genußreiche für uns Leipziger. Wir brauchten öfter den Flügelschlag eines so gesunden, kräftigen Genius, hier, wo das Halbe, wie mehr oder minder überall, das anständig Unbedeutende eine so große Rolle spielt. Als Brahms hier gewesen war, empfanden wir das alle doppelt. ‚Das Gras aber stand wieder auf, die Öde verschlang ihn.‘[1]) Wenn Du ihn das nächste Mal siehst, grüße ihn von Herzogenbergs und Volklands, und wir lassen ihm alle sagen, wir warteten heißhungrig auf opus 60!"

Dieses op. 60 war das im Winter von 1873 bis 1874 vollendete, mit Andante und Finale versehene C moll-Klavier-Quartett, dessen erste Sätze aus alten Düsseldorfer Zeiten (1855) herstammen, dasselbe Werk, das als musikalisches Denkmal an Brahms' Werther-Periode und seine Liebe zu Klara Schumann zu betrachten ist. Es scheint, daß Brahms Partien daraus bei seinem Leipziger Aufenthalt am Klavier den neu erworbenen Freunden mitgeteilt hat. Frau von Herzogenberg gewann das die tiefsten Saiten des Herzens berührende Andante besonders lieb, und Brahms machte ihr später das Manuskript des Satzes zum Geschenk.

Das „schlanke Frauenbild in blauem Samt und goldenem Haar"[2]) schwebte ihm noch vor Augen, als er aus der beglückenden Häuslichkeit der Freunde, die ihn mit dem anheimelnden Zauber ihres behaglichen, der Kunst und Liebe geweihten Zusammenlebens gefangen genommen hatte, in sein einsames, dürftiges und ödes Junggesellenzimmer in der Wiener Karlsgasse zurückkehrte, wo ihn das verhärmte, blasse Gesicht seines alten Hausfräuleins mit devotem trübseligen Lächeln bewillkommnete.

Drei Jahre darauf kehrte Brahms wieder in Leipzig ein und wohnte diesmal bei Herzogenbergs. Nun lernte er Elisabet

---

[1]) Aus Goethes Harzreise. Anspielung auf die Brahms'sche Komposition: Rhapsodie, op. 53. — [2]) I. S. 7.

von einer neuen Seite kennen, von der sie ihm womöglich noch
besser gefiel. Die elegante Dame, die bei ihrer mufikalischen
Soiree die Honneurs gemacht und die diftinguierte Gesellschaft
mit ihrem Geift und ihrer Kunst gefesselt hatte, verwandelte
sich in die aufmerksamste Wirtin, in die umsichtigste und tüch=
tigste Hausfrau, die es mit ihrer Würde nicht für unvereinbar
hielt, ihre Einkäufe selbst zu besorgen und in der Küche zum
Rechten zu sehen. Vergebens hatte sich Brahms gegen die
Einladung gefträubt, sie geflissentlich ignoriert, „ungeschickt und
ungezogen den Vogel Strauß gespielt", wie er sagt. „Unheil,
gehe deinen Weg über unser aller Köpfe!"[1] rief er dann mit
launigem Pathos aus, als er der Lockung nicht länger wider=
ftehen konnte. Das Unheil ging seinen Weg, aber es schlug
zum Heile für das Haus in der Humboldtstraße und den Gaft
um, der, früh in Entsagung geübt, sich an dem fremden Glück
Hände und Herz wärmte. Von den Leipziger Januartagen des
Jahres 1877 an, in denen er seine erfte Symphonie und
das cmoll-Quartett aufführte, datiert die lange, bis zum Tode
während Freundschaft mit Elisabet und Heinrich von Herzogen=
berg, von der die nachfolgenden Briefe Zeugnis geben. Man
wird sie mit wachsender Teilnahme lesen und immer wieder
lesen, mit Ehrfurcht vor dem in sich gefefteten, echt männlichen,
manchmal faft unnahbaren, bis zur Härte schroffen Charakter
von Brahms, der nur seine Kunst für die zarteften und tiefften
leidenschaftlichen Bewegungen seines Innern reden ließ; mit
Rührung und Hochachtung vor der selbftlosen, unerschütterlichen
Treue Heinrichs von Herzogenberg, den nichts in seinem Glauben
an die Güte und Größe des ihm überlegenen Genius beirren
konnte, und mit einer aus frohem Staunen und herzlicher Zu=
neigung gemischten Sympathie für die geift= und gemütvolle,
demütig=ftolze, würdige und bescheidene Frau, die, eine mit dem
Schwerte der Kritik gegürtete Grazie, in Fragen der Kunst nicht
an ihr sicheres, auf dem Fundamente der Sittlichkeit beruhendes
Schönheitsgefühl allein zu appellieren brauchte, da ihr durch
Kenntnisse und Erfahrungen bereichertes, unbeftochenes Urteil
das jedes Fachmannes aufwog.

[1] I. S. 9.

Was die drei, an Geist, Tiefe des Gefühls, Adel der Ge=
sinnung und Höhe der Bildung einander ebenbürtigen Menschen
verband, waren rein ideale Interessen, und darum war ihre
Freundschaft auch dauerhafter und fruchtbarer als irgend ein
auf materiellen Zwecken und Rücksichten begründeter Bund. Sie
vereinigten sich in ihrer begeisterten Liebe zur Musik, die ihnen
die himmlische, vom Erdenstaub unberührte Göttin war und
Ersatz bot für alles, was das Schicksal ihnen versagte oder
raubte. Brahms umarmte in der Göttin seine Geliebte, Elisa=
bet liebte in den Schöpfungen des Freundes und ihres Mannes
ihre Kinder, und Heinrich fand in der Musik kräftigenden
und neu belebenden Trost in schweren körperlichen und seelischen
Leiden.

Als Herzogenberg sich 1888 von anderthalbjährigem Kranken=
lager, in seiner Bewegungskraft schwer geschädigt erhob, sollte er
sich nicht lange ungetrübt seiner nur halb wiedergewonnenen Ge=
sundheit erfreuen; denn Frau Elisabet, die, selbst leidend, sich mit
der Pflege des Gatten bei fortwährenden Aufregungen überan=
strengt hatte, erkrankte neuerdings unter bedenklichen Symptomen
an ihrem ererbten Herzübel. Der Abschied von der schönen Welt,
die sie so sehr liebte, wurde ihr nicht so leicht gemacht wie ihrem
Vater, der, zu hohen Jahren gekommen, 1885 in der Gmundener
Villa Mühlwang beim Herzog von Cumberland, während er die
Zeitung vorlas, vom Schlage getroffen, zusammensank. Elisabet
mußte eine nach Wochen und Monaten zählende, schmerzensreiche
Leidenszeit absolvieren, ehe sie am 7. Januar 1892 in San Remo
durch den Tod von ihren Qualen erlöst wurde. Ihre letzten großen
Lebensfreuden waren musikalische: die Bekanntschaft mit dem
Brahmsschen G dur-Quintett op. 111 und eine Aufführung des
Herzogenbergschen Requiems op. 72, zu der sie, trotz zunehmen=
der Beschwerden, mit ihrem Gatten von Berlin nach Leipzig
hinüberreiste.

Am 17. Januar 1892 fand bei Frau Hedwig von Holstein in
Leipzig eine Gedächtnisfeier zu Ehren der Entschlafenen statt, in dem=
selben Hause, das die Lebende so oft mit ihren Freunden zu künstle=
risch angeregter Geselligkeit vereinigt hatte. „An der Stelle," schreibt

Frau von Holstein dem in Florenz weilenden trauernden Gatten
— Elisabets Mutter war dort am 29. Dezember 1891 ihrer
Tochter im Tode vorangegangen — „an der Stelle, wo sie Ihr
Kranzelliedchen sang und Ihre serbischen Mädchenlieder, an der
Stelle stand Wach und ließ ihr Bild in seiner ganzen Schöne
vor uns erstehen. — Über all den Schmerz geht aber doch die
Freude, daß wir sie gehabt haben, ja daß es überhaupt ein so
ideales Wesen unter uns Menschen gab! Mich hat die Empfindung im Verkehr mit ihr nie verlassen, daß wir sie nicht
lange haben würden, und ich habe jede Minute ihrer Gegen-
wart dankbar, ganz und voll und mit Bewußtsein genossen.
Und so danke ich Ihnen auch in dieser Stunde noch einmal für
das Teil, das Sie mir von ihr vergönnt haben, es bleibt Ihnen
unverloren — Sie finden dieses Teilchen von ihr in meinem
Herzen, in meinem Leben wieder, sie ist nie begraben und steht
täglich in mir auf, sie lebt in jedem guten Gedanken, in jedem
guten Vorsatz, mir ist, als legte sie mir jedes liebevolle Wort in
den Mund. Könnten Sie doch hören, wie man über sie spricht,
und wie alle nach Wachs Rede kein Wort des Lobes zu viel fanden, sondern durstig waren, mehr zu hören, und jeder ein Segens-
wort für sie auf den Lippen hatte." [1]

Mit der herrlichen Gedenkrede ist Adolf Wach, der Gelehrte, zum Dichter geworden. In wahrhaft poetischer Plastik
zeichnet er die vollkommene Persönlichkeit der Verklärten, wenn er
sagt: „Ich sehe sie in ihrem lichten Goldhaar, dem heiteren, unendlich lieblichen und göttlich begeisterten Ausdruck, der hohen
Anmut der Bewegung, ein Abbild ihres vollendet schönen Innern: wohl ähnlich wie die großen Meister eine Heilige der
Kunst oder die jungfräulichen Engel bildeten, die auf uns her-
niederlächeln. Ihr Wesen war reine Harmonie, der Wohllaut
reichster Töne, der Zusammenklang edelster Seelenkräfte. Das
Schöne, diese sinnliche Offenbarung des Göttlichen, war ihr eigen.
Was sie war, lebte, sprach und sang, trug diesen Stempel höchsten
Seelenadels. So war sie aus Gottes Hand hervorgegangen: eine ge-

---

[1] Helene Besque: „Eine Glückliche". (Hedwig v. Holstein in ihren
Briefen und Tagebuchblättern, 3. Aufl. 1907. H. Haessels Verlag.)

borene, nicht eine gelernte Jüngerin der Kunst. Zur Priesterin ist
sie herangereift. Mit wunderbarer Empfänglichkeit Feinfühligkeit
und sicherem Urteil ergriff sie alles, was wahre Kunst, lehnte
sie alles ab, was gekünstelt und unecht ist. Kein Zweig künst=
lerischen Schaffens war ihrem Sinn verschlossen, aber ganz durch=
drungen ihr Wesen von der geistigsten und erhabensten der
Künste, der allein gegeben ist, Unaussprechliches zu sagen. Das
Spiel, der Gesang unserer Freundin atmete den hohen Schwung
der Seele, die reinste und keuscheste Empfindung. Die Geheim=
nisse des musikalischen Schaffens lagen ihrem verständnisvollen
Blicke offen. Und damit einte sich eine nicht rastende Lebendig=
keit des Geistes, eine Klarheit des Verstandes und eine Form=
vollendung, Poesie und Kraft des Wortes, welche dem, was sie
sprach und schrieb, einen seltenen Reiz verliehen. Alle diese
schönen, reichen Gaben, durch welchen sie jeden, der ihr nahte,
unwiderstehlich anzog, zierten die edelste Seele. Nie habe ich
das Schöne mit dem Guten in gleichem Maße in einer Natur
vereint gesehen . . . Ihre Seele bewegte sich in reinsten Stre=
bungen. Der äußere Glanz, die Eitelkeit der Welt, die Schätze
dieser Erde hatten keine Macht über sie. Das Geringe war ihr
unendlich fern. Und selbst der Mut und die fast leidenschaft=
liche Heftigkeit, mit welcher sie gegebenenfalls für das Gute ein=
trat, konnte ihr nicht zur Gefahr werden. Sie besaß eine un=
betrügliche Wahrheitsliebe, aber sie mißbrauchte sie nicht durch
verletzende Heftigkeit und Schärfe. Schon das Gesetz des Schö=
nen, das in ihr lebte, bewahrte sie davor, noch mehr wie ihre
Menschenliebe. Ihr Gerechtigkeits=, ich möchte sagen ihr Rechts=
gefühl, war in einem für ein weibliches Wesen erstaunlichen
Maße ausgebildet. Sie verwechselte nicht das, was sie wünschte,
mit dem, was man soll . . . Das Vertrauen auf das Gute,
welches fließt aus dem Vertrauen auf den Vater alles Guten,
und die stärkste aller Seelenkräfte, die Liebe, die sich nicht selbst
sucht, die nimmer aufhört, von der wir wissen, daß sie des Ge=
setzes Erfüllung ist, und daß sie die Welt erlöst, sie waren der
innerste Kern ihres Wesens . . ."

Die letzten Worte des Redners klingen an die Korinther=

epistel des Apostels Paulus an, jene erhabene Verherrlichung
göttlicher und menschlicher Liebe, die Brahms zu dem Finale
seiner „Vier ernsten Gesänge" begeisterte. „Nun aber bleibet
Glaube, Hoffnung, Liebe, diese drei; aber die Liebe ist die
größeste unter ihnen", sind auch die letzten Worte, die der Freund
Elisabets, gestreift von den Schatten der leise herniedersinkenden
Nacht des Todes und überschauert von dem Hauche der Ewigkeit, in Töne gesetzt hat. Von dem Purpurgrunde des Hdur-
Adagios hebt sich das mit einer goldenen Gloriole umflossene
Haupt seiner Heiligen ab, wie sie ihm allezeit vor Augen und
im Herzen stand, und sie bewegt die Lippen, um in das un-
sterbliche Schwanenlied ihres Sängers einzustimmen. Auf dem
einsamen Friedhofe an der von dem blauen Meer des Südens
umrauschten Riviera aber erhebt sich neben Lorbeeren, Palmen
und Zypressen ein weißes Reliefbild, das eine vor der Orgel
sitzende Frauengestalt sehen läßt. Unter Meister Hildebrands
Händen scheint Donatellos strenge Sancta Caecilia eine liebliche Transfiguration eingegangen zu sein: das sinnend geneigte
Antlitz der den Klängen des Instruments lauschenden Heiligen
trägt die wohlbekannten unvergeßlichen Züge Elisabet von Herzogenbergs.

In seiner „Totenfeier" hat Heinrich von Herzogenberg sich
den niederdrückenden Witwerschmerz von der Seele gesungen und
der ihm entrissenen Gattin das rührendste und ergreifendste
Denkmal in Tönen errichtet. „Indem er die Bibelsprüche,
welche der Pfarrer bei dem Begräbnis seiner Frau gebrauchte,
verbunden mit Strophen evangelischer Kirchenlieder, zu einem
Ganzen zusammenfügte, dessen Vollendung, im Unterschied von
dem losen Gedankengefüge in dem Brahmsschen deutschen Requiem, für jeden unbefangen Urteilenden auf der Hand liegt,
schuf er sich den Text zu einer evangelischen Kirchenkantate,
deren wahrhaftig mit seinem Herzblut geschriebene Musik die
Kennzeichen eines Lebens trägt, das kein Können und kein
Talent schaffen oder ersetzen kann." (Friedrich Spitta: Heinrich
von Herzogenberg und die evangelische Kirchenmusik.) In einem
Schreiben an den Bruder des Bachbiographen, den begeisterten

Anhänger und Vorkämpfer seiner Musik, nennt Herzogenberg
den Schmerz den sichersten Freund des Menschen, seinen Erwecker und Erzieher. Dieser Erwecker öffnete den halbver-
schütteten Jungbrunnen seines ehedem von frischen Melodien
überströmenden Talentes wieder, aus dem er unter anderem das
köstliche „Deutsche Liederspiel" geschöpft hatte. Nun leitete er
den Quell in die zum Teil von ihm neu geschaffenen, beziehungs-
weise ausgestalteten Formen einer modernen Kirchenkantate. Aus
dem tiefdurchpflügten Acker seines Gemütes ging eine Saat auf,
die ewige Früchte trug. Sie wurden Brot des Lebens für ihn
und die große Menge andächtiger Zuhörer, die seine, dem
Gottesdienste der protestantischen Kirche geweihten und ange-
paßten Kompositionen versammelten, und gewannen sich auch
unter den Musikern neue Freunde zu den alten, die in der tief-
sinnigen, formvollendeten Kammermusik, den anmutigen Liedern,
den großen architektonisch gegliederten Chor= und Orchesterwerken
Herzogenbergs einen wertvollen Schatz und eine bleibende Bereicherung der modernen Musik erkannten.¹) Auf seiner Appen-
zeller Höhe, in dem Heidener Hause, das er sich selbst gebaut
und mit dem Stilgefühl des Künstlers und Kenners bis ins
kleinste Detail hinein eingerichtet hat, verbrachte er, nachdem
sich „der letzte irdische Zusammenhang mit seiner Frau so gut
wie ganz gelöst hatte", betreut von dem guten, lieb= und hilf-
reichen Genius seines neuen Heims, Fräulein Helene Hauptmann
(„Wer sie hat, ist geborgen, ist glücklich", schreibt Frau von
Holstein), der musikalisch gebildeten Tochter des ehemaligen
Thomaskantors und Komponisten Moritz Hauptmann, die letzten
fruchtbaren acht Sommer seines Erdendaseins. Dort empfing
er alljährlich einen Kreis von Künstlern und Gelehrten, die sich
an dem unversieglichen Humor, dem Begleiter wiedergewonnener
Schaffensfreudigkeit, an dem belehrenden, über alle Gebiete des
Wissens und Bildens sich verbreitenden Gespräch des gastfrohen

---

¹) Um die Erkenntnis und Verbreitung der Werke Herzogenbergs
haben sich außer dem schon erwähnten Friedrich Spitta namhafte Ver-
dienste erworben: Wilhelm Altmann, Ernst Hauptmann, Karl Krebs,
Hermann Kretzschmar, Julius Spengel, Philipp Spitta und Karl Storck.

Hausherrn erfreuten, und dort entstand die Reihe von religiösen Werken, mit denen er den Gipfel seiner Kunst erreichte: Die liturgischen Gesänge op. 81, die vierstimmigen Choralmotetten op. 102, die vier-, fünf- und achtstimmigen Motetten op. 103, die drei Kirchen-Oratorien, „Die Geburt Christi" op. 90, die zweiteilige, für Gründonnerstag und Charfreitag bestimmte „Passion" op. 93, die „Erntefeier" op. 104, die Krone seiner musikalischen Schöpfungen, u. a. m.   Aus seinem „Abendrot" — so hatte er sein Haus benannt — blickte er mit der heiteren Ruhe des abgeklärten Weisen über den Bodensee und das grüne Bergland und ließ sich von all der sonnigen Schönheit ringsum das Herz wärmen, das bis zum letzten Atemzuge für seine Kunst schlug.   Er überlebte seinen Freund Brahms um mehr als drei Jahre und starb am 9. Oktober 1900 zu Wiesbaden, wo er Heilung für sein altes, mit erneuter Heftigkeit wiederge- kehrtes Leiden gesucht hatte.   Auch sein, auf dem romantischen Wiesbadener Friedhofe gelegenes Grab ist von Hildebrand mit einem Relief geschmückt.

      Weit entfernt von einander ruhen sie, die im Leben so eng zusammengehörten.   Ihre Geister aber sollen verbündet fortleben und zur Freude der dankbaren Nachwelt ein tägliches Wiedersehen feiern in den Blättern dieses Buches.

      Wien, im Oktober 1906.

                                        Max Kalbeck.

Die Datierung der Briefe erfolgte, soweit es möglich war, genau nach den Handschriften. Wo das Datum in eckigen Klammern beigesetzt wurde, geschah es, um anzudeuten, daß der Herausgeber dem Schreiber nachgeholfen hat. Dies war besonders bei den Briefen von Brahms nötig, weil Brahms nur ausnahmsweise Ort und Datum seines Schreibens anzugeben pflegte. In vielen Fällen mußte der Poststempel des Kuverts und, wo es fehlte, der Inhalt des Briefes selbst zu Rate gezogen werden. — Was die Orthographie betrifft, so entschied sich der Herausgeber, der Einheitlichkeit wegen, für die gegenwärtig allgemein gebräuchliche, neue. — Auslassungen im Texte sind durch Gedankenstriche oder Punkte angezeigt.

Die diesem Werke beigegebenen Porträts von Johannes Brahms, Heinrich v. Herzogenberg — im Ornat eines Senators der Akademie der Künste — und Elisabet von Herzogenberg rühren von photographischen Aufnahmen aus den Achtziger Jahren her.

I.

Heinrich von Herzogenberg an Johannes Brahms.

Aussee, 1. August 1876.

Verehrtester Herr Brahms!

Sie erhalten hier, wie ich glaube, das erste Variationen=
Werk[1]) über ein Brahms'sches Thema, und hiermit lege ich
den Grund zu einer Raritätensammlung, die Sie sich nun
einrichten mögen. Einmal im Leben der Erste sein zu können,
war sehr verlockend, abgesehen vom herrlichen Thema, in
welchem noch viel mehr Stoff zum Variieren liegt, als ich
benützt habe. Möge es Ihnen nicht ganz mißfallen!

Ich habe vor meiner Abreise aus Leipzig nicht mehr in
Erfahrung bringen können, ob Sie Ihre Absicht, unseren
Bachvereinspublikationen die von Ihnen bearbeitete Kantate:
„Christ lag in Todesbanden" einzuverleiben, noch ausführen
wollen. Wir wären glücklich, wenn Sie dazu noch Zeit und
Lust fänden.[2])

---

[1]) Herzogenberg hat die „Variationen über ein Thema von Jo=
hannes Brahms für Pianoforte zu vier Händen" als op. 23 bei Rieter=
Biedermann herausgegeben. Das Thema ist die Melodie des Liedes
„Mei Mueter mag mi net" aus op. 7 von Brahms. — [2]) Der 1875
von Herzogenberg, Philipp Spitta, Franz v. Holstein und Alfred Voll=
land ins Leben gerufene Leipziger Bach=Verein ließ bei Rieter=Bieder=
mann Bach'sche Kirchen=Kantaten „im Klavierauszuge mit unterlegter
Orgelstimme" erscheinen, und zwar in Bearbeitungen von Vollland,
Herzogenberg und Wüllner.

Sie wissen ja, wie die Meute hinter uns her ist; je
dichter wir zusammenhalten, desto rascher bringen wir sie zum
Schweigen.[1]) Und Ihren Namen hielten wir ihnen entgegen,
wenn sie Spitta[2]) als „Dilettanten", Volkland[3]) und mich
als unfähige Schwärmer ferner noch bezeichnen wollten. Ich
würde Ihnen auch recht gerne die Mühe des Klavierauszuges
abnehmen und Ihnen meine Arbeit zur Einsicht vorlegen.[4])

Für unser nächstes Konzert arbeite ich jetzt die Messe
in F und schwelge in der Pracht. Volkland unterzog sich
vergangenen Winter der nicht geringen Aufgabe, die Matthäus=
Passion mit einer Orgelstimme zu versehen. Wenn nur recht
viele Vereine sich der Sache annehmen wollten, und die Firma
Rieter=Biedermann nicht zu früh gezwungen werden möchte,
die Herausgabe zu sistieren, so können wir vielleicht in nicht
allzu ferner Zeit auf wirkliche bleibende Errungenschaften zu=

---

[1]) Anspielung auf den kritischen Streit, der damals über die Art
des Akkompagnements älterer Tonwerke zwischen Robert Franz (bezw.
Julius Schaeffer), Friedrich Chrysander, Spitta, Hermann Kretzschmar
u. a. entbrannt war und in Zeitungsartikeln und Broschüren mit großer
Heftigkeit geführt wurde. — [2]) Philipp Spitta (1841—1894) der berühmte
Bach=Biograph, war 1875 noch Lehrer am Nikolaigymnasium in Leipzig
und wurde dann als Professor der Musikgeschichte an die Berliner Uni=
versität berufen. — [3]) Alfred Volkland (1841—1905), Musikdirektor in
Basel und Ehrendoktor der dortigen Universität, leitete bis 1875 die
Konzerte der „Euterpe" in Leipzig. — [4]) Die Brahmssche Bearbeitung
der Kantate stammt aus der Zeit her, in welcher Brahms die Konzerte
der „Gesellschaft der Musikfreunde" in Wien dirigierte, und wurde von
ihm am 23. März 1873 bei der ersten Aufführung der Osterkantate, die
für Wien eine Novität war, benutzt, doch ohne daß er sich als Bearbeiter
genannt hätte. — „Brahms hatte die beiden ersten Lieferungen der Kantaten=
Ausgabe des Leipziger Bach=Vereins da und zeigte mir, wie unpraktisch
gesetzt diese Auszüge seien. Es kommt, fügte er hinzu, bei Klaviaraus=
zügen hauptsächlich auf das Klaviermäßige, auf Spielbarkeit an, nicht,
ob auch die Stimmen alle ganz streng geführt seien." (Aus Georg
Henschels Rügener Tagebuch von 1876.)

rückblicken. Wenn nur die Methode triumphiert; an unserem Unternehmen ist dann wenig gelegen.

Wir leben hier still und glücklich, nicht einmal die Musik-zeitungen mit ihren Bayreuther Berichten können zu uns bringen.[1]) Ich hoffe, daß die Insel Rügen ebenso günstig gelegen ist, und Simrock[2]) uns recht bald und umfangreich beschenken könne![3])

Wenn Sie das Notenheft entrollen, werden Sie zuerst glauben, eine Komposition von sich selbst, die Ihnen noch neu ist, vor Augen zu haben. Unser lieber Astor[4]) hat das Stück offenbar nur in der boshaften Absicht genommen, Sim-rock mit diesem Titelblatt in tausend Ängsten zu versetzen. Auch verkauft es sich so besser an kurzsichtige „Meßfremde", die über das dicke „Johannes Brahms" so sehr alle Besinnung verlieren, daß sie die kleine Anmerkung darunter gar nicht bemerken. Ich lache natürlich, Astor hoffentlich auch; so lachen Sie denn mit.

Wenn ich aber bedenke, daß Sie das Heft wahrscheinlich durchsehen werden, so vergeht mir alles Lachen. Hoffentlich steigert es sich nicht bei Ihnen?

Mit diesem großen Fragezeichen schließe ich und empfehle mich Ihrer Gnade!

In wärmster Verehrung Ihr gänzlich ergebener

Heinrich Herzogenberg.

---

[1]) Im Sommer 1876 fanden die ersten Aufführungen von Richard Wagners „Ring des Nibelungen" im Bayreuther Festspielhause statt. —
[2]) Fritz Simrock (1837—1901) der Hauptverleger Brahmsscher Werke. —
[3]) Brahms war am 15. Juni nach der Insel Rügen gereist, wohnte im Dorfe Saßnitz und legte dort die letzte Hand an seine cmoll-Symphonie. —
[4]) Edmund Astor, Leipziger Musikverleger, der Schwiegersohn J. Melchior Rieter=Biedermanns, und nach dessen 1876 erfolgten Tode, der Chef der 1849 in Winterthur gegründeten Verlagsfirma.

II.

Elisabet von Herzogenberg an Johannes Brahms.

Aussee, 1. August 1876.

Lieber Herr Brahms!

Bertha, [1]) unsre Freundin, behauptet, Sie hätten uns einen Gruß gesandt und zugleich den Wunsch ausgesprochen, Heinrichs Variationen über ein Brahmssches Thema kennen zu lernen, was ich ihr beides gar zu gerne glaube. Heinrich wollte Sie nicht mit Übersendung der Variationen plagen; er meinte, Sie müßten froh sein, einmal kein anderes Geräusch an Ihr Ohr schlagen zu hören als die Brandung des Meeres, das Wagalaweia der Wellen — und selbst gedruckte, stille Musik müßte Ihnen in Ihrer selbstgewählten Stille und Ein= samkeit unwillkommen sein. — Da Sie aber so freundlich sind, einen Wunsch auszusprechen, so ändert das die Sache. Möchte Ihnen das Stück nicht mißfallen, und wenn ihm das doch ge= schähe, möchten Sie es offen aussprechen; denn, wie der Hirsch lechzt nach frischem Wasser, so lechzt der Heinrich nach aufrichtigen Worten, möge ihr Inhalt verwunden oder streicheln. —

Hoffentlich geht es Ihnen recht, recht gut in Saßnitz, das wünsche ich Ihnen, das wünsche ich uns — denn, wenn Sie sich wohl fühlen, sind Sie gewiß am fleißigsten, und wovon können wir mehr profitieren als von Ihrem Fleiß!

In Saßnitz soll man gar nichts zu essen kriegen, hörte ich einmal, als hellgraues Kuhfleisch und unbeschreibliche,

---

[1]) Frau Bertha Faber in Wien, die Tochter des Wiener evan= gelischen Hauptpastors D. Gustav Porubszky und Gattin Arthur Fabers (gest. 1907) war mit Brahms schon von den Zeiten des Hamburger Frauenchors (1859—61) her befreundet.

wacklige süße Speisen aus Stärkemehl und Vanille, aber
daraus machen Sie sich hoffentlich wenig.[1] Diejenige, die
mir das aus eigenster bitterster Erfahrung klagte, lebte zuletzt
nur von Eiern, die sie sich heimlicherweise auf ihrem Zimmer
kochte und briet — ich sage Ihnen dies nur, damit Sie im
Fall der Bedrängnis auch dies Auskunftsmittel ergreifen
können. Uns geht's hier besser — es wimmelt von Forellen
und Saiblingen, die wir nie essen, weil sie unerschwinglich
teuer sind, aber daneben gibt es erreichbare Schnitzel und
Speckknödel. Und, was das beste ist — eine Ihnen auch
nicht unbekannte Frau, B. F. aus Wien,[2] schickt einem
manchmal einen wunderbaren Fleischpudding zum Abend=
schmause, und so oft man sie besucht, stopft sie einen mit
Ausseer Lebkuchen (der seinesgleichen sucht). Deshalb besuche
ich sie auch sehr oft, und wir schwätzen dann, wie nur Weiber
schwätzen können, das Hundertste und Tausendste durchein=
ander. Ich komme mir neben Bertha vor wie eine alte Frau;
trotzdem vertragen wir uns prächtig.

Die Arme hat schwere Zeiten durchgemacht — einen Vater
seltenster Art, der zugleich ein Mensch seltenster Art war,[3]
so plötzlich verloren, aber die Liebe zur Mutter, der Wunsch
zu helfen, Wunden zu heilen, hält das gute Herz aufrecht.

Doch wie komme ich dazu, Ihnen einen so langen Brief
zu schreiben, ich hoffe, Sie finden es nicht unbescheiden —
wenn doch, halten Sie sich, bitte, an Bertha, welche mir zuredete.

Zu guter Letzt muß ich Sie noch eins fragen: ob Sie
denn gar nicht daran denken, wieder einmal nach Leipzig zu

---

[1] Siehe I Anm. — Der Tadel der Saßnitzer Küche enthält eine
ironische, auf Brahms zielende Pointe, da dieser bekanntlich kein Kost=
verächter war. — [2] Frau Bertha Faber. — [3] Dr. Gustav Porubszky
starb am 17. Juli 1876.

kommen — es mißfiel Ihnen doch nicht ganz, und Sie wiſſen,
wieviel warme Herzen, allen Philiſterſeelen (die der Teufel
holen möge!) zum Trotz, dort für Sie ſchlagen.

Für den Fall, daß Sie wieder nach Leipzig kämen, hätte
ich aber eine rechte Bitte: daß Sie, ſtatt im Hotel Hauffe,
bei Herzogenbergs abſteigen! Ich verſpreche Ihnen ein min-
deſtens ebenſo gutes Bett, viel beſſeren Kaffee, zwar kein
großes, aber dafür zwei ganz geräumige Zimmer, eine ſeidene
Bettdecke, ſehr viel Aſchenkrüge — und vor allem Ungeſtört-
heit. Was Ihnen an Goldleiſten, Stukkatur und ſonſtigen,
bei Hauffe genoſſenen Herrlichkeiten abginge, das ſollte durch
Gemütlichkeit erſetzt werden, wir würden Sie gar nicht quälen,
und Sie ſollten nur das Gefühl haben, uns eine große
Freude zu machen! — Überlegen Sie ſich's! Wir wohnen
jetzt Humboldtſtraße, unmittelbar hinter Legationsrat Keil —
denken Sie nur, wie bequem für Sie, bei den vielen Beſuchen,
die Sie dem Gewandhausdirektorium zu machen pflegen![1]

Doch nun genug und ein raſcher Schluß! Leben Sie
wohl, verehrter Herr Brahms, gönnen Sie ab und zu einen
freundlichen Gedanken

Eliſabet Herzogenberg.

III.

Brahms an Heinrich und Eliſabet von Herzogenberg.

[Hamburg, 20. Auguſt 1876.]

Verehrteſte!

Recht von Herzen danke ich Ihnen für die Freude, die
Sie mir durch die Überſendung — faſt hätte ich geſagt, durch

---

[1] Verſteckter Spott. Brahms, ein abgeſagter Feind aller leeren
Zeremonien, hat wohl niemals eine derartige „Anſtandsviſite" gemacht.

die Anzeige Ihrer Variationen gemacht haben. Es ist aber auch ein gar zu angenehmer Gedanke, mit seinem Lied einen andern in so inniger Weise beschäftigt zu wissen. Man muß doch eine Melodie liebhaben, um ihr so nachzusingen? Und bei Ihnen müssen doch Zweie diese Liebe hegen?

So verzeihen Sie also, wenn mein Dank früher anfängt, und mein Urteilen früher aufhört, als Sie es wünschen. Ich bin zu sehr beteiligt, wenn ich von dem Vergnügen spreche, mit dem ich das Heft vor mich hinlege und in Gedanken vierhändig spiele, zur rechten Seite ganz deutlich ein schlankes Frauenbild in blauem Samt und goldenem Haar.[1]

Wollte ich nun weiter sprechen, erzürnte ich ja entweder den Mann oder die Frau.

Übrigens muß ich mich jetzt entschließen, die Variationen wirklich zu spielen; denn nichts ließ sich schlechter als vierhändige Musik, die irgend kompliziert ist. Hätte ich dann einmal wieder die Freude, mit Ihnen plaudern zu können, und hätte dann anderes zu sagen als lauter Lob, dann würde ich vorher über meine „Hervorbringungen" sprechen, damit Sie in den richtigen Geschmack kämen![2] Dann würde ich vielleicht über Variationen überhaupt schwatzen, und daß ich wünschte, man unterschiede auch auf dem Titel: Variationen und etwas anderes, etwa Phantasievariationen oder wie man

---

[1] Damit ist Frau von Herzogenberg selbst gemeint, mit der Brahms bei seinem vorigen Leipziger Aufenthalt vierhändig gespielt hatte. — [2] Ist als bescheidene Selbstironie zu verstehen. Herzogenbergs Variationen gefielen ihm nicht unbedingt. Bei dem folgenden Satze denkt er unwillkürlich an das Werk, das ihn gerade beschäftigte, seine Symphonie, die ihm im Hinblick auf Beethoven bedenklich vorkam, im Gegensatze zu der leichteren Form der Variation. Wenn er sagt: „Beethoven konnte mit Recht übersetzen: Veränderungen", so spielt er auf die „33 Veränderungen über einen Walzer von A. Diabelli" op. 120 an.

denn sonst — fast alle neueren Variationenwerke nennen
wollte. Ich habe eine eigene Liebhaberei für die Form der
Variation und meine, diese Form könnten wir wohl mit
unserm Talent und unsrer Kraft noch zwingen.

Beethoven behandelt sie ungemein streng, er kann auch
mit Recht übersetzen: Veränderungen. Was nach ihm kommt,
von Schumann, H. oder Nottebohm,[1]) ist etwas anderes.
Ich habe gegen die Art so wenig wie, selbstverständlich, gegen
die Musik. Aber ich wünschte, man unterschiede auch durch
den Namen, was der Art nach verschieden ist.

Könnte ich einige Menus von Saßnitz beilegen, wie erstaunt
und neidisch würde ich Ihre Frau Gemahlin machen! Darin ging
uns nichts ab, und auch Pianinos standen nur zu viel herum.

An die Kantatenbearbeitung denke ich nicht gern. Bach
ist gar so schwer für Pianoforte zu übertragen, und immer
stört mich die Frage: soll die Arbeit praktisch bei den Chor-
übungen usw. dienen oder für geistreiche Dilettanten sein? Rieters
Geschäft (gegenüber Peters) verstehe ich gar nicht.[2])

Ich höre von der hübschen Gesellschaft, die sich in Luzern
zusammenfindet; das lockt doch sehr! Mit welchem Vergnügen
Frau Schumann[3]) Ihre Variationen spielt, hörten Sie wohl
von ihr oder Herrn Volkland?

---

[1]) Gustav Nottebohm (1817—1882), Musikgelehrter in Wien, der
Verfasser der thematischen Kataloge von Beethovens und Schuberts Werken,
Autor der „Beethoveniana" und „Neuen Beethoveniana", von Brahms,
seiner umfassenden historischen und theoretischen Kenntnisse wegen, sehr
hoch geschätzt. — Brahms hat Nottebohms Klaviervariationen über ein
Thema von Bach im Sinne, das er öfters mit dem Verfasser zu spielen
pflegte. — [2]) Er meint, Rieter=Biedermann werde, der praktischeren Edition
Peters gegenüber, mit der Kantatenausgabe kein Geschäft machen. So war
es auch, und es sind im ganzen nur fünf Kantaten bei Rieter erschienen.
Vergl. S. 1, Anm. 2. — [3]) Klara Schumann (1819—1896), seit 1853
innig mit Brahms befreundet.

Recht herzliche Grüße Ihnen beiden und Ihren Nachbarn, die so schöne Lebkuchen haben! Ganz Ihr

Joh. Brahms.

IV.

Brahms an Heinrich und Elisabet von Herzogenberg.

[Wien, 1.] Dezember 1876.

Verehrteste Freunde!

Ich schäme mich recht sehr, daß ich so ungeschickt und ungezogen den Vogel Strauß gespielt habe.[1]) Ich meinte, Ihre Güte nicht in Anspruch nehmen zu sollen, — und es wollte doch kein „Nein" aus der Feder! Nun bin ich ernstlich beschämt, daß ich so freundlich erinnert werde!

Aber ich komme sehr, sehr zeitig und gehe erst am Samstag wieder weg! Und weiter verläßt die Frau sich auf meine Erziehung und Abhärtung in Saßnitz und ist ganz schlecht unterrichtet über die Rügenschen Verhältnisse! Aber nun — Unheil, gehe deinen Weg über unser aller Köpfe. Drei Tage vor dem Konzert fange ich an zu schwitzen und Kamillenthee zu trinken, nach dem Durchfall — im Gewandhaus Selbstmordversuche usw. Sie sollen sehen, zu was ein gereizter Komponist im Stande ist!

Aber verzeihen Sie die Dummheiten, ich habe schon zu viel Briefe heute geschrieben. Von Herzen also danke ich und bitte, mir auf eine Karte die Nummer Ihres Hauses zu schreiben — für alle Fälle.

Ihr so eiliger als ergebener

J. Brahms.

---

[1]) Er hatte auf die freundliche Einladung nicht reagiert.

V.

Heinrich von Herzogenberg an Johannes Brahms.

Leipzig, 3. Januar 1877.

Lieber, verehrter Herr Brahms!

Aus Ihrem Briefe ersahen wir zu unserer großen Freude, daß Sie versuchen wollen, bei uns zu wohnen. Etwas gemütlicher und ungestörter werden Sie jedenfalls in unserem wohlverwahrten Hause

Humboldtstr. 24, II Treppen,

leben können als in einem der hiesigen, mit Meßfremden angefüllten Hotels. Ihre Zimmer bei uns liegen so, daß Sie sich nicht nur vor fremden Besuchen, wenn Ihnen dieselben einmal ungelegen kommen sollten, sondern auch vor uns selbst prächtig verleugnen lassen können. Bitte aber, von letzterer Fähigkeit nicht zu viel Gebrauch zu machen!

Haben Sie die Freundlichkeit, uns auf einer Karte Tag und Stunde Ihrer Ankunft sowie Ihre Reiseroute (ob über Dresden oder über Eger) mitzuteilen. Wann wird die Symphonie von Simrock ausgegeben werden? Hoffentlich noch vor dem Konzert![1]

Bitte, kommen Sie so früh wie möglich (auch gleich, wenn Sie Lust haben) und bleiben Sie so lange wie möglich.

Wenn Frau Schumann bei ihrer Freundin, Frau Lepoc (Lepoque oder Lepock) oder bei Frau Raimund Härtel[2] ab-

---

[1] Die Symphonie erschien erst im November 1877 bei Simrock. —
[2] Geb. Hauffe, Gemahlin des damaligen Chefs der Firma Breitkopf & Härtel. — Professor Dr. Frege und dessen Gattin Livia, geborene Gerhardt, eine namhafte Sängerin, machten ein musikalisches Haus in Leipzig, in welchem schon Mendelssohn und Schumann verkehrt hatten. — Brahms traf am 14. Januar zu den letzten Proben seiner c moll-Symphonie ein,

steigt, so ist sie ganz nahe von uns. Bei Frege kann sie
diesmal nicht wohnen, so viel haben wir in Erfahrung gebracht.

Nun verzeihen Sie noch diesen schlechten Brief auf viel
zu schönem Papier Ihrem eiligen, aber treu ergebenen

Herzogenberg.

VI.

Elisabet von Herzogenberg an Johannes Brahms.

Leipzig, 23. Januar 1877.

Lieber, Verehrter —

Es ist doch jammer=, jammerschade, aber so geht's immer,
wenn man sich zu sehr auf etwas freut, und das hatten wir
getan. Es wär' zu schön gewesen, es hat nicht sollen sein —
das denkt sich gewiß * auch, von dem man übrigens behauptet, er habe sich nur vor der allzu großen Erschütterung
gefürchtet, bei seiner gräßlichen Ungewißheit darüber, ob das
Finale in den Himmel oder in die Hölle führt. [1]

Das erste einsame Frühstück gestern war höchst melan-
cholisch; man gewöhnt sich leider so rasch an das Beste und
vermißt es so schmerzlich, wenn es einem genommen, als

bie am 18. im Gewandhauskonzert unter seiner Leitung aufgeführt und
sehr beifällig aufgenommen wurde. In demselben Konzert dirigierte er
seine Orchester=Variationen über ein Thema von Haydn, und Georg
Henschel sang einige seiner Lieder, die Brahms am Klavier begleitete.
Zwei Tage darauf spielte er in der Gewandhauskammermusik die Klavier-
partie seines c moll-Quartetts op. 60.

[1] Scherzhafte Anspielung auf ein Mitglied des Konzertdirektoriums,
das gegen die von vielen Seiten gewünschte schleunige Wiederholung der
Symphonie aufgetreten war.

hätte man es stets genossen. Aber wir haben auch dank=
barere Momente, sehr dankbare, und wissen es ganz zu
schätzen, daß Sie bei uns waren, wie Sie's waren, und daß
es sogar schien, als wären Sie nicht ganz ungern dage=
wesen. Und das tröstet mich über manches. Ich weiß ja,
Sie haben's oft ganz schlecht bei uns gehabt, und oft stieg
es in mir auf, daß es eigentlich ein Größenwahn von mir
gewesen sei, Sie je zu uns zu bitten, Sie Mockturtle=Ver=
wöhnter, in „Praterluft" Großgezogener, von allen Raffine=
ments irdischen Luxus' furchtbar angekränkelter Mensch.[1]
Das Unzulängliche, hier wurde es immerfort Ereignis, aber
Sie lächelten freundlich dazu, als wäre es zulänglich, und
nahmen von der Hausfrau alles Zittern und alles Bangen.
Seien Sie bedankt dafür, wie für alles andere, Sie Guter,
und sagen Sie sich's nur immerfort, was diese Tage für uns
waren; denn das, das allein kann Ihnen hinterher wenigstens
Freude machen und Sie ein bißchen belohnen für alle Freude,
die uns durch Sie geworden.

Nun sagen Sie mir nur eins: könnten Sie nicht doch
jetzt nach Berlin fahren, der lieben Frau Schumann und
andern zu Liebe, und dann auf der Rückfahrt hier ein wenig
rasten?[2] Es will uns nicht in den Kopf, daß Sie gleich
wieder nach Wien fahren, und wir bauen so fest darauf, daß
Sie auf irgend eine Weise noch hier durchkommen, daß Ihre
Kämmerchen noch unangerührt geblieben sind, und Heinz
immer noch bei mir am Stehpult schreibt. Minna scheint
von derselben Ahnung ergriffen, denn sie wäre sonst schon
längst in aufrührerischem Reinemachen und Umstülpen alles
Vorhandenen vertieft.

---

[1] Vergl. II Anm.. — [2] Die Reise ging nach Breslau.

Doch leben Sie wohl, bewahren Sie uns das, was man freundliches Andenken nennt, und, bitte, laffen Sie die Symphonie bald stechen, denn wir sind alle krank an ihr und haschen und haschen nach den geliebten verschwimmenden Gestalten —

Die Pflegetochter[1]) grüßt. Bleiben Sie gut

Ihren

Allertreusten.

VII.

Elisabet von Herzogenberg an Johannes Brahms.

[Leipzig,] 29. Januar 1877.

Lieber Herr Brahms!

Der Heinrich sitzt tief vergraben in Arbeit, die fertig werden muß, und weil Sie so freundlich waren, zu bitten, daß das Briefpapier noch einmal in die Hand genommen werde, so attackiere ich hiemit diesen Bogen an seiner, des Heinrichs, Statt, um Ihnen zu sagen, daß wir zwar still gefaßt waren auf den Inhalt Ihrer letzten Korrespondenzkarte — o wie danken Sie Ihrem Schöpfer für diese Erfindung der Post! — aber doch sehr traurig; denn wir hatten unsrer Hoffnung, Sie noch einmal hierher zurückkehren zu sehen, bis zuletzt ein Hintertürchen offen gelassen, durch das Sie heimlich mit uns verkehrten — erst am 25. wurde das Türchen barsch zugeschlagen, Ihr blaues Zimmerchen zerstört, eine entsetzliche Nätherin hineingesetzt — Heinrich zog wieder hinüber, und die alte nüchterne Ordnung wieder ein. Und

---

[1]) Mathilde von Hartenthal, Tochter eines österreichischen Generals, begabte Malerin, lebt in Graz.

so sitzen wir nun in Traurigkeit, 's ischt eine böse, schwere Zeit. —[1])

Die Goldmarksche Ländlichkeit[2]) zog freundlich an uns vorüber, beim Publikum sprach sie sehr an. Bei der Gartenszene wurde mir sehr schwül, bei der Posaunenstelle himmelangst... Die Szene war auf dem Programm fälschlich „Brautlied" genannt, aber kein Mensch wunderte sich darüber, und die Kritik besprach sie als solches! Goldmark war ganz zufrieden mit seinem hiesigen Erfolg, was uns so freute; man muß dem Menschen gut sein.

Ehe ich schließe, wozu es eigentlich schon Zeit ist, denn Sie wollten doch nur von Goldmark hören, muß ich Ihnen noch dreierlei erzählen; acht Tage in Leipzig zugebracht, zwingen Sie zu einigem Interesse für das hier Vorgehende. Also denken Sie sich, den armen, alten Wehner[3]) hat ein kleines Schlagerl getroffen, durch das er auf einem Auge erblindet ist. Die Brahmswoche mit ihrer vielen Kneiperei hat's ihm angetan, Erkältung, Indigestion, Blutandrang — und das Ende davon ein erblindetes Auge! Das ist hart, nicht wahr? Der arme alte Mann sitzt nun in einem halbdunklen Zimmer, Tag für Tag allein, mit zwei grauen Katern zur einzigen Gesellschaft, die abwechselnd an ihm heraufkrabbeln und ihm die Backen streicheln, während der Schatten Paulinens ihn geisterhaft umschwebt. Gestehn Sie's: was immer er sonst gewesen sein mag, dies Finale

---

[1]) Brahms, op. 7, Nr. 4. — [2]) Karl Goldmark (geb. 1830), Komponist in Wien. Seine Symphonie „Ländliche Hochzeit" wurde am 25. Januar 1877 als Novität im Gewandhause aufgeführt. — [3]) Arnold Wehner, früher Universitätsmusikdirektor in Göttingen und Kapellmeister der Schloßkirche in Hannover, gehörte zu den stillen Gegnern von Brahms, dem er anfangs (in Hannover) großes Wohlwollen gezeigt hatte. (Vergl. Kalbeck: Johannes Brahms I 335.)

ift graufam. Die zweite traurige Nachricht ift, daß der arme alte Härtel[1]) eines Bronchialkatarrhs wegen nach Mentone geschickt wird; die Frau ift sehr außer sich und reist morgen mit ihm ab.

Das Dritte interessiert Sie wohl weniger, um so mehr aber mich. Das graufam von Ihrer Hand zerrissene Blatt ift glänzend geflickt und sieht jetzt nur um so ehrwürdiger aus, wie ein alter Haudegen, mit eblen Narben bedeckt, aber fest zusammenhaltend; und jetzt liebe ich's erst recht, nach= dem ich das opus, das mir so rätselhaft entgangen war, neu kennen gelernt und ans Herz geschlossen habe. Mathilbe half mir beim Verbinden, heute werden Sie noch ausge= plättet, jetzt aber in Ruhe gelassen![2])

Leben Sie wohl, seien Sie vergnügt, grüßen Sie die Freunde, und vergessen Sie über benjenigen, die Sie um= geben, nicht die Ärmeren, die Ihnen fern. Heinrich, sein Weib, die Pflegetochter, Pabbock,[3]) alles grüßt Sie.

Bleiben Sie uns ein bißchen gut. Darum bittet

L. H.

VIII.

Brahms an Herzogenbergs.

[Wien, 31.] Januar 1877.

Werte Freunde!

Es ist nur, daß endlich einmal ein Blatt Papier hin= kommt! Rosenfarb vor Scham und freundlich wie ein Engel

---

[1]) Stadtrat Raimund Härtel. — [2]) Mathilbe v. Hartenthal hatte eine Bleistiftzeichnung von Brahms entworfen. — [3]) Der Hund.

müßte es aussehen! Aber leider, mein Briefpapier so wenig
wie mein Gesicht können so lieb und freundlich aussehen wie
beides bei Frau Elisabet. Da nützt auch nicht, wenn ich
mir Mühe gebe, sonst täte ich's heute; denn dringender kann
man nicht wünschen, recht Herzliches zu sagen.

Es war so schön bei Ihnen; ich empfinde es heute noch
wie eine angenehme Wärme, und möchte zuschließen und zu-
knöpfen, daß sie lange bleibt.

Aber so Gutes macht und sagt sich besser auf Notenpapier; so möchte ich diesen Zettel nur (wie meinen Arm
beim Souper) aus schuldiger Rücksicht meiner gütigen Wirtin
gereicht haben. Dann suche ich die schönste Tonart und das
schönste Gedicht, um behaglich weiterzuschreiben.

Und * bleibt artig, trotz Betragen und Brief? Das ist
schlimm für meine Erziehung, auch andern wäre mehr
Strenge ganz heilsam.

Wehner und Härtel tun mir leid....

Ich habe in Breslau¹) die Erfahrung gemacht, daß es
sehr gut ist, wenn ein anderer meine erste Probe hält. Das
tat dort ganz vortrefflich der junge talentvolle Buths. So
hatte ich nur weiterzuüben, und da ging's vortrefflich. Die
Einleitung zum letzten Satz ganz anders als in Leipzig —
d. h. ganz nach meinem Sinn.

Sollten Sie Reinecke²) sehen, so könnten Sie ihm Buths

---

¹) Brahms führte seine Symphonie am 23. Januar 1877 in dem
von Bernhard Scholz geleiteten „Breslauer Orchesterverein" persönlich
vor. Julius Buths (geb. 1851), heute Musikdirektor in Düsseldorf, hatte
in Vertretung des erkrankten Scholz die Aufführung vorbereitet. — ²) Karl
Reinecke (geb. 1824), Pianist und Komponist, Dirigent der Gewandhauskonzerte bis 1895.

empfehlen, der sehr gut Klavier spielt und ein Klavierkonzert d moll geschrieben hat, das wohl sich im Gewandhaus, und sehr wohl hören lassen darf.

Möchten Sie wohl so freundlich sein, sich gelegentlich um meine Symphonie bei Dr. Kretzschmar[1]) zu bekümmern? Ich weiß seine Adresse nicht. Nach Rostock ging er nicht von L. Doch — er schickt wohl von selbst!

Nun aber seien Sie alle drei recht von Herzen gegrüßt und bleiben gut gesinnt

Ihrem

J. Brahms.

IX.

Heinrich von Herzogenberg an Brahms.

Leipzig, 15. Februar 1877.

Lieber, verehrter Herr Brahms!

Ich hoffe, daß Sie nicht schon ungehalten auf mich waren, weil die Symphoniesätze so lange nicht kamen. Ich gestehe meine Schuld ein, wenn's in Ihren Augen eine Schuld war, die Symphonie durch etliche Tage zurückzubehalten und auswendig zu lernen. Leider fand ich nicht die Zeit dazu, Sie hierfür erst um Erlaubnis zu bitten, wie ich's wohl hätte tun sollen. Mein Weibl spielt sie jetzt ganz genau und ist nicht wenig stolz darauf, sich in dieser Partitur so gut zu-

---

[1]) Dr. Hermann Kretzschmar (geb. 1848), ausgezeichneter Musiktheoretiker und Musikschriftsteller, heute Professor an der Berliner Universität, war einer der frühesten und beredtesten Vorkämpfer der Brahmsschen Musik.

recht gefunden zu haben. Von welch großer Verehrung und
Dankbarkeit wir für den Autor erfüllt ſind, wage ich mit
meiner linkiſchen Feder kaum auszuſprechen. Das Ganze
empfinden wir als ein Elementarereignis, das ſich nicht mehr
wegdenken läßt, als eine wahre Bereicherung unſeres Weſens,
wie man ſie nur durch die höchſten Dinge an ſich erfährt.
Und ſpeziell als Muſiker, der durch allerlei hindurchgegangen
iſt und die Unnatur einerſeits, die Haltloſigkeit andrer-
ſeits zur Genüge an ſich ſelbſt erfahren hat, muß ich mich
und alle anderen, die Gutes wollen, glücklich preiſen, daß
Sie — allerdings nicht unſeretwegen! — dieſe Säule am
Wege aufgerichtet haben. Was kümmert uns nun der Moraſt
links und die Sandſteppe rechts! Wenn es Ihnen auch
ganz gleichgiltig ſein muß, wo wir hingeraten, ſo wird es
doch vielleicht nicht ohne Befriedigung ſein, wenn Sie (ge-
fälligſt durchs Mikroſkop) die kleine Völkerwanderung beobachten, wie ſie ſich von neuem aufrafft, der und jener
ſeinen Stiefel im Schlamm zurückläßt, um nur mit fortzu-
kommen, ein anderer den Staub vom Rocke ſchüttelt, wobei
noch ganz erträgliche Farben zum Vorſchein kommen, und
jeder den beſten Willen zeigt, auf dem guten Wege zu
bleiben.

Dabei fällt mir die Serenade von Julius Röntgen[1]
ein, die wir vorigen Sonnabend gehört haben. Es iſt wirklich ſein beſtes Stück und zeigt ihn einmal ſo recht als
„Muſikanten“, — was jetzt leider die Komponiſten ſo ſelten
ſind —.

---

[1] Julius Röntgen, Pianiſt und Komponiſt, heute Muſikdirektor
in Amſterdam, geb. 1855 als Sohn des Violiniſten Engelbert († 1897).
der von 1869 an Konzertmeiſter des Gewandhausorcheſters war.

Und nun zum Schluß:

> Für die Zeit, wo Sie vorlieb nahmen,[1]
> Danke ich schön,
> Und ich wünsch', daß es Ihnen anderswo
> Besser mag gehn!

Z. B.! Frau Faber macht Pasteten, wie man sie besser nicht „träumen" kann! Grüßen Sie diese lieben Menschen, denen wir uns so oft in die Nähe wünschen!

Hier habe ich nun gar keinen Raum mehr für alles Liebe und Gute, das ich Ihnen von Frau und Pflegetochter auszurichten habe! Nehmen Sie's für geschehen!

In treuer Verehrung

Herzogenberg.

X.

Brahms an Heinrich von Herzogenburg.

[Wien, 23. April 1877.]

Lieber Freund!

Ich hoffe, der dicke Brief, den ich Ihnen heute schicke, trifft ein paar freie Stunden. Wie Sie gleich sehen, ist dieser Zettel nicht gemeint. Auf solchem Papier bringe ich einen dicken Brief nicht fertig. Ein paar Stunden später kommt er. Ich habe nämlich das Bedürfnis, Ihnen mitzuteilen — oder Ihnen einen Gruß zu sagen und von Ihnen zu hören.

Vielleicht veranlaßt Sie beifolgendes Grünzeug,[2] mir ein paar Worte zu sagen, was Ihnen etwa gefällt, und namentlich, was nicht die Ehre und das Vergnügen hat!

---

[1] Variante des bekannten, auch von Brahms komponierten Volksliedes: „Da unten im Tale". Deutsche Volksl. I, Nr. 6 u. op. 97, Nr. 6. — [2] Lieder im Manuskript aus op. 69—72.

2*

Wenn Sie sich nun an dem süßen Zeug übergessen haben, liegt eine Klavieretübe „nach Bach" bei, die mir recht lustig zu üben scheint[1]).

Nun aber: werde ich sehr, sehr bald nach diesem schreiben, wohin ich Sie bitte, alles weiter zu schicken!

Jedenfalls bitte ich also sehr um Entschuldigung, daß ich mir erlaube, Ihnen durch meine Korrespondenz so viel Umstände zu machen.

Es wäre aber sehr schön, wenn Sie Zeit und Lust hätten, mir zwei Briefe[2]) zu schreiben und recht deutlich zu schelten.

Dero Pflegetochter soll ihre Zeichnungen aber besser und richtiger adressieren!

Wenn ich erzählen wollte — wie das gar für eine Darstellung meiner Direktion gehalten [worden] ist! usw.[3]).

Kommen Sie nicht heuer etwas zeitiger nach Wien? Ich weiß nicht, wie lange ich noch hier bleibe, und wohin ich etwa gehe. Es klingt eitel — aber: die Mühe etwaigen Kopierens dürfen Sie sparen, das Stechen geht sehr, sehr schnell.

Nun aber will ich mein Präludium nicht Lügen strafen und grüße das Kleeblatt recht herzlich.

Ihr ergebener

J. Brahms.

---

[1]) „Presto nach J. S. Bach" (aus der g moll-Sonate für Solovioline) kam 1879 in zwei Bearbeitungen in den „Studien für Pianoforte von Brahms" bei Bartholf Senff heraus. — [2]) Er meint je einen Brief von Heinrich und Elisabet v. H. — [3]) Die in VII erwähnte Zeichnung Mathilde v. Hartenthals.

XI.

Brahms an Heinrich von Herzogenberg.

[Wien, 25. April 1877.]

Lieber Freund!

Haben Sie sich amüsiert? Hat die Frau gelächelt? Jetzt bitte ich, daß Sie die Geschichte zusammenpacken und möglichst bald, lieber heut als morgen, an Frau Schumann, Berlin NW, in den Zelten 11, schicken. Ich schäme mich jetzt noch einmal und sehr ernstlich — doch jetzt ist's geschehen.

Verzeihen Sie.

Auf ein tröstliches Wort hoffend

Ihr herzlich ergebener und eiliger

J. Brahms.

XII.

Heinrich von Herzogenberg an Johannes Brahms.

Leipzig, 27. April 1877.

Gütiger lieber Freund!

Dacht' ich's mir doch! Da komme ich erst müde und staubig nach Hause, bin den ganzen Tag in Konzertgeschäften ausgewesen, und konnte immer nicht den ruhigen Augenblick finden, um Ihnen so recht von Herzen für die Liebe zu danken, die Sie uns so ganz aus freiem Antriebe erwiesen! Daß wir Ihnen in den Sinn kamen, und daß Sie an die Freude glaubten, die Sie uns bereitet haben (denn sonst hätten Sie das Paket direkt befördert[1]), und daß die Lieder

---

[1] Siehe den vorigen Brief von Brahms, den er der Manuskript-sendung auf dem Fuße nachfolgen ließ.

alle so wunderschön sind, das alles macht mich so vergnügt,
wie ich es seit langem nicht mehr war. Wir wollen auch
gar nicht klagen, daß die Lieder wie im Traum an uns vor=
beigeglitten sind; sie nahmen ja den Weg durch uns und
hinterließen ihre Zeichnung für alle Zeit in unserem dank=
baren Gemüt. Ja, selbst wenn sie nie wieder uns vor Augen
kämen, und wir längst jede faßbare Erinnerung verloren
hätten, behielten wir den Eindruck doch als ein unzerstörbares
Gut und würden Sie jedenfalls von gestern an um zwanzig
Lieder lieber haben. Hilf Samiel oder Simrock, daß wir
nicht so asketisch werden müßten!

Wir holten uns Julius Röntgen und saßen vier Stunden
am Klavier, bald sang der, dann die, dann spielte die, dann
der, und ich verzeichnete höchst prosaisch die „Eindrücke" mit
ihren Nummern und Temperaturgraden auf ein Blättchen
Papier, damit ich Ihnen doch nachher „etwas Passendes"
sagen könne, wenn die Rolle auf die Post gebracht ist. Das
geschah heute früh eigenhändig durch mich; jetzt wird Frau
Schumann bereits im Besitz und im Genuß sein!

Unsere allergrößten Lieblinge sind „Ei, schmollte
mein Vater", „Ätherische ferne Stimmen", „Silbermond", „O
Frühlingsabenddämmerung", „Es kehrt die dunkle Schwalbe",
„Sommerfäden"[1]). Mit der „Frühlingsabenddämmerung"

---

[1]) „Des Liebsten Schwur", „Lerchengesang", „An den Mond",
„Geheimnis", „Alte Liebe" und „Sommerfäden" aus op. 69, 70, 71
und 72. Da Herzogenberg von zwanzig Liedern spricht, die fünf, 1877
bei Simrock erschienenen Liederhefte aber breiundzwanzig enthalten, so
hat Brahms später noch drei neue hinzugetan. „Alte Liebe" und „Sommer=
fäden" sind Ende Mai 1876 in Wien komponiert worden, desgleichen
„Serenade" aus op. 70 und „Unüberwindlich" aus op. 72. Brahms
muß gerade diesen vier Stücken besondere Bedeutung beigelegt haben,
da er sich das Datum ihrer Entstehung notierte.

gings uns eigentümlich. Wir legten uns so recht hinein und schwelgten das Lied durch und wieder durch. Da fiel mein scharfes Dirigentenauge (was Sie immer noch nicht kennen gelernt haben) von ohngefähr auf die Tempobezeichnung — und wir verstummten und sahen uns recht erschrocken an. Ich erinnere mich, mit Ihnen über Tempobezeichnungen gesprochen zu haben, wobei ich mich vermaß, zu behaupten, daß ein ordentlicher Kerl kein Tempo eines gesunden Stückes vergreifen könne. Und doch — o wie langsam hatten wir in unserer Untertanen=Blindheit geschwelgt! „Sehr lebhaft und heim= lich" steht darüber, — und wir hatten jeden Vorhalt in der linken Hand zur Empfindung gebracht; wie verweilten wir im wonnigen Schauer der beiden gebrochenen Akkorde $\sharp\frac{4}{2}d$ und $\sharp\frac{7}{d}$ in der rechten Hand mit dem tief unten synkopierenden d — und das alles falsch! Mir war's, als hörte ich Sie in der Ferne recht ironisch lachen. Sie mögen recht haben, und haben natürlich recht, und wir wollen das Lied künftig mit gehörig lebhafter und heimlicher Dankbarkeit spielen — aber etwas schmerzlich war uns doch diese Entdeckung, und wir hoffen im stillen, daß Röber[1]) sich versieht, und Sie es bei der Korrektur übersehen, und am Ende doch noch vor aller Welt drauf stehen wird: „Langsam und heimlich".[2])

Von den „Ätherisch feinen Stimmen" läßt sich gar nichts sagen. Ich bedaure nur, daß die rechte Hand nicht lieber gleich eine Undezim und Tredezim zu spannen hat, so gern tut sie's!

---

[1]) Notenstecher in Leipzig. — [2]) Vergl. die Bemerkung in dem folgenden Briefe. Brahms änderte die Tempobezeichnung um in „Be= lebt und heimlich".

Alles ist Unsinn, was man redet, und fürnehmlich, was ich rede, da ich die seltene Gabe habe, gerade Ihnen stets die steiffsten und schlechtesten Briefe zu schreiben. Wenn Sie die= selben bisher als den „Ausdruck meines Wesens" angesehen haben, na, dann bin ich schön weggekommen!

Die Bachsche Bearbeitung ist prachtvoll, kann von uns Sterblichen bis jetzt aber nur vierhändig, und das kaum, be= wältigt werden! Wird das auch gestochen? Oder kann man's abschriftlich „beziehen"?[1]) Strandräuberei gehört leider auch zu den vielen verbotenen guten Dingen, sonst hätten wir gerne eins der beiden Manuskriptlieder rasch kopiert und — behalten, als Pflaster für zerrissene weibliche Herzen! So ver= sinkt es erbarmungslos in die Schatzkammer, vor welcher breit und stachlich jener Berliner Millionen=Lindwurm[2]) sich sonnt.

Es wäre ja so hübsch, wenn wir Sie noch in Wien treffen könnten; es wird aber nichts daraus, selbst wenn Sie dann noch dort sind, weil wir gar nicht hinkommen können! Wir widmen den ganzen Mai meiner armen Schwester in Böhmen, die vor kurzem ihren geliebten Mann begraben hat. — Dann sehne ich mich nach Ruhe in den Bergen. Wir bleiben bis Ende September in Alt=Aussee und wollen tüchtig arbeiten. Einen kleinen Abstecher wäre es auch für Sie wert. Wie hübsch stellte ich mir das vor, im Vereine mit Goldmark Sie die freien Berge erklettern zu sehen!

Frau Schumann geht nun doch nach Düsseldorf. Macht sie Quartier für Sie, oder wie ist das zu verstehen?? Ich bin nicht das Wochenblatt und weiß zu schweigen.[3])

---

[1]) Siehe X Anm. — [2]) Der Verleger Simrock. — [3]) Brahms war die Stelle des städtischen Musikdirektors in Düsseldorf angetragen worden, dieselbe, welche einmal Schumann bekleidet hatte; die lange gepflogenen Unterhandlungen führten nicht zu dem erwünschten Resultat.

Und nun nochmals: Vergelts Gott!

Dieses ist der erste Streich, doch der zweite folgt sogleich, nämlich morgen, wenn meine Frau zum Schreiben kommt.[1]

Ihr ganz ergebener

Herzogenberg.

XIII.

Brahms an Heinrich von Herzogenberg.

[Wien, 29. April 1877.]

Werter Freund!

Ich muß Ihnen doch zum Dank für Ihren gar lieben Brief gleich schreiben, daß im Manuskript der „Frühlingsdämmerung" allerdings „Belebt und heimlich" steht, daß aber dies schon eine Verlegenheits-Bezeichnung war — ich dachte, das Lied sei sehr langweilig! Weiter aber steht im Manuskript „immer langsamer, Adagio", und zuletzt gar über dem ganzen Takt ⌢ eine große Fermate!

Frau Schumann geht schon lange mit dem Gedanken um, nach Düsseldorf zu übersiedeln. Aus mancherlei Gründen halte ich das für eine sehr unglückliche Idee und bedaure sehr, daß sie sich realisiert.[2]

Mit meiner Berufung hat das nichts zu tun. Die Sache ist (erst jetzt) endlich erledigt, um so mehr, da Präsident Bitter[3] nach Berlin geht.

---

[1] Elisabet schrieb den Brief erst am 5. Mai. Siehe XIV. — [2] S. 65, Anm. 1. — [3] Karl Hermann Bitter (1813—1895), von 1878 an preußischer Finanzminister, bekannt durch seine Schriften über Joh. Seb. Bach und dessen Söhne, war damals Regierungspräsident und Vorsitzender der Musikgesellschaft in Düsseldorf und stand als solcher eine Zeitlang mit Brahms im Briefwechsel, des diesem angetragenen Musikdirektoriats wegen. Vergl. XII Anm.

Ich bin sehr froh, daß ich vorsichtig war und jetzt nicht in das Wespennest muß.

Allerschönste Grüße

Ihres so eiligen als ergebenen

J. Brahms.

Apropos, Manuskript! Ich erinnere sehr wohl, daß ich Ihrer Frau eines schuldig bin — soll auch kommen, und so zart und zärtlich wie möglich!

XIV.

Elisabet von Herzogenberg an Johannes Brahms.

Berlin NW.! 5. Mai 1877.

Lieber Herr Brahms!

Übermorgen ist bekanntlich Ihr Geburtstag, den wir hier mit und bei der lieben Frau Schumann verleben. Möchten Ihnen die Ohren recht klingen, wenn wir unsre Gläser auf Ihr Wohl erklingen lassen, und möchten Sie sich's recht sagen, was das für ein hübscher Tag für uns ist, der Tag, an dem Sie die Gewogenheit hatten, auf diese Welt zu kommen.

Mit Ihren Liedern feierten wir hier gerührtes Wieder= sehen, in Leipzig gewährte mir die Bekanntschaft fast ebensoviel Pein als Freude; denn solch eine schöne Reihe von Liedern da haben und nicht ordentlich intim werden können, sie nicht ordentlich streicheln können, das ist eigentlich eine Tantalus= qual. Hier hab' ich nun einigermaßen nachgeholt und mich mit einigen innig befreundet, so daß sie bereits mit mir spazieren gehen und allerwege in mir erklingen — Hauptlieblinge sind mir „Ätherische ferne Stimmen" und „Sommerfäden" und das g-mollige $\frac{4}{4}$ Takt mit den punktierten Achteln, von Lemcke —

wie heißt es nur[1]) — und dann der herrliche „Mädchen=
fluch"[2]) und! und! „die dunklen Schwalben" (von Henschel).[3])

Da Sie durchaus wissen wollten, was uns nicht gefiele,
sag' ich's Ihnen, weil ich eine unglückliche Liebe für Wahr=
heiten habe: den Tambour mag ich nicht, „nicht ist da"
(Nr. 1 glaub' ich) und „Willst du, daß ich geh'".[4]) Letzteres
ist mir ganz unsympathisch, schon den Worten nach. Solche
Vorwürfe verträgt man eigentlich nur in volkstümlicher Be=
handlung. „Wer steht [sic!] vor meiner Kammertür" und das
vorhergehende in dem Schumannschen Heft wirkt ganz anders!
Und „tritt auf, tritt auf" in Ihren Duetten, wer würde das
„beanstanden" — aber dieses hat einen unangenehmen Stich.[5])

Nun nehmen Sie mir diese Geschwätzigkeit nicht übel. Drüben
schläft Frau Schumann, und die Lieder auf ihrem Flügel, sonst
schrieb ich noch ein paar Bögen über sie — wie gut, daß
Ihnen das erspart bleibt. Enschuldigen Sie das Schmieren,
wir müssen Joachim abholen, um zu dem Löwe[6]) zu gehen.

Leben Sie wohl, werden Sie recht, recht alt, bitte!
Dies wünscht uns

Elisabet Herzogenberg.

Heinrich von Herzogenberg m. p.

Fillu.[7])

---

[1]) „Im Garten am Seegestade" op. 70, Nr. 1. — [2]) op. 69, Nr. 9.
— [3]) Der Sänger Georg Henschel (geb. 1850) ist gemeint, dem Brahms
das Manuskript von „Alte Liebe" im Sommer 1876 bei ihrem gemein=
samen Aufenthalt auf Rügen geschenkt hatte. — [4]) „Tambourliedchen"
op. 69, Nr. 5, „Klage" op. 69, Nr. 1 und „Willst du, daß ich geh'" op. 71,
Nr. 4. — [5]) Aus Schumanns Vier Duetten op. 34: „Unterm Fenster"
und „Liebhabers Ständchen". — Aus Brahms' Duetten für Alt und
Bariton op. 28, Nr. 2. — [6]) Wahrscheinlich ein Löwescher Balladenabend,
den das Ehepaar von Herzogenberg in Gesellschaft Josef Joachims be=
suchte. — [7]) Postskribierte Unterschriften. Fillu scherzhafte Abkürzung
für die mit Frau Schumann befreundete Sängerin Marie Fillunger. —

XV.

Brahms an Elisabet von Herzogenberg.

[Wien, 13. November 1877.]

Verehrteste Freundin!

Wenn Sie meine Handschrift erblicken, werden Sie ohne Zweifel annehmen, ich wollte zu rechter Zeit wieder „anbandeln," etwa bitten, mich bei Hauffe-Härtel oder Hauffe-Hotel[1]) zu empfehlen. Dem ist aber nicht so. Ich komme zwar Anfang Januar nach Leipzig, aber ich verlasse mich auf mein gutes Glück — nötigenfalls aber gar auf die Sterne, — die Bädeker so vielen Leipziger Häusern vorsetzt.

Aber ich habe zu bitten und bitte außerdem schön um Antwort. Ich bin von Härtel gepreßt, mich für die Chopin-Gesamtausgabe zu interessieren.[2])

Nun wüßte ich gern, ob Ihre Eltern Manuskripte[3]) — oder, was mir gar wichtig wäre, Exemplare seiner Sachen hätten, in die hinein er korrigiert oder notiert hat!

Könnte man solche Exemplare nach Wien haben? Oder könnte man sie etwa in Dresden[4]) oder Leipzig ansehen?

Wäre ich nun ein anständiger Mensch, so finge mein Brief erst recht an, wäre ich dreister Natur, so käme ich in Versuchung, einen schlechten Witz auf Notenpapier ins Kouvert zu stecken.[5])

---

[1]) Hauffe, einerseits der Name eines Leipziger Hoteliers, andrerseits der Vatername der Frau Raimund Härtel, die als Louise Hauffe eine bekannte Pianistin gewesen war. — [2]) Brahms beteiligte sich als Revisor an der Gesamtausgabe der Werke Chopins. — [3]) Der Vater der Frau v. Herzogenberg war ein Schüler Chopins (vgl. Einleitung). — [4]) Dort wohnte der Bruder Elisabets, Ernst v. Stockhausen, ein Schüler Moritz Hauptmanns. — [5]) Der „schlechte Witz" war eine für Frau von Herzogenberg von Brahms verfertigte Abschrift des Vokalsoloquartetts mit Pianoforte „O schöne Nacht!" op. 92, Nr. 1, das erst 1884 herauskam. Bei der Stelle „Der Knabe schleicht zu seiner Liebsten sacht — sacht — sacht" ließ Brahms eine Lücke und schrieb quer

Ich bin beides nicht, und so empfehle ich mich Ihnen (allen Dreien) herzlichst und bitte um Erlaubnis, Sie zu der Aufführung meiner neuesten Sinfonie[1]) persönlich, ergebenst einladen zu dürfen.

Ganz Ihr ergebener

IV. Karlsgasse 4.   J. Brahms.

XVI.

Elisabet von Herzogenberg an Johannes Brahms.

[Leipzig,] 15. November 1877.

Verehrtester Freund!

Allerdings dachte ich mir was andres beim Empfang Ihrer Zeilen und freute mich wie ein Schneekönig, daß Sie so lieb wären, sich bei uns anzumelden. Statt dessen die kleine Einleitung über Härtel=Hauffe und Baedekers Sterne und dann die Chopin=Angelegenheit! Nun sagen Sie mal selbst, ob es nicht viel gemütlicher gewesen wäre, so anzufangen:

„Ich komme am 1. Januar bei Euch an, sorgt für guten Kaffee, habt diesmal rohe, statt gekochter Sahne, da Ihr doch zuletzt gemerkt habt, daß ich die vorziehe, laßt mich

---

über die Partitur: „Halt lieber Johannes, was machst du! Von solchen Sachen darf man höchstens im „Volkston" reden, den hast du leider wieder vergessen! Nur ein Bauer darf fragen, ob er bleiben darf oder gehen soll — du bist leider kein Bauer! Kränke nicht das holde Haupt, von goldner Pracht umflossen — mach's kurz, sage einfach nochmals": — (hier geht das Lied weiter: „O schöne Nacht!"). Dieses Impromptu sollte außer der Aufmerksamkeit auch eine Lektion für die Freundin sein, die Lemdes „Willst du, daß ich geh'" „beanstandet" hatte. Das Original=manuskript des Quartetts besaß Theodor Billroth, mit dem Datum 29. Januar 1878. Es wurde aber schon im Sommer 1877 komponiert. Beide Manuskripte tragen die Überschrift „Notturno".

[1]) Die im Sommer 1877 in Pörtschach vollendete D dur=Symphonie op. 73.

auch nicht mehr so hungern, sondern gebt mir ein ordent=
liches zweites Frühstück, dessen Dimensionen Euch durch Emma
Engelmann [1]) ungefähr angedeutet wurden; wenn Ihr das
alles ordentlich macht, will ich Euch auch in den ersten Tagen
die neue Symphonie [2]) vorspielen und nicht erst warten, bis
J. Stockhausen [3]) kommt" usw. usw.

Ja, so schreiben die gemütlichen Menschen — aber Sie —
Ihr Brief hat mich wirklich traurig gemacht; sehen Sie, ich weiß
ja schon lange, daß Sie im Januar herkommen, eine neue Sym=
phonie im Kofferchen (wie kann man nur ein vornehmes Wort
wie Symphonie mit einem f schreiben!) und doch schrieb ich
nicht, hielt mich gewaltsam zurück, weil ich bescheiden sein
wollte und mir dachte: wenn Brahms Lust hat, schreibt er
uns von selbst, daß er kommt, und nun ist dies der Lohn
meiner Tugend. Hole doch der Kuckuck die Bescheidenheit.

Bezüglich Chopins kann ich Ihnen wenig Auskunft
geben; soviel ich weiß, besitzt mein Vater, oder besaß er, ein
einziges Manuskript Chopins, welches er meinem Bruder
schenkte, dieser hat auch gegenwärtig meines Vaters ganze
Chopinausgabe bei sich und ist am besten in der Lage, Aus=
kunft zu geben. Ich glaube, Chopin hat in einige Kompo=
sitionen ein paar Strichelchen gemacht. Sie sollen jedenfalls
das Vorhandene zur Einsicht bekommen. Ich schreibe gleich=
zeitig meinem Bruder deswegen.

---

[1]) Emma Engelmann, geb. Brandes (geb. 1854) Pianistin, Schülerin
von Aloys Schmitt und Goltermann, heiratete den (heute in Berlin
wirkenden) Physiologen Theodor Wilhelm E., seit 1874 Professor an der
Universität zu Utrecht. Das Ehepaar gehörte zu Brahms' näheren
Freunden. Das B dur-Quartett op. 67 trägt die Widmung: „Seinem
Freunde Prof. Th. W. Engelmann in Utrecht zugeeignet." — [2]) Die
D dur-Symphonie. — [3]) Julius Stockhausen (1826—1906), Sänger und
Gesangslehrer in Frankfurt a. M.

Leben Sie nun wohl, wohler, als Sie verdienen.

Falls Sie wirklich vorziehen sollten, diesmal ganz frei zu sein und bei Hauffe, der sich eine neue Treppe angelegt hat und immer vornehmer wird, zu wohnen, so hätten Sie mir das anders mitteilen können, daß ich gleich einen kleinen Trost dazu bekommen hätte, dieser Brief ist garstig. Bei Härtels unter andrem können Sie nicht wohnen, die sind in Italien, und Engelmanns,[1]) die Sie gewiß auch haben möchten, sind im Januar nicht komplett, da die gute Alte zu Emma muß. Die Glückliche erwartet ein Kindchen.

Wenn Sie also nicht durchaus bei Hauffe wohnen wollen — — — — —, antworten Sie

Ihren treuergebenen Freunden

Herzogenbergs.

XVII.

Brahms an Elisabet von Herzogenberg.

[Wien, 22. November 1877.]

Verehrteste Frau!

Bescheidenheit ist das unpraktischste Kleid, das der Mensch anhaben kann. Frozeln[2]) (?) Sie mich nur, oder haben Sie wirklich die schüchterne Zudringlichkeit nicht gemerkt, mit der mein Brief Ihnen um den Bart strich, den Ihr Mann so schön im Gesicht hat? Und in der Weltgeschichte, die Sie doch nur fälschen, brauch' ich auch keinen Unterricht. Die frommen Störche kehren[3]) und bringen im Dezember, nicht im Januar usw.

---

[1]) Wilhelm Engelmann (1808—1878) Verlagsbuchhändler, Kunst-liebhaber und Sammler in Leipzig, der Vater des früher erwähnten Utrechter Professors. — [2]) Frozeln, süddeutsches Dialektwort, soviel wie foppen, hänseln, aufziehen. — [3]) Zitat aus „Alte Liebe" op. 72, Nr. 1: „Die frommen Störche kehren und bringen neues Glück".

Die neue ist aber wirklich keine Symphonie, sondern bloß eine Sinfonie, und ich brauche sie Ihnen auch nicht vorher vorzuspielen. Sie brauchen sich nur hinzusetzen, abwechselnd die Füßchen auf beiden Pedalen, und den f moll-Akkord eine gute Zeitlang anzuschlagen, abwechselnd unten und oben, ff und pp — dann kriegen Sie allmählich das deutlichste Bild von der „neuen".[1])

Aber ich bitte wirklich um Verzeihung, daß ich nichts tue als widersprechen! Dafür aber erzähle ich, daß Goldmark gestern hier angekommen ist und vermutlich auch im Januar in Leipzig ist, seiner Oper wegen. Leider zieht ihn die Oper[2]) — nicht bloß aus seiner Werkstatt in Gmunden, sondern auch von hier immer weg. Ich hätte ihn gern hier. Er ist ein allerliebster Mensch, und deren hat oder sieht man hier nicht viel.

Aber das ist der wievielte Brief heute früh. Ich kann nicht mehr. Wenn ich ihn doch ins Kouvert stecke, ist es nur, weil mir scheint, Sie könnten meinen vorigen wirklich mißverstanden haben?

Er war ein eigentlicher Bettelbrief. (Von Ihrem Chopin hatte ich nach Epsteins[3]) Erzählungen mehr erwartet!?)

Für heute nur besten Gruß

Ihres sehr ergebenen

J. Brahms.

---

[1]) Das ist eine Gegenfrozelei von Brahms, eine scherzhafte Mystifikation, mit der es auf die freundliche Enttäuschung angelegt war, anstatt einer düstern f moll-Symphonie die heitere, von Lebensluft strahlende D dur zu hören. — [2]) „Die Königin von Saba", die nach ihrer ersten erfolgreichen Aufführung in Wien (1875) die Runde durch die Städte des In- und Auslandes machte. — [3]) Julius Epstein (geb. 1832), namhafter Wiener Pianist und ehemaliger Lehrer der Frau von Herzogenberg, lebt in Wien. (Siehe Einleitung S. X.)

XVIII.

Elisabet von Herzogenberg an Johannes Brahms.

[Leipzig,] 3. Dezember [1877.]

Lieber verehrter Freund!

Daß ich Ihnen nicht gleich antwortete auf den letzten guten Brief, war nicht schön von mir, aber ich hatte Spittas jetzt bei uns, und es war immer 'was los, das mich abhielt. Ich danke Ihnen schön, daß Sie gerne zu uns zurückkehren. Sie mit Hauffe in Verbindung treten zu sehen, wäre mir ebenso betrübend, wie's Simrock wäre, wenn Sie ihm Ihre 2. Sinfonie (da es denn so heißen muß)[1] nicht gäben. Wenn Sie nun ein bißchen deutlicher sich ausdrücken wollten, so wäre meine Dankbarkeit auf ihrem Gipfel. Ihre Sinfonie wird, so heißt es hier, im Januar gemacht, und zwar nicht im ersten Konzert; denn Frau Schumann schreibt mir ausdrücklich, sie würde zur Brahmsschen Symphonie dann wieder herkommen, nachdem sie zum Neujahrskonzert, in dem sie spielt, schon hier gewesen. Erklären Sie mir also, warum die frommen Störche (zu denen Sie sich rechnen, o!) schon im Dezember kehren — es ist mir sehr wichtig; denn im Dezember habe ich eigentlich keinen Platz, da einer langen Verabredung gemäß dann beide Zimmerchen besetzt sind. Ich kann das nicht abändern jetzt und möchte deshalb zu gerne hören, daß Sie sich neulich versehen haben, da es ja sonst doch so käme, daß Sie nicht bei uns landen, wenn Sie sich auch hoffentlich zu einem späteren Umzug in die Humboldtstraße bereden ließen. — Ihr Brief ist so dunkel, daß mir eben jetzt schwant, der Passus von den Störchen könne sich

---

[1] Siehe XVI und XVII.

möglicherweise auf Frau Engelmann beziehen, und ich mich ganz überflüssig in betreff Ihres Kommens abäschere! — Wie sollte mich das freuen!

Mir ist ganz dumm im Kopf über diese plötzliche Eingebung, und ich fühle mich von doppelsinnigen, sphinxartigen Störchen seltsam umflattert. Bitte, bringen Sie bald Klarheit in diese Verwirrung und verzeihen Sie diese eiligsten aller Zeilen

Ihrer

Elisabet Herzogenberg.

Sagen Sie uns einen Tag Ihrer Ankunft, damit wir uns jetzt schon freuen können.

PS. Nachdem ich Ihren Brief nochmals durchgelesen, begreife ich ihn nun ganz und sehe ein, daß ich in Betreff der Störche eine Gans war. Wir erwarten Sie also im Januar, je früher, je besser, vom 2. an sind beide Zimmer frei.

(Beilage.) Bezüglich Chopins bestätigt mein Bruder leider vollständig meine Vermutungen. Die Ausgabe meines Vaters enthält nichts, das Ihrer Aufmerksamkeit wert ist, so schreibt er mir. Die Notizen, die sich vorfinden, haben nicht den Wert nachträglicher Varianten, sondern sind bloße Korrekturen von groben Stichfehlern, die jeder musikalische Mensch selber rektifizieren könnte; die Fingersätze, die hie und da angegeben sind, können ebensogut von Alkan[1]) herrühren, bei dem mein Vater auch Unterricht nahm. Von den drei Manuskripten, die jetzt mein Bruder besitzt, ist nur eines, die Barkarole, die meiner Mutter gewidmet ist, echt, die beiden andern

---

[1]) Charles Henri Valentin Morhange, gen. Alkan (1813—1888), französischer Pianist und Komponist.

Kopien. Diese, sowie das Widmungsexemplar der g moll-
Ballade,[1] möchte mein Bruder Ihnen gern schenken, muß
aber erst bei meinem Vater anfragen, der sie ihm mit feierlichen Klauseln abtrat. — Falls Sie dennoch von den Chopin-
bänden Einsicht nehmen möchten, so stehen sie Ihnen natürlich
zu Diensten. Dies soll ich Ihnen sagen.

XIX.

Brahms an Elisabet von Herzogenberg.

[Wien, 12. Dezember 1877.]

Liebe verehrte Freundin!

Der Bogen lag eben für Sie da — kommt ein Brief
von Limburger[2] und lädt mich ein, am 1. Januar mein
Konzert in Leipzig zu spielen! Ich weiß wirklich nicht, was
ich tun soll, und schreibe Ihnen nun keinen Brief, um nach-
denken zu können!!

Sie mögen denken, welchen Respekt Ihr letzter Brief mir
eingeflößt hat, welche Idee von Ihrem Scharfsinn er mir gegeben! Er liest sich übrigens nebenbei wie — ein Skizzen-
buch von Beethoven. Man sieht werden, entstehen — malen
Sie sich's nur weiter aus.

Können Sie denn auch schlechte Witze vertragen? Zur
Versöhnung wollte ich das Andante aus meinem dritten
Klavierquartett[3] beilegen, das ich noch vorfand, und das
Ihnen ja gefiel. Ob ich es aus Eitelkeit oder aus Zärtlich-
keit aufbewahrt habe, weiß ich nicht. Ich bringe es mit.

Ihrem Scharfsinn brauch' ich nicht den inliegenden

---

[1] Chopins g moll-Ballade ist dem Vater Elisabets zugeeignet. —
[2] Konsul Limburger in Leipzig gehörte zum Vorstand der Gewandhauskonzerte. — [3] c moll op. 60.

schlechten Witz[1]) zu erläutern, nicht zu sagen, daß ich sehr
für die weitere Ausnutzung der Motiverfindung bin! Der
Schleier der Nacht sollte jetzt allgemein akzeptiert werden,
aber auch der heimliche Wunsch des Knaben („ginge der
Mond doch hinter die Wolken! Wär's dunkel!") Wie tief-
sinnig und wie verständlich (für die Eingeweihten) kann man
heutzutage schreiben.

Aber Sie sehen, meine Gedanken sind bei Limburger!
Am 30. sollte ich hier die f moll[2]) haben — Klavier spielen!?!?
Von Herzen Ihr ergebener

J. Br.

XX.

Brahms an Heinrich von Herzogenberg.

[Wien, 13. Dezember 1877.]

Werter Freund!

Ich vergaß gestern zu sagen, daß, im Falle ich in Leipzig
spielen sollte, es mir sehr angenehm wäre, ein paar Tage im
Hotel wohnen zu müssen. Ich genierte mich nämlich, bei
Freunden zu üben, und das muß doch geschehen![3]) Mache
ich also den dummen Streich, ein Ja zu schreiben, so würde
ich Sie bitten, mir bei Hauffe oder wo Sie wollen, ein Zimmer
und ein Pianino zu bestellen.

Wenn dann Ihre Zimmer frei werden, bin ich es auch
und kann feierlichen Umzug durch die Straßen und ins Haus
halten!

---

[1]) Das XV Anm. erwähnte Manuskript von „O schöne Nacht".
Um den Scherz vollständig zu machen, hat Brahms ein Motiv Heinrich
v. Herzogenbergs in seiner Komposition benutzt. Siehe XXI. — [2]) Die
D dur-Symphonie. Vergl. XVII Anm. — [3]) Brahms sollte sein
d moll-Konzert op. 15 im Gewandhause spielen.

NB. Vermutlich habe ich den 30.[1]) hier Konzert, komme
also im letzten Moment. Stehen Sie so mit Reinecke, daß
Sie wegen des Konzertflügels sprechen können? Ich komme
ja gleich in die Probe und möchte doch den besten vor=
finden?!

Mit besten Grüßen

Ihr eiligster

J. Br.

XXI.

Heinrich von Herzogenberg an Johannes Brahms.

[Leipzig], 16. Dezember 1877.

Verehrtester Freund!

Da's denn nicht anders ist, so will ich bei Hauffe, oder
wo ich will, ein Zimmer bestellen. „Wo ich will" bezieht
sich auf das höchst anständige und reinliche, auch gar nicht
unelegante Hotel „Palmbaum", welches gar nicht weit von uns
ist und Ihnen also viel bequemer die Möglichkeit bieten würde,
sich abends von den Fingerübungen bei uns auszuruhen. Auch
wollen wir Sie öfter, wenn nicht vielleicht gar täglich, zum
Mittagessen ausbitten und Ihnen überhaupt dies notgedrungen
freiwillige Exil so angenehm wie möglich gestalten. Auch
der fröhliche Auszug nach der Humboldtstraße wird dadurch
vereinfacht. Bekomme ich also keine andere Weisung von
Ihnen, so bitte ich Sie als bei Palmbaums eingemietet sich
zu betrachten und danach zu handeln. Tag und Stunde
Ihres Eintreffens werden Sie mir wohl recht bald
zu wissen machen?

---

[1]) Am 30. Dezember 1877 wurde die D dur-Symphonie unter
Hans Richter im Wiener Philharmonischen Konzert aufgeführt.

Bei Reinecke will ich Ihnen einen Extra-Prachtflügel bestellen. Ich glaube, daß ich einen großen Blüthner (Aliquot) oder sogar, wenn es Ihnen angenehm ist, einen schönen Bechstein (von Ihrem Freunde Robert Seitz, der dafür höchstens ein Symphonie-Manuskript sich ausbitten wird) verlangen kann. Sollten Sie Gotrian Helferich & Schultz[1]) lieben, so kann ich mich auch danach umtun. Gewiß ist Ihnen Blüthner!

Noch muß ich mich schönstens bedanken, daß Sie mein Ei in Ihrem Kuckucksnest ausbrüten wollten![2]) Die Geschichte wird bei uns nicht sagen können, daß die Schüler den Meister bestohlen haben, und dies wird Kunsthistoriker wie Emil Naumann[3]) und andere so aus der Fassung bringen, daß sie am Ende, wenn das so fortgeht, Brahms als Epigonen seiner treuesten Anhänger klassifizieren werden. Geschieht Ihnen ganz recht!

Warum haben Sie uns vorenthalten, was zwischen uns liegt?

Wär's nicht besser gewesen, diese schlimme Lücke mit einigen schönen Verschiebungen auszufüllen, statt Ihr zähes Gedächtnis für gewisse Gespräche glänzen zu lassen?

Ich kopiere das wunderbar schöne Stück und möchte es gerne 'mal bei uns hören, senden Sie also, bitte, das Fehlende!

Der Knabe schleicht auf schon betretenem Wege zu seiner Liebsten, das tut aber nichts, wenn er nur recht schön schleicht.

---

[1]) Dieser und die andern Namen sind Firmen renommierter Klavierfabriken. — [2]) Bergl. XIX und XV Anm. — [3]) Emil Naumann (1827—1888), Komponist und Musikschriftsteller in Dresden; Verfasser einer „Illustrierten Musikgeschichte".

Heute habe ich Bach=Konzert. Das wievielte von rück=
wärts —?— Wer weiß das zu erraten!

Wir grüßen Sie herzlichſt und bitten um baldige Ant=
wort wegen Hotel, Flügel und Ankunftstag.

In treuer Verehrung

Ihr Herzogenberg.

[Nachschrift von Eliſabet von Herzogenberg.]

Ich bedanke mich ſchön für das Manuſkript, an dem
ich noch mehr Freude hätte, wenn es mit etwas weniger Ironie
auf mich armes Weib gewürzt wäre. Ich muß es ſchon
über mich ergehen laſſen, daß Sie mich für etwas prüde
halten, und doch iſt nichts ungerechter. O müßten Sie, wie
viele Lanzen ich für ihre Daumerſchen Lieder gebrochen habe,
ſelbſt für das vielverketzerte: „Unbewegte laue Luft!"[1]

Aber Undank iſt der Welt Lohn. Es kommt eben immer
auf den Ton an, in dem einer bittet, ob er bleiben darf
oder nicht — Lemcke[2] iſt nicht der Mann, der dieſen (für
mein Gefühl) getroffen hat. Aber dies E dur-Stück kann
ſagen, wünſchen und wollen, was es will, es wäre ſchön,
und man ließe ſich's gerne gefallen! Daß Sie doch ein ſo

---

[1] op. 57, Nr. 8. Die Gedichte Georg Friedrich Daumers
(1800—1875), dem wir u. a. den wundervollen deutſchen „Hafis" und
das weltpoetiſche Liederbuch „Polydora" verdanken, waren einſt ihrer
ſinnlichen Glut wegen — mit Unrecht! — verſchrien; und der Dichter,
der eine Zeitlang zum „Jungen Deutſchland" gerechnet wurde, bis er
ſpäter zur großen Verblüffung ſeiner kurzſichtigen Gegner, zur katholiſchen
Kirche übertrat, hatte beſonders ſeiner „Frauenbilder und Huldigungen"
wegen viel zu leiden. Dieſer Gedichtſammlung hat Brahms, der ſehr
viel von Daumer komponierte, auch den Text zu dem von Frau Eliſabet
angeführten Liede entnommen. — [2] Karl Lemcke (geb. 1831), Dichter,
Äſthetiker und Literaturhiſtoriker, bekleidete Profeſſuren in Heidelberg,
München, Amſterdam und Stuttgart. Vergl. XIV.

scheußlich gutes Gedächtnis haben! Bitte, lassen Sie sich
auch das versprochene Manuskript aus dem c moll-Quartett
nicht entfallen.   Gönnen Sie es

   Ihrer verkannten

                              Frau des Obigen.

XXII.

Elisabet von Herzogenberg an Johannes Brahms.

                              [Leipzig], 26. Dezember 1877.

   Verehrter Freund!

   Am 31. sind Ihre Zimmer frei, und Sie sind so gut
und ziehen gleich zu uns, nicht erst ins Hotel auf 24 Stunden!
Was hätte das für einen Sinn; zum Üben haben sie ohnedies nur ein paar magere Stunden, und ohne gehörige Auf-
sicht würden Sie sie gewiß nicht ordentlich anwenden —
aber hier werde ich schon sorgen, Sie ans Klavier setzen,[1]
und dann abfahren, damit Sie sich nicht „genieren". —
Wenn wir nur wüßten, ob Sie wirklich am 31. kommen, Sie
lassen gar nichts mehr von sich hören, und wir freuen uns
schon so auf Sie, besonders, wenn Sie nicht so boshaft mit
mir sein wollen.   Vergessen Sie nur nicht mein Adagio, ich
finde es so gerecht, daß Sie mir das schenken wollen, weil
ich es so sehr, so sehr geliebt. Nun seien Sie gut und kommen
Sie zu

                    Ihren getreuesten Herzogenbergs.

---

   [1] Brahms spielte im Neujahrskonzert des Gewandhauses sein
d moll-Konzert, dasselbe, mit dem er am 27. Januar 1859 ebendort
durchgefallen war. (Vergl. Kalbeck, Brahms I 352 ff.) Die zweite
Symphonie folgte im nächsten Gewandhauskonzert am 10. Januar nach,
und zwar unter Leitung des Komponisten.

XXIII.

Brahms an Elisabet von Herzogenberg.

[Wien, 29. Dezember 1877.]

Von hier aus kann ich über Hotel, Mehlspeisen und Flügel nicht mitsprechen. Hoffe jedoch, Sie machen keine Geschichten und lassen sie nicht anbrennen.

Ich soll Montag 12 ³/₄ Uhr ankommen und sofort in die Probe, vielleicht frägt Ihr Mann, ob ich inzwischen doch meine Sachen ablegen und mich gar waschen darf! Nützt aber nichts —

Allzeit Ihr ungewaschener

J. Br.

Hier spielen die Musiker meine Neue mit Flor um den Arm, weil's gar so lamentabel klingt; sie wird auch mit Trauerrand gedruckt¹).

XXIV.

Elisabet von Herzogenberg an Johannes Brahms.

[Leipzig,] 16. Januar 1878.

Verehrtester, Gutester, Vermißter!

Hier die einzige Kritik, deren ich bis jetzt habhaft werden konnte. Aber seien Sie ruhig, Sie kriegen sie alle, auch die *sche, in welcher endgiltig festgestellt wird, daß Geniales in Ihrer Neuen nicht zu entdecken sei; denn Sie müssen alles aushalten und immer mehr lernen, „drüberzustehen", wie

---

¹) Brahms sucht noch immer den Scherz mit der „f moll-Symphonie" aufrechtzuhalten. In Wien fand das Werk eine sehr warme, stellenweise begeisterte Aufnahme.

die Frau Pastor sagt. Wenn Sie uns einmal schreiben, was wir erst von Wien[1]) aus erwarten, verfehlen Sie ja nicht, uns in drei Punkten auseinanderzusetzen: „Warum, inwiefern und bis zu welchem Grade Sie über der Kritik stehen." Wir werden für Verbreitung dieser Abhandlung schon gehörig Sorge tragen, wie ich ja überhaupt für Ihren guten Ruf unermüdlich wirke und allen Leuten sage, daß Sie der höflichste, umgänglichste, weltläufigste aller Menschen sind, bei Frappart[2]) in Wien Stunden in Verbeugungen genommen haben, und es nur von gröblichem Unverstand zeugt, wenn man Ihre feinen Komplimente nicht gehörig würdigt.

Ich weiß Ihnen heut nichts zu erzählen, wir haben nichts erlebt, als daß notre maître, notre enfant am 11. abends abfuhr und zwei Herzogenbergs in großer Traurigkeit zurückließ — man gewöhnt sich an so liebes Zusammensein leider viel zu rasch. Haben Sie Dank für die guten 11 Tage, die Sie uns geschenkt, und daß Sie uns so viel davon widmeten; ich war gerührt über jeden Abend, den Sie nicht am Beethoventisch[3]) zubrachten.

Das Likörfläschchen wurde richtig von Ihnen liegen gelassen, worüber ich in dieselbe Verzweiflung geriet, wie vor Jahren mein kleiner Neffe, als er entdeckte, daß Mathilde Hartenthal ohne den Nußknacker weggefahren sei, den er ihr geschenkt, und pathetisch ausrief: „Ach die Unglückselige!"

Ein bedeutendes Nachthemd haben Sie auch vergessen, welches ich schneeweiß gewaschen nach Utrecht expedieren werde. Hier in Leipzig ist wieder alles beim alten. Das

Ddur-Duett[1]) studiere ich mit dem Tenoristen W. und gebe
mir unsägliche Mühe, es möglichst schön zu machen, aber
Herr W. kann am Schlusse beim Kämmerlein das b, e, a, d
nicht treffen, und dies macht das Zusammensingen sehr be-
schwerlich.

Adieu, adieu, damit Sie nicht sagen: Geschwätzigkeit,
dein Name ist Weib, wie Ihre Freundin — usw.

Hoffentlich haben Sie rechte Freude mit der cmoll[2]) — ob
Sie wohl halb so viel Freude an Ihrer Musik haben, als wir?
Denken Sie manchmal mitleidig an uns, daß wir nicht dabei
sein können. Denken Sie überhaupt manchmal an Ihre
treuesten Verehrer

Lisl und Heinrich H.

XXV.

Brahms an Heinrich von Herzogenberg.

[Hamburg, 18. Januar 1878.]

Lieber Freund!

Dieser Zettel sieht nur anders aus: ist aber eine Postkarte! Ganz in Kürze und Eile sage ich einiges, schweige
aber über das Beste — die guten und schönen Tage bei
Ihnen.

Also: jeden Tag muß ich denken, daß es doch gut ist,
Sie jetzt nicht hier unterhalten zu müssen! Es ist nämlich
so schauderhaftes Wetter, wie es nur hier möglich ist — hier
aber leider 360 Tage im Jahr — die übrigen 5 trifft man
gar schwer. Nicht eine Stunde all die Zeit, wo man zur
Tür hinausgehen, ja zum Fenster hinaussehen mag.

---

[1]) „So laß uns wandern!" op. 75, Nr. 3. — [2]) Die cmoll-
Symphonie wurde in Hamburg und Utrecht wiederholt.

Die cmoll aber muß mir Spaß machen — weil das
Orchester gar so begeistert dabei ist, ich freue mich ordentlich
auf heute abend.　Morgen gehe ich nach Bremen (Karl
Reinthaler)![1])　Mittwoch nach Utrecht (Professor Th. W.
Engelmann)!　Am 4. Februar habe ich versprochen, in
Amsterdam die Ddur zu machen — die Utrechter Adresse ist
aber für Briefe sehr gut.

Nun entschleiert sich auch die Postkarte ganz!　Möchten
Sie die Stimmen der Symphonie nach Amsterdam schicken
lassen?　Einfach an J. A. Sillem, Heerengracht 478.

Ich denke aber, Sie wissen Simrocks Kommissionär und
brauchen das Paket nur dorthin zu besorgen?　Sie dürfen
ja auch — ohne zu lügen, das andere Paket ein Duett
nennen und ihm für Utrecht übergeben!

An Wüllner[2]) habe ich doch gleich den ersten Tag von
hier geschrieben.　Aber malen Sie sich die Seelenkämpfe
unserer Freundin[3]) aus, wenn sie erfährt, daß das Programm so heißt: Symphonie Ddur, Phantasie mit Chor von
Beethoven und Feuerzauber![4])　Ich will ihr gern
schreiben und zureden, aber wie komme ich aus dem Lachen
und zum nötigen feierlichen Ernst?　Ich kann mir nicht
denken, daß sie sich zum Kommen entschließt.

---

[1]) Karl Reinthaler (1822—1896), Komponist, Dirigent des Dom-
chors, der Singakademie und der städtischen Konzerte in Bremen, ein
begeisterter Verehrer von Brahms, dessen deutsches Requiem er zuerst
vollständig am 11. April 1868 im Dom zu Bremen aufgeführt hat. —
[2]) Franz Wüllner (1832—1902), Dirigent und Theoretiker, Ehrendoktor
der Universität München, von 1869—1877 erster Hofkapellmeister der
kgl. Oper in München, von 1877—1882 Hofkapellmeister in Dresden. —
[3]) Klara Schumann.　Sie sollte in Dresden in demselben Konzert mitwirken, in welchem Brahms seine Symphonie aufführte. — [4]) Aus
Wagners „Walküre".

Nun aber danke ich nur noch herzlich für — alles mög=
liche und auch für den gar lieben Brief. Seien Sie ver=
sichert, wenn Sie auch noch so viele und noch so liebe
schreiben, ich sehe es als eine Anleihe an und zahle mit
Zinsen zurück! Schwesterchen und Brüderchen und Bern=
storff[1] u. u. bitte schön zu grüßen.

Vom Herzen ergeben Ihr

J. Br.

XXVI.

Elisabet von Herzogenberg an Johannes Brahms.

[Leipzig], 19. Januar 1878.

Eben kommt der gute Brief an, als beste Würze des
Frühstücks; wir danken schön für jedes freundliche Wörtle in
und zwischen den Zeilen. Aber hören Sie, Sie müssen
machen, daß Wüllner das Programm umändert. Viele Hunde
sind des Hasen, aber ein Feuerzauber ist Frau Schumanns
Tod; es ist undenkbar, daß sie in dem Konzert spielt. Die
Zusammenstellung entbehrt auch wirklich alles Zartgefühls;
wie kann man an ein und demselben Abend vom Publikum
Verständnis für die allerfeinsten Linien und für ein Stück
wie der Feuerzauber verlangen!? O Wüllner, Wüllner, Du
bist doch sonst ein Gentleman, aber dies Programm ist von
einem Impresario. Das flimmernde Flammenstück regt natür=
lich die Leute auf, und die Palme des Abends gehört
Wagner, — ach wie weit, wie weit dort oben zwei Böglein
fliegen in Ruh',[2] die sanfte, schönheitatmende, Balsam in die

---

[1] Eduard Bernsdorf (1825—1901) der Brahmsfeindliche Bericht=
erstatter der „Signale für die musikalische Welt". — [2] „Ach, ach, wie weit
hier oben Zwei Böglein fliegen in Ruh!" („Klosterfräulein" Brahms,
op. 61, Nr. 2).

Seele träufelnde Ddur, und die Chorphantasie, die nur für
die besten Menschen erdachte, — und auf dieses ein Feuer=
zauber! Was ist er denn so ungeduldig, der gute Wüllner,
wird man nicht im Theater bald genug alle Wagnerischen
Zaubereien loslassen, und gehören sie nicht ganz ausschließ=
lich dahin?

Wohltätig ist des Feuers Macht, wenn sie der Mensch
beschützt [sic!], bewacht, aber wenn er sie zur Ddur in den
Konzertsaal schleppt, oh! oh! oh! — Frau Schumann hat
ganz recht, wenn sie nicht spielt, aber Sie vermögen doch
gewiß etwas über Wüllner, daß er sein Programm umbaut.
Seien Sie einmal etwas weniger gleichgiltig, auch für Ihr
liebes, liebes Werk — bitte, machen Sie ihm doch begreiflich,
daß es unkünstlerisch ist, an einem Abend die feinsten und
die gröbsten Sinne eines Publikums anzuregen. Was würde
der feine Wüllner denn zu einer Bilderausstellung sagen, wo
knapp neben Rafael ein Makart hinge — aber ich merke,
daß ich in meiner Wut schon lange immerfort dasselbe sage.
Wenn Sie nur auch ein bißchen Entrüstung statt Humor in
Ihrem Busen hätten, und wenn Sie nur gleich Wüllner
Franz geschrieben hätten!

Heinrich expediert grade Ihre Stimmen nach Amsterdam
und verpackt seine Aufregung. Hören Sie, die Amme[1]) hat
mir die gute Frau von B. wieder abverlangt und selbe mit
Geburtstagsgeschenken für Frau Emma nach Utrecht verpackt;
aber an Ihre Adresse; denn Sie sollen das Vergnügen
haben, die Amme mit allen Ihnen dabei einfallenden Witzen
Frau Engelmann zu überreichen! Grüßen Sie die Anmut=
volle, die so viel kann: einzig mit weißen kleinen Pfötchen

---

[1]) Wohl ein Leipziger Meßscherz, der im Zusammenhange mit
„Die frommen Störche lehren" steht. (Vgl. XVIII u. XIX.)

Klavier spielen, wie ein Täubchen lachen, alle Herzen bezaubern — und Kinderchen auf die Welt setzen, was doch das Eigentlichste und Hübscheste ist, was ein Weiblein auf Erden vollführen kann. Vermitteln Sie ihr den Ausdruck meiner herzlichen und neidlosen Verehrung.

Wie freue ich mich, daß Sie die Ddur in Amsterdam machen; denn unser guter Julius[1]) wird sie da hören und sich freuen.

Adies, schreiben Sie 'mal wieder eine „Karte" und bearbeiten Sie Wüllner!

Von Herzen, wenn Sie das tun, mit Schmerzen, wenn Sie das nicht tun.

Ihre
Elisabet Herzogenberg.

XXVII.
Elisabet von Herzogenberg an Johannes Brahms.

(Leipzig), 81. Januar 1878.

Hier haben Sie Ihren Eduard[2]) zurück, in welchen mich immer sterblicher zu verlieben ich so frei war. Sie ahnen gar nicht, was das für ein wunderherrliches Stück ist. Bitte, korrigieren Sie auf Seite 7 im zweiten Takt den nachschlagenden Akkord, wo es doch wieder f (nicht fes) heißen soll, wie in den entsprechenden Stellen früher.

Den Pack Rezensionen schick' ich nicht mit, obwohl Sie's uns auftrugen, es hat uns plötzlich ein solcher Ekel erfaßt vor all dem Gewäsch; man muß sich ordentlich jeder Viertel-

---
[1]) Julius Röntgen. — [2]) Edward; Ballade für Alt und Tenor mit Pianoforte, op. 75, Nr. 1.

stunde schämen, die man dran „verliest". Ich lege den
Plunder mit zu den Musikalien, die nach Wien wandern.
Dort haben Sie wenigstens einen Papierkorb, in welchen das
Zeug mit möglichster Wuptizität hineinzuwerfen eine Art
Genugtuung sein kann. Ich hoffe, Ihr Eduard kommt noch
zurecht, um ihn Emma zeigen zu können. Bitte, machen Sie
sie recht aufmerksam auf alles, auf die fabelhafte Abwechslung
in der Begleitung bei den Antworten Eduards — wie ver-
halten und gedämpft sie noch ist beim „Geier", die rechte
Hand noch einfach und eintönig, aber dann beim „Rotroß"
wie anders schön, wie das des im Tenor, das früher None
war, ganz neu wirkt, und das Hineinbeziehen der Unter-
dominant — dann die wunderbaren Linien in der rechten
Hand hinauf aufs ges und wieder hinunter — man glaubt's
kaum, daß es dieselbe Melodie ist, wie zu Anfang — ebenso bei den Fragen der Mutter, auch immer dasselbe und
immer neu, durch drei Stufen hinaufgesteigert, immer drängen-
der und zwingender bis zum bmoll. „Und was willst du
lassen deiner Mutter teu'r!" — ach, wenn man schreiben
könnt', wie wollte man schreiben über dies Kunstwerk! Ja,
und wie geboren, wie notwendig und immer dagewesen das
alles aussieht (nicht ansetzen, meine Herren, der Ton muß
schon da sein!), als hätte die Erregung Eduards und der
Mutter schon von Uranfang an so getönt, könnte nicht
anders als in Verbindung mit dieser Musik gedacht werden;
und doch liegt es schon so lange da, stumm, das Gedicht, bis
plötzlich einer daherkommt und es bewegt in seinem Herzen
und in fmoll wieder auf die Welt bringt als sein Eigentum!

Und als unsres auch; denn wer's genießt, besitzt das
Kunstwerk!

Oder haben Sie dagegen 'was einzuwenden?

Nun abieu, nehmen Sie's nicht für ungut — haben
Sie nach Dresden geschrieben? Rufe ich Ihnen mit meiner
stärksten Hebbelstimme zu! [1]

Herzlichen Gruß

Elisabet H.

XXVIII.
Brahms an Elisabet von Herzogenberg.

[Amsterdam, 3. Februar 1878.]

Liebe verehrte Freundin!

Wenn ich eilig einige Worte flüstere, so glauben Sie
nur, daß mir's von Anfang bis Ende gar nicht genügt. Ich
wüßte gerne 'was Besseres, um Ihnen recht von Herzen zu
danken für Ihre — teils vortrefflichen, immer aber so lieben
und freundlichen Briefe!

Vortrefflich war die Abhandlung über den Feuerzauber.

Ich hatte eben an Frau Schumann geschrieben, mit wenig
Worten zuzureden oder zu mildern versucht. Frau Schumann
hat aber das Gespenst gar nicht erschreckt, sie schreibt nur
ganz beiläufig, daß sie es ja nicht zu hören brauche!

An Wüllner habe ich gar nicht geschrieben — meine
Tasche ist nämlich ganz dick von unbeantworteten Briefen.
Ich war aber in Versuchung, ihre Abhandlung ihm zu
schicken! Jetzt lassen wir es gehen. Besinnt Frau Schumann
sich nicht anders, so gehe ich auch nach Dresden, und hoffentlich Sie auch!!!!

Holland ist nun ganz reizend und gefällt mir jedesmal
außer der Maßen. Nr. 2[2] macht den Musikern und andern

---

[1] Frau v. Herzogenberg pflegte manchmal scherzweise die Tragödin
des Wiener Burgtheaters Christine Hebbel zu kopieren. — [2] Die D dur-
Symphonie.

Leuten aber so viel Spaß, daß sie mir den Aufenthalt nicht verdirbt. Wir haben sie den vierten und achten in Amsterdam, den sechsten im Haag. Dazu ist den fünften in Amsterdam die erste in einer Art Volkskonzert!

Sie halten mich aber für mitteilsamer als ich bin, wenn Sie meinen, ich brauchte den Edward — pardon: Eduard.*)[1]) Wenn ich aber etwas lese, wie Ihre freundlichen Worte darüber, da empfinde ich immer einen deutlichen Ärger: warum hast Du Dir dabei nicht mehr Mühe gegeben, das hätte ja viel hübscher werden müssen. Nun, schließlich muß das ein Irrtum sein, aber sonderbar ist die Empfindung.

Am 9. reise ich ab — haben Sie nichts mehr zu schicken? Übrigens fehlt noch der Dank für alles und gar für die fatale Mühe mit dem „bedeutenden" Gegenstand.[2]) Aber das Beste an allem Schicken sind die Briefe dabei, und dafür sollte ich besser danken. Für heute nur die allerschönsten Grüße Ihnen beiden und noch einigen andern.

Von Herzen Ihnen ergeben

J. Brahms.

*) Gott Gnade, wenn ich Eduard für Edward oder Sinfonie für Symphonie schreibe!

XXIX.
Elisabet von Herzogenberg an Johannes Brahms.

Leipzig, 5. Februar 1878.

Verehrter Freund!

Bitte, frozeln's mich nicht mit meinen armen Briefen, sonst verliere ich den Mut drauf loszuschmieren, und das täte

---

[1]) Das soll heißen, er denke noch nicht daran, die Ballade zu publizieren. Sie erschien aber doch schon im Herbst 1878 bei Simrock. —
[2]) Das in XXIV erwähnte Nachthemd.

mir leid, denn ein bißchen 'was trägt's doch immer ein, wie
der letzte Amsterdamer beweist! Wir waren ganz darauf gefaßt, daß Julius Röntgen zuerst von dort schriebe; welche
beschämende Überraschung waren daher Ihre guten Zeilen!
Wir erfuhren schon bei Engelmanns, daß man Sie in Holland
so nett behandelt, und daß Männlein und Weiblein und
Konzertmeister und Chorführerinnen sich die Lorbeeren gegen-
seitig aus den Händen reißen, mit denen sie Sie bekränzen
wollen. Die Holländer haben offenbar ein viel wärmeres
Blut, als man ihnen gemeiniglich zutraut; es wäre 'mal
interessant, Studien darüber anzustellen, warum gerade in
Mitteldeutschland der Pulsschlag ein so verzweifelt matter ist.
Einen ethnographischen Grund dafür aufzufinden, hätte 'was
Tröstliches. Doch nicht dieses traurige Kapitel wollte ich be-
rühren, sondern nur Ihnen danken; denn ich finde es wirklich
sehr lieb von Ihnen, daß Sie sich in diesen unruhigen Tagen,
wo Sie von Triumph zu Triumphen taumeln, die Zeit
nahmen, einen Gruß in die stille Humboldtstraße zu ent-
senden! Aber Sie wissen es, daß dort dankbare Herzen
schlagen.

Gott beschütze mich, daß ich nicht wieder Edward falsch
schreibe und Ihren bitteren Hohn heraufbeschwöre. Lieber
schreibe ich noch Brahmst statt Brahms![1]

———— ———— ———— ————

Ich halte Sie wahrhaftig nicht für mitteilsam (wären
Sie es, der Abend, an dem Sie ein Duett nach dem andern
aus dem Kofferchen holten, stünde uns nicht in so märchen-

———————————————

[1] Die Schreibart Brahmst für Brahms kommt noch heute bei Hol-
steiner Verwandten des Tondichters vor; auch sein Vater wurde in
Hamburg manchmal so genannt. Dem Sohne war sie ganz besonders
zuwider und verhaßt.

4*

hafter Erinnerung!). Aber Sie hatten ja um die Duette
geschrieben!

Gestern aber haben Sie mehrere Werke der Barmherzig=
keit, ohne es zu wissen, ausgeführt: die Kranken aufrichten,
die Leidenden trösten, die Hungrigen speisen, die Durstenden
tränken. — Wir gingen zum armen Holstein[1]) und spielten
ihm die c moll[2]) vierhändig (in der Ihnen bekannten vier=
händigen Musterhaftigkeit) vor. Er lag auf seinem Diwan,
die Partitur auf den Knien, leuchtenden Auges, und schlürfte
die bekannten, aber innerlich nie wieder aufgefrischten Klänge
in sich ein; er hat sich ja bis jetzt nichts zumuten dürfen.
Sie können viel, verehrter Freund, aber wenn man einem
armen kranken Menschen solche Herzensfreude bereiten, Röte
auf seine Wangen und Glanz in seine müden Augen zaubern
kann, so ist das doch mit das beste. —

Grüß' Sie nun der Himmel, und Sie, grüßen Sie Julius
Röntgen. Der arme Junge, wie schwer wurde ihm und
wurde den Seinen das Scheiden!

Abieu, abieu, machen Sie recht viele froh und seien
Sie froh!

Denken Sie ab und zu immer 'mal wieder Ihrer

　　　　　　　　　　　　　　　　Herzogenbergs.

Kirchner[3]) spielte uns sein Arrangement der Es dur-
Variationen — es ist ganz vorzüglich, wie nur ein in die
Sache Verliebter es machen kann.

---

[1]) Franz von Holstein (1826—1878), der Komponist des „Haide=
schacht" und anderer Opern und Musikwerke, lag damals hoffnungslos
erkrankt danieder. — [2]) Die erste Symphonie. — [3]) Theodor Kirchner
(1823—1903) Komponist und Pianist, von dem viele Arrangements
Brahms'scher Werke herrühren. Hier ist von den vierhändigen Variationen
(op. 23) die Rede, die K. für zwei Hände bearbeitet hat.

XXX.

Elisabet von Herzogenberg an Johannes Brahms.

[Leipzig,] 19. Februar 1878.

Verehrter Freund!

Es wäre schön, einmal wieder von Ihnen zu hören, wenn auch noch so wenig. Bitte, teilen Sie uns wenigstens mit, ob Sie noch entschlossen sind, nach Dresden zur D dur zu gehen; wir haben große Lust, und das Schicksal fügt es liebevoll, daß wir uns frei machen können. Somit ist einige Aussicht, daß wir uns in Dresden treffen. Aber Julius Röntgen machte uns irre mit der Mitteilung, Sie hätten halb und halb vor, in Wien zu bleiben und fleißig zu sein. Aber das tun Sie sicher Frau Schumann, der armen Feuergezauberten, nicht auch noch an! — Julius Röntgen weiß Wunder zu erzählen von den außer sich geratenen Amsterdamern. Ach, wenn hier doch auch einmal einer außer sich geriete, aber das erleben wir nicht mehr!

—————

Morgen geht Rubinstein[1]) in der schlechten Gesellschaft von *.[2]) und den Leipziger Kritiken an Sie ab, dies ist nur ein Geleitsschein. Mein armer Heinrich hat einen entsetzlichen Husten und ist ganz marod, muß dabei immer Proben abhalten zum Sonnabend, wo wir Konzert haben.[3]) „Bleib bei uns, denn es will Abend werden"[4]) ist ganz himmlische Musik und macht hoffentlich den Heinz wieder gesund.

———————

[1]) Wahrscheinlich ein neues Klavierstück von Anton Rubinstein. — [2]) Komposition eines Leipziger Musikers. — [3]) Eine der Aufführungen des Bachvereins, bei denen das Ehepaar Herzogenberg immer in hervorragender Weise beteiligt war, er als Dirigent, sie als Begleiterin und Sängerin. — [4]) Osterkantate von Seb. Bach.

Abieu für heut, grüßen Sie Fabers herzlichst!

Und laſſen Sie die Feder nicht ganz verroſten! Apropos: Wenn Sie 'mal gar nicht wiſſen, was Sie komponieren ſollen, ſo machen Sie doch, bitte, Solfeggien mit oder ohne Text, figurierte Geſangſtücke, wie es leider deren ſo wenige gibt.[1] Ich ſinge jetzt Bachſche Orgelſonaten und finde das außerordentlich vergnüglich, — aber wie hübſch, ein wirklich für Geſang geſchriebenes Stück in ſo ſchöner Figuration zu haben. Auf jedes Wort acht Achtel wenigſtens, — wie herrlich! Julius Röntgen ſehnt ſich dagegen nach „ſtillſtehenden" Klavierübungen und dergleichen aus Ihrer Feder, da in Amſterdam ſchon die kleinſten Mädchen Brahms ſpielen wollen! Sie Rattenfänger!

Mein armer Gatte grüßt Sie ſamt mir aufs allerſchönſte.

Eliſabet Herzogenberg.

XXXI.

Eliſabet von Herzogenberg an Johannes Brahms.

[Leipzig,] 1. März 1878.

Sie wiſſen, welche Freude jeder Hobelſpan aus Ihrer Werkſtatt in der Humboldtſtraße erregt, um wie viel mehr ein ſo ſchauerlich ſchönes Hexenduett,[2] an dem alles wie aus einem Guß erſcheint — auch das ſchöne alte verwetterte Notenpapier paßt ſo gut dazu.[3] Die Worte[4] finde ich höchſt packend und habe mich recht geärgert über einen auf=

---

[1] Brahms hat dieſen Wunſch leider nicht erfüllt, wohl weil er wußte, daß die Klage der Schreiberin keine Berechtigung hatte. Er war in der Literatur altitalieniſcher Solfeggien-Komponiſten beſſer bewandert. — [2] „Walpurgisnacht", Duett für zwei Soprane, op. 75, Nr. 4. — [3] Brahms hatte eine Vorliebe für altes Notenpapier, das er als Makulatur kaufte. — [4] Von Willibald Alexis.

geklärten Professor, dem ich das Gedicht neulich zu lesen gab,
und der sich schief lachen wollte darüber, der Arme! Die
Grimmschen Märchen haben ihn nicht gewiegt. — Ich freue
mich, daß mir's jedesmal kalt über den Rücken läuft, wenn
ich das Duett musiziere, obwohl ich jetzt doch schon im voraus
weiß, daß die Mutter zum Schornstein hinausgefahren ist!
Ich studiere es nächstens ganz fein mit der jüngsten Röntgen,
die ein unschuldiges Kindersopränchen hat und daher für die
Hexentochter außerordentlich paßt, während ich mich als würdige Hexe auszuzeichnen gedenke. Ja, das ist nun wieder
alles sehr schön; wie man mit den ersten Tönen in der
Situation ist, und dann gleich die Verdoppelung der Singstimme im Baß bei den Worten: „'s ist heute der erste Mai,
liebes Kind" und später (wer das Gruseln lernen will, der
komme und höre sich das an!) dann, wie das ängstliche Motiv
der Tochter („ach Mutter, was reiten die Hexen" usw.) von
der Begleitung in den Antworten der Mutter aufgenommen
wird, so daß gleichsam die Stimmung der Tochter duettiert,
wo sie selbst schweigt — und daß natürlich wieder die Antwort die Umkehrung der Frage ist! — und wie sich's wieder
zum Schluß hin steigert, in gewisser Weise verwandt mit
Edward — das alles wissen Sie besser, weshalb ich möglichst
wenig darüber schwätzen will. Ich komme mir ohnedies hinterher immer sehr keck vor, daß ich mich so gehen lasse! Aber
Sie halten so still!

Sind Sie böse, wenn ich singe: „Ob im Dorf wohl
Hexen sind?", das „ob" auf das gute Taktteil D bringend?
Es teilt sich ganz gut ein. Wissen Sie — es ist nur von
wegen Herrn Kipke![1] — — — Der alte Engelmann[2]

---

[1] Karl Kipke, Musikreferent, der Brahms Deklamationsfehler vor-
geworfen hatte. — [2] Der früher erwähnte Vater Th. W. Engelmanns.

war heut da und las uns mit Behagen Ihren schönen Pane-
gyrikus[1]) über das Kind vor — — oh! über diesen Hohn!
Hatte doch die alte Engelmann schon mit großmütterlicher
Entrüstung erzählt, daß Sie das Neugeborene kaum eines
Blicks gewürdigt!

Unser Bachkonzert heut vor acht Tagen ging glänzend
von Statten, obwohl am Tage der Aufführung der Organist
erkrankte, und das hübsche schwedische Mägdlein Amanda
Mair[2]) einspringen mußte, — aber wie tapfer hielt sie sich!
Ja, die Weiber sind doch nicht immer zu verachten.

Leben Sie nun wohl und haben Sie nochmals Dank —
so oft Sie freundlichst Lust verspüren, mir eine große Freude
zu machen, schicken Sie 'was! Muß ich am Ende die Hexe
weiter spedieren? (Motiv der Angst, Des dur.)   Kommen
Sie denn nach Dresden? und Frau Schumann und der
Feuerzauber — „'s ist heute der erste März, liebes Kind"
und wir wissen noch immer nichts.

Herr Simrock[3]) fragte heute sehr besorgt nach Ihrem
Aufenthalt — nicht wahr, die Duette kriegt doch der arme
Toggenburg Astor?.

„Guttätigkeit macht Engeln gleich und führt zuletzt ins
Himmelreich."

Auf Wiedersehen in Dresden.

Ihre dankbarste

E. H.

---

[1]) Den Gratulationsbrief, den Brahms an die Utrechter Freunde
gerichtet hatte. — [2]) Spätere Gattin von Julius Röntgen in Amsterdam. — [3]) Der Brahms-Verleger.

XXXII.

Elisabet von Herzogenberg an Johannes Brahms.

[Leipzig], Humboldtstraße, 10. März 1878.

Lieber verehrter Freund!

Es ist mir ein Bedürfnis, Ihnen zu sagen, wie froh dankbar wir von der Erinnerung an die Dresdner Tage[1]) zehren, wie wir wachend und träumend in dem geliebten D dur leben, und wie gern wir Ihnen all die Freude danken, die sich wahrhaftig mit wenigem im Leben vergleichen läßt — und zwar ein doppeltes Bedürfnis deshalb, weil ich gleich= zeitig mit Ihnen zanken möchte. Ich glaube und hoffe nämlich, daß wir doch auf dem Fuß stehen, wo man sich nicht nur Pastetenscherze, sondern auch einmal ein aufrichtiges Wort erlauben darf, das Sie um all der Liebe und Ver= ehrung willen, die Ihnen sonst gezollt wird, gerade von einem Ihrer ergebensten Zöllner sich ruhig gefallen lassen müssen! In dieser fröhlichen Zuversicht schreibe ich diese Zeilen nieder.

In der Schillerstraße waren Sie so lieb und gut, und ich kann gar nicht sagen, mit welcher Lust ich Ihnen zuhörte, als Sie im Fensterecken saßen und, nachdem Sie so viel Likör umgeschüttet hatten, meinem guten Bruder, der manch= mal kleine Paradöchslein auf die Weide führt, mit der Sonne Ihres herrlichen Gerechtigkeitssinnes so schön heimleuchteten. — Da plötzlich taucht der infamichte * am Gesprächshori= zonte auf, und Sie erzählen uns richtig die bekannte Geschichte,

---

¹) Die D dur-Symphonie kam am 6. März im Aschermittwoch= konzert der Dresdner Hofkapelle im königlichen Opernhause zur Auf= führung.

wie er Heinrichs Quartett¹) gelobt und in demselben Winter
Ihr B dur²) geringschätzend abgefertigt habe, erzählen dies
mit der gewissen behaglichen Ironie über die selbstverständ=
liche Blöße, die sich * damit gegeben, nicht etwa einem unbe=
teiligten Dritten, sondern gerade demjenigen, von dem Sie
genau wissen, daß er zu allererst einen Ignoranten Esel
schilt, erzählen es auch nicht etwa einem aufgeblasenen Men=
schen, der den Schwerpunkt seiner Tätigkeit nach England
verlegen will, und den es von Selbstüberhebung zu kurieren
gilt, sondern einem, der sich nicht würdig fühlt, Ihnen die
Schuhriemen zu lösen, einem Suchenden, Lernenden, Demü=
tigen, der sich über eine törichte Überschätzung hundertmal
mehr kränkt, als über den vernichtendsten Tadel, weil er von
ersterer absolut nichts lernen kann! Ja, und daß Sie dies
zweimal der Mühe wert fanden, Sie, an dem dergleichen doch
ganz abprallen sollte, daß Sie zweimal diese — ich kann es
nicht anders bezeichnen — Ungroßmütigkeit begehen konnten,
das ist mir so unverständlich und kränkt mich um Ihret=
willen mehr als um Heinrichs willen, obgleich es traurig ist,
daß Sie diesen besten Menschen noch so schlecht kennen.
Voriges Jahr wollte ich Sie schon drauf ankrakehlen, aber
Heckmann³) war grade da, es ergab sich kein rechter An=
laß dazu, und mich hielt noch eine gewisse Scheu ab, Sie
möchten mich wieder mit einem kühlen Witz abfertigen (was
ich heut nicht glaube), und darum sage ich Ihnen frank und
frei, daß das nicht gut und nicht gerecht (was Sie doch sonst
sind!) und hoffentlich ein fremder Blutstropfen in Ihnen war,

---

¹) Eines der drei, später als op. 42 bei Rieter=Biedermann
herausgegebenen und Brahms zugeeigneten Streichquartette. — ²) Das
B dur=Quartett op. 67. — ³) Robert Heckmann (1848—1891), Violinist
und Primarius eines Streichquartetts.

für den Sie die betreffende kleine Aber ruhig auflassen können,
ohne sich Gottlob im mindesten zu verbluten.

Das Ärgste, was mir passieren kann, ist, daß Sie mir
mitleidig wieder Ihr: „Armes Kind, armes Kind!“ sagen und
meinen, man schwätze ja so manches hin — aber sehen Sie,
das ist doch etwas andres, als wenn sich jemand, der ge=
radezu das Leben für Sie ließe, der Sie wie ein Pudel, wie
ein Kind, wie ein Katholik seine besten Heiligen liebt (wenn
er auch nicht die Gabe hat, es demonstrativ an den Tag zu
legen) — wenn Sie grade einen solchen verkennen und ver=
letzen. Ihn berührt es zwar weniger als mich, er weiß auch
nichts von dieser unverschämten Predigt! Er legt sich auf
seinem lieben guten Gewissen ruhig schlafen und denkt: Die
Sonne bringt's doch an den Tag! — Aber seine Frau,
die ist ziemlich heißspornig und mußte sich 'mal Luft machen
und Ihnen ein böses Gesicht zeigen, wie Sie's in diesem
Falle recht verdienen. Und ein trauriges Gesicht obendrein,
denn mir ist nichts so betrübend, als wenn ich jemand grollen
muß, dem ich so gern rückhaltlos gut sein, alle Hände voll
Verehrung entgegenstrecken möchte.

Ich weiß, Sie meinen es nie sehr schlimm in solchen
Momenten — es sitzt Ihnen ein Geschöpf im Nacken, mit
dem Sie, Gottlob, sonst nicht intim sind, und flüstert Ihnen
so ein paar Worte ein, mit denen Sie aber einem andern
recht zur unrechten Zeit weh tun können — wüßten Sie
w i e, Sie ließen's immer sein! Denn eigentlich sind Sie gut
und möchten Liebe nie mit Hohn vergelten!

Also reißen Sie dies fremde Kräutlein aus Ihrem
Garten — vor allem aber bleiben Sie mir gut trotz dieses
langen Briefes. Weiber können sich einmal nicht kurz
fassen.

Bis ein Wort, ein ganz kurzes, gutes, mit dem Sie sich
für ein ganzes Jahr loskaufen sollen! von Ihnen kommt,
tröste ich mein Herzeleid mit Ihrem Choralvorspiel[1]), das
ich, Gottlob, auswendig kann und mir in der Dämmerung
vorspiele.

Dem Johannes Brahms meinen ehrerbietigsten Gruß!
und einen herzlichen Händedruck!

Elifabet Herzogenberg[2]).

XXXIII.

Elifabet von Herzogenberg an Johannes Brahms.

[Leipzig], 13. März 1878.

Jawohl, tör'ger Reiner,
in der Umkehrung
Reiner Tor.[3])

Wie gelegen kam Ihnen dies Gleichnis! Nun, künftig
will ich mir aus Ihren schnatterigsten (das hat wieder 'was
Parsifalsches: „Suche dir Gänserich [sic!] die Gans") Redens=
arten nichts machen, besser aber, Sie bessern sich und werden
Ihrem Vorbilde gleich: „Durch Mitleid wissend!"

Für das Herzeleide=Vorspiel (die Beziehung zu Par=
sifal dauert fort!) meinen schönsten Dank. Wir lieben es so

---

　　[1]) Choralvorspiel und Fuge für Orgel über „O Traurigkeit, o
Herzeleid", das den 13. Jahrgang des „Musikalischen Wochenblattes" als
Beilage begleitete. — [2]) Die Antwort, die Brahms auf diesen Brief gab,
fehlt. Daß er geantwortet und sich verantwortet hat, geht aus dem
folgenden Schreiben der Frau Elifabet hervor. — [3]) Zitat aus Wagners
„Parsifal"; das Buch des „Bühnenweihfestspieles" war 1877 bei Schotts
Söhnen in Mainz erschienen. —

sehr, daß es eine besondre Freude ist, ein Stückchen davon in dem lebendigen Ausgeschau, das Ihre Schrift immer hat, zu besitzen. Ich habe das Vorspiel Kirchner, den wir neulich mit Astor da hatten, vorgepaukt und sein großes Entzücken erregt. Ich kann mich nicht darüber beruhigen, wie alles an dem Stück Ausdruck ist, daß man sich ordentlich zum Schwelgen und Schwärmen damit hinsetzen und es gar nicht satt kriegen kann, und all die schöne Kunst daran eigens nur erfunden scheint, um das Pathos darin zu steigern . . .

Herr H., Kritiker-Oberpriester in Dresden, begreift richtig wieder nicht, warum der erste Teil des ersten Satzes der D dur wiederholt wird. Auch fragt er sich, warum Sie sich nicht lieber auf Kammermusik, in der Sie so Tüchtiges leisten, beschränken, daneben aber auf das Musikdrama, wohin doch alle Ströme fließen müssen, werfen!! Daß das Thema des Adagios, „leicht fugiert" wird, wissen Sie doch? Die Dresdner haben noch allerlei hübsche Entdeckungen gemacht, konstatieren aber den großen Erfolg! Ich wollte, sie schimpften alle viel ärger, diese Kerls, die den Vortrag Rieses[1]) feinfühlig, innig und im Geiste Beethovens finden — die öffentliche Musiziererei ist eigentlich eklig, was sind das alles für Leute!

Adieu, Sie Guter, bessern Sie sich nur wirklich, 's ist der Mühe wert.

Elisabet H.

Wenn ich nur wüßte, was Sie unten ausgestrichen haben!

------

[1]) Operntenor in Dresden. Er hatte in dem Konzert, in welchem die Brahmssche D dur-Symphonie aufgeführt wurde, Beethovens Liederkreis „An die ferne Geliebte" gesungen.

XXXIV.

Brahms an Heinrich von Herzogenberg.

[Wien, März 1878.]

Werter Freund!

Hier ist der Nottebohmsche[1]) Zettel, den ich nicht aufhalten will, bis der Schreibegeist mich beschattet.

Nur beiläufig: daß ich meinte, Levi[2]) habe Ihnen nur die traurige Frage mitgeteilt — verlorne Liebesmüh'! —; daß „schnotterig" und „schnatterig" nicht dasselbe ist — worüber vielleicht Grimm[3]) Näheres sagt; daß ich Ihnen sehr dankbar bin für das Quartett.[4])

Schon bei flüchtiger Durchsicht hat es mir sehr wohl getan — und heute abend soll es mir eine gemütliche Stunde machen.

Eiligst und herzlichst Ihr

J. Br.

XXXV.

Brahms an Heinrich von Herzogenberg.

[Wien, 8. April 1878.]

Unterzeichneter beehrt sich, seinen werten Gönnern anzuzeigen, daß ihn poste restante-Briefe vom 14. bis 20. April in Neapel finden.[5]) Vom 20. bis —? in Rom. Er reist

---

[1]) Bergl. III Anm. — [2]) Hermann Levi (1839—1900), Generalmusikdirektor in München, während der Sechziger= und Siebzigerjahre intim mit Brahms befreundet. — [3]) Grimms Wörterbuch. — [4]) Das in XXXII erwähnte Herzogenbergsche Streichquartett. — [5]) Am 8. April trat Brahms seine erste italienische Reise an, und zwar in Gesellschaft von Billroth und Goldmark. Goldmark blieb in Rom, um die letzten Proben zu seiner Oper „Die Königin von Saba" zu überwachen; die

mit Billroth[1]) und empfiehlt sich zum Briefschreiben, Bein-
abschneiden und allem möglichen, das er mit seinem Kom-
pagnon bestens besorgen wird. Was sonst passiert, davon hat
er keine Ahnung. Vermutlich ist er Mitte Mai wieder in Wien.
Usw.

Mit besten Grüßen   J. Br.

XXXVI.

Elisabet von Herzogenberg an Johannes Brahms.

[Leipzig], 9. April 1878.

Lieber verehrter Freund,

Daß Sie uns das Lebenszeichen gaben vor dem Abfahren
nach Italien, war schön von Ihnen. Möchten Sie es recht
genießen, das gelobte Land endlich zu betreten, selber, mit
eigenen Füßen, nicht mit denen der Adolf Staar[2]) (sic!)
und seiner ästhetischen Genossen, die ich übrigens nicht kenne.
Wenn man sich alles vorkauen lassen soll, was man selber
erst verspeisen möchte, packt einen doch leicht eine Art Wut.
Ich kann Sie mir gar nicht als Reisenden vorstellen, d. h.

Oper kam aber wegen Erkrankung der ersten Sängerin erst im folgenden Jahre heraus. Billroth und Brahms fuhren weiter nach Neapel, auf
Billroths Betreiben, der dem Freunde gleich den richtigen Begriff von
Italien beibringen wollte. „Ich wäre mit Rom zufrieden," schreibt Brahms
seufzend an Ernst Frank. „Auf dem Rückweg wollen wir uns dies, und
was es sonst noch geben soll — gründlich flüchtig besehen." Bei der
Heimreise blieb er am 6. Mai in Pörtschach, wo er seine Wiener Freunde
Dr. Kupelwieser und Dr. Franz besuchte, hängen. „Der erste Tag war so
schön, daß ich den zweiten durchaus bleiben mußte, — der zweite aber so
schön, daß ich fürs erste weiter bleibe!" (Brahms an Arthur Faber.)

[1]) Theodor Billroth (1829—1894), der berühmte Chirurg und
Gelehrte, war leidenschaftlicher Musikliebhaber und mit Brahms seit
1866, wo sie einander in Zürich kennen lernten, befreundet. — [2]) Adolf
Stahr, bekannt durch seine Schriften über Italien.

als Genießenden, — Ihre gewöhnliche Verfassung ist. genossen
zu werden, und nun werden Sie plötzlich von einem „Leiben=
den" zu einem ganz Tätigen. Wie mag es Ihnen schmecken,
und wie begierig mögen Sie all die Schönheit in sich saugen,
an der nicht zu naschen Sie bisher die seltene Weisheit hatten.

Wir hörten gestern schon durch Frau Schumann, daß
Sie nach Italien reisen, und heute hätten Sie auch ohne
Ihre Karte unsre aufrichtigen Glückwünsche bekommen, ob=
gleich wir finden, daß Sie eigentlich schon sehr lange bummeln.
Um Gotteswillen, was wird aus uns, wenn die bedeutende
Hand zu lange die Feder ruhen läßt!

Während es Ihnen so gut geht, geht's uns schlecht, mir
wenigstens. Wir kommen grade von Dresden, wo wir einem
armen alten Onkel die letzte Ehre erweisen mußten. — —

Erstaunen Sie sich nicht über diesen ruppigen Brief,
meinem Schreibtischschlüssel habe ich in Dresden vergessen, und
bin nun unglückselige Besitzerin eines zugesperrten Schreib=
tisches, getrennt von Feder und Papier und allem, was mir
teuer, daher auf eine kleine Kopiermappe angewiesen, die mir
mein Bruder geschenkt, und mit der man das Vergnügen hat,
alles doppelt zu schreiben, was aber nur in seltenen Fällen Wert
haben kann, bei Waschzetteln, oder wenn man ein „bedeutender
Mann" ist. Wie gut für Sie, daß Sie nicht mehr erreichbar
meinen doppelten Briefen! Sie hätten sonst in diesen Tagen
den ersten Satz der D dur bekommen, den ich aus der Erinne=
rung aufgeschrieben, und den Sie untertänigst gebeten sein
sollten, ein klein wenig durchzusehen. Frau Schumann be=
hauptete, es sei ein ganz anständiger Klavierauszug, aber der
Frau, die zu gut ist für diese Welt, traue ich immer nur halb.
Nun bleibt Ihnen diese Langeweile erspart, wozu ich ebenfalls
gratuliere! Die liebe Frau Schumann hat sich also richtig

für Frankfurt[1]) entschieden — möchte es ihr nur halbwegs so
gut dort gehen, wie sie's verdient. — — — Und Arthur,[2])
ist er mit? Sie erwähnen ihn nicht, ihn sowohl als den
Kammerherrn der Königin von Saba.[3])

Und nun grüßen wir Sie! Wirklich, wir freuen uns sehr,
daß Ihnen so 'was Hübsches widerfährt, und ich hoffe nur,
es lächeln Sie die sonnigen italienischen Landschaften ebenso
an wie die Kärntnerischen, und Sie kehren mit einer ebenso
reichen Tracht Melobien heim wie voriges Jahr. Wie schön
werden die Herren Kritiker das wieder zu verwerten wissen!

Leben Sie wohl, seien Sie froh, schicken Sie manchmal
eine Karte ins Reich

Ihrer ergebenen
Elisabet Herzogenberg.

XXXVII.

Heinrich von Herzogenberg an Johannes Brahms.

Leipzig, 13. Mai 1878.

Verehrtester Freund!

Mit unserem armen Holstein[4]) geht's zu Ende! Höchstens 3 bis 4 Wochen kann er noch leben. Aber unter welchen

---

[1]) Klara Schumann siedelte 1878 von Berlin nach Frankfurt a. M.
über, wo sie bis zu ihrem Tode blieb und als Klaviermeisterin am
Hochschen Konservatorium der Musik tätig war. — [2]) Arthur Faber. —
[3]) Erinnert an ein heiteres Erlebnis Goldmarks. Auf der Heimreise von
Budapest, wo seine eben aufgeführte Oper Tagesgespräch war, tröstete Goldmark ein junges Mädchen, das die richtige Station zum Aussteigen versäumt hatte. Beim Abschied von der Mitreisenden befragt, mit wem sie die
Ehre gehabt habe, stellte er sich als "Komponist der Königin von Saba"
vor. Das junge Mädchen erschrak und wäre fast in die Knie vor ihm gefallen. Verwirrt sagte sie dann: "Verzeihen Sie nur, ich wußte nicht, daß
Sie von Hofe sind." Seitdem hieß Goldmark unter Freunden "der Kammer-
herr der Königin von Saba". — [4]) Vergl. XXIX.

Qualen! Die Ärzte konstatierten zuerst Magenverhärtung, dann Magenkrebs, und keine Rettung ist mehr möglich. Dabei ist er aber ganz hellen Geistes und voll rührendster Liebe für seine Umgebung, die er tröstet und aufrichtet. Nie sah ich ein ergreifenderes Ende. Könnten Sie mit ansehen, wie dem Armen die Augen leuchten bei jedem Liebeszeichen von nah und fern, Sie würden ihm auch noch eine letzte Freude bereiten. Und an Ihnen hing er so treu und warm! Schreiben Sie ihm, bitte, ein paar herzliche Zeilen; er ist es wert, daß die Besten um ihn trauern.

Wir sind fast täglich bei ihm und waren Zeugen der schrecklich raschen Entwicklung der Krankheit, deren Keim schon seit Jahren in ihm schlummerte. Sein Aussehen hat sich plötzlich verändert; dabei war er aber bis gestern immer noch mitteilsam und sogar anregungsfähig und interessierte sich für alles, was vorging. Seine unglückliche Frau[1]) brach bei der Konsultation vor drei Wochen, wo zuerst die große und nahe Gefahr ausgesprochen wurde, ganz zusammen und verlor auch ihm gegenüber alle Fassung, die sie zu unserem Erstaunen so lange bewahrt hatte. Jetzt ist sie wie verklärt durch seine rührenden Abschiedsworte; in dem ganzen Hause ist's wie in einer schönen Kirche, wo man gerne verweilt, wo der Schmerz leiser auftritt, und ein Strahl der Begeisterung hereinbricht, der einem bis ins Innerste bringt.

Wir wissen, welche Teilnahme Sie für ihn hatten, und wollen Ihnen bald wieder schreiben. In einigen Tagen verlassen wir Leipzig, weiß Gott, wie ungern, und nur weil uns

---

[1]) Hedwig v. Holstein, geb. Salomon (1819—1897), die edle Wohltäterin. Vergl. Einleitung S. XXIV.

andre Verpflichtungen rufen. Wir werden aber täglich Nach=
richten erhalten.

Meine liebe Frau grüßt Sie herzlich, sowie auch Ihr
treu ergebener

Herzogenberg.

XXXVIII.
Brahms an Heinrich von Herzogenberg.

[Pörtschach, 17. Mai 1878.]

Wertester Freund,

Ihre traurige Nachricht vom armen Holstein kam mir
so unerwartet, daß sie mich ebenso erschreckt hat, als sie mich
betrübt. Ich versuche vergebens an ihn oder gar an sie ein
paar Worte zu richten. Ich, in dem Fall, verlange sie vom
besten Freund nicht zu lesen, und weiß ich gleich, daß sie für
ein Frauenherz Bedürfnis sind, so bitte ich Sie doch heute,
einstweilen mein Dolmetsch zu sein. Ihr Weggehen aber
mag der bedauernswerten Frau ihre Leidenszeit bedeutend
erschweren. So unmittelbare Teilnahme ist doch der schönste
Trost und hilft wirklich leichter tragen. Es ist aber ganz
traurig, um weitere Mitteilungen zu bitten, wenn man nur
Schlimmes erwarten, nichts Besseres hoffen darf. — — —
Es ist mir als ob Sie mir, erzählt hätten, Sie brächten
einige Zeit bei Dr. Oberhofer in Wien zu?[1] Ich traf den
Herrn in Rom, und da fiel mir's ein.

In Wien würde ich Sie sehen, wenn ich nicht doch nach
Düsseldorf müßte.[2]

---

[1] Brahms verwechselte den Namen; er meinte Dr. Obersteiner,
mit dessen Frau Elisabet schon als Mädchen befreundet war. —
[2] Brahms hätte zu Pfingsten nach Düsseldorf kommen sollen, um
beim 55. Niederrheinischen Musikfeste seine zweite Symphonie zu diri=
gieren. Die Reise scheiterte aber angeblich an — Toilettenschwierigkeiten,

5*

Nun aber grüßen Sie unseren armen Kranken recht von
Herzen; was fängt denn die Frau an, wenn es nun vorbei
ist? Wer hilft über die erste schreckliche Zeit hinweg? Ist
Frau Dr. Seeburg[1]) da? Mit besten Grüßen Ihr

                                        J. Brahms.

XXXIX.
Elisabet von Herzogenberg an Johannes Brahms.

[Arnoldstein im Gailtale,] Haus Samek, 10. August 1878.

Lieber verehrter Freund,

Der biedre Überbringer dieser Zeilen trägt auch einen
Hut nach Pörtschach, den Sie so freundlich sein sollen, sich
anzueignen. Es ist das Geschwisterkind von dem Hute Hein=
richs, der Ihnen nicht zu mißfallen schien, und der weniger
auf Ihre Stirn drücken wird als der dunkle Filzhut. Meine
Mutter hatte noch einen in ihrem Koffer und macht sich ein
besonderes Vergnügen daraus, Ihnen denselben zu Füßen zu
legen. Ich hätte gern, Ihrem Geschmacke folgend, ein Band
um den Hut genäht, aber es ist zu wenig im „Stil", man

---

tatsächlich an seiner Unlust, sich seiner produktiven Stimmung zu ent=
reißen. Am 20. Mai schreibt er an Arthur Faber: „Ich muß nach Deutsch=
land zum Musikfest und dort doch wohl auch im Frack und bekolletiert er=
scheinen!" Ich werde mir's überlegen," und im Juli an Frau Bertha Faber:
„Erst schickt Ihr Mann einen alten Rock nicht, dann schickt er statt einer
schönen Weste eine, die nur aus Versehen noch im Schranke hängen
konnte. Ich hätte mir in Düsseldorf eine neue kaufen müssen, ging
also nicht hin — bei meinen Verhältnissen war nichts andres zu machen".
Daß es sich nur um scherzhafte Ausreden für seine Abstinenzpolitik
handelte, liegt auf der Hand. An seiner Stelle dirigierte Joachim die
Symphonie, die mit Jubel aufgenommen wurde; der dritte Satz mußte
wiederholt werden.

[1]) Die Schwester der Frau v. Holstein.

kann es nicht tun! Laſſen Sie ſich mit der Ehre Regen=
bogen genügen, der ſich hoch um Ihre Stirne zieht, und den
ob Ihrem fernen bleichen Namen das heitre Pörtſchach ſpielen
ſieht.[1] Wir zehren noch dankbar von den guten verregne=
ten Stunden in Ihrem Haus. Ich danke Ihnen, daß ich
die Motette[2] nach Arnoldſtein mitnehmen darf; denn meine
blöden Augen brauchen lang, bis ſie in einem ſolchen Stück
ſich völlig orientieren und allen ſeinen Geheimniſſen auf die
Spur kommen. Zuerſt habe ich nur einen koſtbaren Stimmungs=
eindruck, wie beim Eintritt in das Schiff einer Kirche, etwa
bei Sonnenuntergang: lauter Licht und Farbe und eine Ahnung
herrlicher Kunſt, die Urſache der wunderbaren Einheit des
Eindrucks ſein muß — um aber wirklich ſchauen zu lernen,
was ich da ſehe, dazu brauche ich Ruhe und Licht und Zeit.
Und dann wachſe ich erſt ganz hinein und verrichte meine
Andacht vor jedem einzelnen Zuge, vor jeder einzelnen Schön=
heitslinie — es gibt keine größeren Freuden.

Meine kleine Engländerin[3] ſchreibt mir eben, daß ſie
drei völlig unmuſikaliſchen Sängern Baß, Tenor und Alt=
partie der Liebeslieder[4] ſo lang eingepaukt hat, bis ſie's
nun ganz ordentlich mit ihr ſingen; ſie will in einem kleinen
Konzert mit dieſen, der Mainacht, Ewigen Liebe[5] und
dem Andante aus dem Klavierkonzert (!) Brahms auf ihre

---

[1] Anſpielung auf das Lied „Abendregen" (Text von Gottfried
Keller), op. 70, Nr. 4: „Nun weiß ich, daß ein Regenbogen ſich hoch um
meine Stirne zieht" und „So wird . . . ob meinem fernen, bleichen
Namen der Ehre Regenbogen ſtehn." — [2] „Warum iſt das Licht ge=
geben den Mühſeligen?" (Zwei Motetten für gemiſchten Chor a capella,
op. 74, bei Simrock 1879). — [3] Ethel Smyth, Pianiſtin und Kom=
poniſtin, Schülerin Heinrich von Herzogenbergs. — [4] op. 52, „Liebes=
lieder", Walzer für das Pianoforte zu vier Händen (Geſang ad libitum).
— [5] Bekannte Lieder von Brahms.

Nachbarschaft „okulieren", wie sie sagt, und glaubt, dazu die passendste Wahl getroffen zu haben!

Nun sollen Sie noch um etwas gebeten sein. Meine Mutter ängstigt sich, falls einmal dem Kindchen[1]) hier was zustieße, daß gar keine ärztliche Hilfe zu haben wäre — gibt es denn keinen Arzt in Pörtschach? Sagen Sie uns, bitte, seinen Namen.

Grüß' Sie Gott, und haben Sie noch einmal Dank für alle Guttaten.

In herzlicher Ergebenheit

Elisabet Herzogenberg.

Daß Sie nur gewiß nach Arnoldstein kommen!

XL.

Brahms an Elisabet von Herzogenberg.

[Pörtschach, 12. August 1878.]

Verehrte Freundin,

Hier lebt nur ein junger schwindsüchtiger Arzt, der seiner eigenen Kur wegen sicher nicht die Tour zu Ihrer Frau Schwester machen kann.

Alles Übrige möchte ich mir auf einen Besuch in Arnold=stein versparen, den Dank für Ihren lieben Besuch hier, eine längere Ausrede des Hutes wegen (der wirklich besser von H. getragen wird) usw.

Daß Sie auch die Motetten[2]) ausgetauscht haben, war mir überraschend; nicht lieb, daß Sie meine haben, doch wieder

---

[1]) Eine Nichte der Frau Elisabet. — [2]) Sie hatte die Motette von Brahms, S. 69 Anm. 2, gegen eine ihres Gatten ausgetauscht. Von Herzogenberg sind 4 Motetten für vier=, fünf= und achtstimmigen Chor a capella als op. 103 bei Rieter=Biedermann erschienen.

lieb, daß ich die andre bei der Gelegenheit genauer ansehen
kann, sie verlangt es so gut, als sie es verdient.

Schreiben Sie mir doch Ihre Wohnung, und ob dort
ein Wirtshaus, oder in welches von mehreren ich gehen soll.

Wie Sie sehen: eiligst. Wie Sie wissen: herzlichst

Ihr

Johannes Brahms.

XLI.

Elisabet von Herzogenberg an Johannes Brahms.

[Arnoldstein], 15. August 1878.

Lieber freundlicher Freund!

Wissen Sie, mit der Motette verhält es sich so: Als
Sie uns gnädigst erlaubten, die lieben Lieder mit hierher-
zunehmen, da sagte ich halblaut vor mich hin: „Und die
Motette auch", und da Sie nichts darauf erwiderten, sah
ich's für eine stillschweigende Zustimmung an und ließ sie in
den Notenpack mit hineingleiten. Aber sie war in guter Hut,
und nachdem wir sie nun sehr gründlich geliebkost haben, erhalten Sie sie wohlbehalten hiermit wieder. Seien Sie nicht
böse, um Gotteswillen! Ich bin ganz allein an dem Dieb-
stahl schuld, hatte mir aber wirklich eingebildet, Sie drückten
mit Bewußtsein ein Auge zu. Warum? Warum?[1]) sollten
Sie mir auch dies unvergleichliche Vergnügen nicht vergunnen!
Über den ersten Satz kann ich mich gar nicht zufrieden
geben; von der ersten Seite bis zum Warum auf der zweiten zu geschweigen, — aber dann der herrliche Ausdruck
bei den Worten: „Und kommt nicht!" Das Synkopieren im

---

¹) Anfang der Motette: „Warum".

Alt, besonders das vorgehaltene E ist zu einzig, dann das
Überkraxeln des Soprans durch den Alt[1]) — aber ich ver=
schone Sie damit, ein Ausrufungszeichen hinter jeden ein=
zelnen Takt hinzusetzen. —

Wir wohnen beim Gastwirt Grum; außer unsern zwei
Stuben hat er nur noch eine, aber der Fremdenverkehr
ist nicht groß, und dürfte diese fast immer zu haben sein.
Außerdem ist noch ein Gasthaus da, — am besten ist es
jedenfalls, Sie schreiben, wenn Sie können, ein Wörtlein vor=
her, damit der Heinrich für Unterkunft sorgt. Arnoldstein
gefällt uns sehr und ist „sehr lustig gelegen“, wie Ihre alte
Schartefe[2]) besagt. Von Schattenseiten haben wir bis jetzt
nur das Vorhandensein vieler Fliegen, Enten und einer Ab=
teilung Kavallerie entdeckt, welch letztere in so liebe Landschaft
nicht paßt; dafür aber viele Lichtseiten, herrliche Vegetation,
selten schöne Buchen, langbehangene Fichten, kräftigere Luft
als in Velden, die lockenden Gailtalberge in der Ferne, den
schön akzentuierten Dobratsch in der Nähe, — es läßt
sich sehr gut hier still=leben. Fische gibt's aber keine, Sie
Armer! Erfreuen Sie bald mit einer Meldung Ihre getreuen

Herzogenbergs.

XLII.

Brahms an Heinrich von Herzogenberg.

[Pörtschach, 7. September 1878.]

Lieber Freund, ich denke morgen Sonntag 11 Uhr 21
in Arnoldstein zu sein. Kommt dies früher, und haben Sie
Lust, irgend einen Ausflug zu machen (Tarvis, Weißenfels,

---

[1]) Partitur p. 7, Takt 8 und 12. — [2]) Valvasor, Chronik von
Kärnten.

was Sie wollen), so seien Sie doch an der Bahn und nehmen
das betreffende Billett für mich mit, andernfalls bleibe
ich einstweilen in Arnoldstein; denn überhaupt weg= und auch
durchgefahren können Sie doch nicht sein! Herzlich Ihr
J. Br.

(Natürlich für H. und El.)

XLIII.

Elisabet von Herzogenberg an Johannes Brahms.

Arnoldstein, 12. September 1878.

Lieber Verehrter,

Für den Fall, daß Sie immer noch keinen Brief hätten,
will ich Ihnen nur mitteilen, daß ich grade Nachricht von
Eugenie[1] bekomme. — Die Mutter ist nicht in Kiel, von
dem offenbar nicht mehr die Rede, sondern auf einige Tage
in Rüdesheim, von dessen trockenerer Luft sie sich Besserung
für den Arm[2] verspricht, und geht Ende der Woche nach
Frankfurt, wo Marie[3] inzwischen gekramt. Um Felix
scheint es furchtbar schlimm zu stehen; die eine Lunge sei
unrettbar dahin, schreibt Eugenie, die andere „möglicherweise
zu retten". Sie denken nun daran, ihn in die Frankfurt
nahe gelegene Kuranstalt Falkenstein zu bringen; Eugenie fährt

---

[1] Eugenie Schumann, die vierte und jüngste Tochter Robert
und Klara Schumanns. — [2] Frau Schumann litt mehrere Jahre hin=
durch an rheumatisch=nervösen Schmerzen im rechten Arm, die sie zeit=
weilig am Klavierspielen hinderten. Professor Dr. Esmarch in Kiel hatte
sie in Behandlung genommen. — [3] Marie Schumann, die älteste Tochter.
Felix, der jüngste und hoffnungsvollste Sohn, den Klara 1854 gebar, als
Schumann in Endenich war, derselbe, von dem Brahms die Lieder op. 63
Nr. 5 und 6 („Meine Liebe ist grün") und op. 86 Nr. 5 komponierte,
erlag 1879 seinem Leiden.

Ende der Woche mit dem Bruder hin, um den Ort zu be-
sichtigen, und läßt ihn gleich da, wenn es ihm zusagt.

Und nun lassen Sie sich noch einmal danken für den
lieben, lieben Besuch — Sie wissen, wir treffen's nicht, pathe-
tisch-demonstrativ zu sein, aber Sie merken's hoffentlich auch
ohnedem, wie wohl uns wird im Zusammensein mit Ihnen,
und daß mit ·Euch, Herr Doktor, zu spazieren, nicht nur
ehrenvoll und ein Genuß [sic!], sondern eine Herzensfreude
für uns ist. Seitdem der Zug mit Ihnen davonbrauste, um-
fängt uns wieder die alte Stille. — Hildebrand¹) erschien
immer noch nicht, und so gesellt sich zum ruhigen Verkehr
mit der Natur und der stillen Arbeit in unsren ruppigen
Zimmerchen als einzige, aber wahre Bereicherung die gute
warme Erinnerung an die mit Ihnen verlebten Tage. Sie
waren gar so gut für meinen Heinz, und er sitzt nun und
sinnt, über seinem Quartettpapier gebeugt, und denkt bei sich,
indem er die neuen Schwänzchen zu Thema und Variationen
formt, daß ein Wort aus Johannes des Täufers Munde
mehr wert ist als hundert Aufsätze über „den Stil, in
welchem wir komponieren sollen",²) und wenn der Herrgott
selber sie schriebe.

Ich leide etwas an einem Wechselfieber in h und fis
und a moll,³) die Medizin, die mir helfen könnte, steht aber
nicht im alten Kochbuch. —

---

¹) Adolf Hildebrand (geb. 1847), der Bildhauer von dem das
Brahms-Denkmal in Meiningen und die Grab-Reliefs der beiden Herzogenbergs herrühren. — ²) Richard Pohl (1826—1896), der wortreiche
Wagnerapostel, veröffentlichte damals im „Musikalischen Wochenblatt"
eine lange Reihe von „Ästhetischen Briefen an einen jungen Musiker"
unter dem Titel: „In welchem Stile sollen wir komponieren?" —
³) Tonarten dreier Klavierstücke, die Brahms den Freunden bei seinem
Besuche in Arnoldstein vorgespielt hatte; sie gehören zu den beiden

Ja, lieber Freund, noch ist allerlei Spuk in unseren Zimmern lebendig, den wir abergläubisch Sorge tragen, nicht zu verscheuchen — — — — — — — — — — —

— — — Doch leben Sie wohl für heute, schreiben Sie Ihre nächste Adresse nach Hosterwitz bei Dresden oder Leipzig. Ja? Und bleiben Sie uns gut; das Gefühl, daß Sie es uns sind, gehört zu unseren besten Freuden. Adieu, von Herzen Ihre

Elisabet H.

XLIV.

Brahms an Elisabet von Herzogenberg.

[Pörtschach, 14. September 1878.]

Frau Puck, Kaufmannsgattin, Klagenfurt, Burggasse, Bäckerei Emperger; so hat's mir unsre Postdirektorin[1]) vorgeschrieben, und indem ich dem liebenswürdigen Fräulein danke, grüße ich Sie bestens, danke auch für den Brief, für die schönen Tage dort. — Eben erzählt Fräulein Post zu meinem Schrecken, der Thee würde jetzt nicht gelobt! Nun versuchen Sie es bei Frau Puck, und seien Sie mir nicht böse, wenn er nichts taugt.

J. Br.

Capriccios und dem Intermezzo aus op. 76 (I. Heft Nr. 1 und 2, II. Heft Nr. 7), die 1879 bei Simrock erschienen.

[1]) Frau Werzer, Gastwirtin und Postmeisterin in Pörtschach, bei und mit der Brahms während seiner drei Kärntner Sommer viel verkehrte. — „Fräulein Post", deren Tochter.

XLV.

Heinrich von Herzogenberg an Johannes Brahms.

Leipzig, 4. Oktober 1878.

Verehrtester Freund!

Wie hübsch konnt' ich nun mit dieser Motette[1]) durch=
brennen, ohne daß Sie je Ihr Autorrecht anders als durch
die herrliche Löwenklaue hätten beweisen können! Wo fände
sich aber jetzt schon das passende Schiedsgericht? Da ich
aber ein so grundehrlicher Kerl bin, mache ich Ihnen den
Vorschlag, mir recht oft Manuskripte zum Kopieren zu geben,
dann hat's keine Not, und Sie können ruhig schlafen, ohne
in den Bergen ihrer Notenblätter herumzuwühlen.

Wir sitzen hier in Staub und Chaos und arbeiten, ich
als Packträger, die Frau als Köchin. Es wird aber schon
lichter um uns herum und wir fangen allmählich unser gutes
stilles Leben wieder an.

Während Sie in Leipzig[2]) waren, waren wir einen
Tag in Wien. Nun ist's wieder umgekehrt. Das sieht bei=
nah aus, wie das Märchen, wo man sich aneinander herum
wünscht.[3]) Gottlob können wir noch von unserem Kärntner
Beisammensein zehren und uns gleichzeitig sehr auf den
Januar und Ihr Geigenspiel[4]) freuen. Hier sagte mir ein

---

[1]) Die mehrfach erwähnte Motette: „Warum ist das Licht gegeben".
— [2]) Brahms war als Ehrengast des Hamburger Musikfestes, das an=
läßlich des goldenen Jubiläums der Philharmonischen Gesellschaft vom
25. bis 28. September gefeiert wurde, in seiner Vaterstadt, dirigierte
dort am dritten Festabende seine zweite Symphonie und hatte auf der
Rückreise Leipzig berührt. — [3]) „Wie sich der Christoph und die Bärbel
immer aneinander vorbei gewünscht haben", Märchen aus den „Träume=
reien an französischen Kaminen" von Richard Leander (R. Volkmann). —
[4]) Das Violinkonzert op. 77 und die Violinsonate op. 78 waren im
Sommer 1878 begonnen worden, wurden aber erst im Spätherbst, be=
ziehungsweise im folgenden Sommer druckfertig gemacht.

Mann, der vieles weiß, daß Sie eine dritte Symphonie
haben, und daß sie aus dem g moll geht. Wissen Sie das
auch schon?

Herzlichste Grüße von uns beiden!

Ihr aufrichtig ergebener

Herzogenberg.

[Nachschrift von Elisabet von Herzogenberg.]

Raten Sie, wer eine Symphonie eingereicht hat? Sie
raten es nicht? Richard Wagner.[1]) Nun werden wir sie
also endlich hören, die Ersehnte, die uns von der Wiederholung des ersten Teils erlöst[2]) und uns die mystische
Form der Formlosigkeit in unendlichen Rosalien offenbart.
Wir freuen uns schon auf den Spektakel, den das geben wird,
und das Geschwätz der sogenannten Rezensenten — obgleich
man eigentlich bittere Tränen darüber weinen möchte. Alle
Philister jauchzen hier über Siegfried und Götterdämmerung;
von allen Meßspektakeln macht dieser das größte Aufsehen,
man weiß nur nicht, ob man die Wilt[3]) oder Fafner mehr
bewundert.

Wir haben recht traurige Eindrücke hier empfangen. Der
arme Engelmann ist wirklich schwer krank, und sein Übel hat
einen entsetzlichen Namen. Aber scheinbar geht es ihm jetzt
wieder besser, und die Frau hat wieder etwas Mut. Der

---

[1]) Eine 1832 von Wagner komponierte und 1833 in Prag und
Leipzig aufgeführte Symphonie tauchte 1878 neuerdings in den Konzertsälen auf, um bald wieder daraus zu verschwinden. — [2]) Stichelei auf
die überschwängliche Ausdrucksweise der Wagnerschreiber, die ihren Meister
bei jeder Gelegenheit als „Erlöser" feierten. — [3]) Marie Wilt (1833 bis
1891), die erste dramatische Sängerin der Wiener Hofoper, durfte damals,
eines Familienkontrakts wegen, nicht in Wien auftreten und sang in
Leipzig die Brünnhilde.

liebe alte Mann liegt auf dem Sofa, ahnt die Natur seines
Leidens zwar nicht, aber grämt sich über seine Hilflosigkeit
und ergötzt sich nur an einer reizenden kleinen Venus mit
Amorettchen, die er sich hat malen lassen.

Die kleine Miß[1]) ist bei der kleinen Emma in Utrecht
und schwärmt und läßt sich Horntrio und c moll-Quartett[2])
vorspielen. Aber Limburger[3]) dürften wir bald Ihre Grüße
ausrichten können. Wann, o wann kommen Sie nach der
Humboldtstraße, wir brauchen Sie — uns wird oft entrisch[4])
hier unter den Philistern. Schönen Gruß von der Frau.

XLVI.
Elisabet von Herzogenberg an Johannes Brahms.

[Leipzig], 18. Oktober 1878.

Verehrter Freund,

Ist es wirklich wahr, daß Sie am 24. in Breslau diri=
gieren? Ich kann dem Gerücht gar nicht Glauben schenken
und bin überzeugt, Sie tauchen aus irgend einer Versenkung
nächsten Donnerstag hier auf. Für Frau Schumann wäre
das gewiß die beste aller ihr zugedachten Freuden, und Sie
tun es der lieben teuren Frau gewiß nicht an, daß Sie aus=
bleiben bei diesem Anlaß.[5]) Bitte, schreiben Sie mir ein

---

[1]) Ethel Smyth. — [2]) op. 40 und 60 von Brahms. — [3]) Der
Vorstand der Gewandhauskonzerte. — [4]) Österreichisches Dialektwort, so
viel wie fremd, unheimlich. — [5]) Am 20. Oktober 1878 wurden es
fünfzig Jahre, daß Klara Schumann als Klavierspielerin zum ersten
Male öffentlich aufgetreten war (und zwar im Gewandhause, in einem
Konzert der Pianistin Caroline Perlthaler aus Graz). Die Künstlerin
feierte das Jubiläum an der Stätte ihres ersten Erfolges, und die
Direktion des Gewandhauses hatte für Donnerstag 24. Oktober, ein
Schumannkonzert großen Stiles angesetzt, in welchem der Jubilarin ein

Wort, damit wir uns beizeiten freuen und beizeiten Kaffee
brennen. Wohnen können Sie diesmal leider nicht bei uns,
das kommt erst im Januar; meine eine Fremdenstube hat die
Masern und häutet sich gerade, und in der andern steckt die
Filu.[1]

In aller Eile, aber in aller Ergebenheit
Elisabet Herzogenberg.

XLVII.

Elisabet von Herzogenberg an Johannes Brahms.

[Leipzig], 17. November 1878.[2]

Ach! ha = ben Sie Er = bar = men ein = = mal doch mit mir Ar = men

---

goldener Lorbeerkranz überreicht werden sollte. Brahms aber mußte
dem Feste fern bleiben. Er dirigierte am 22. die D dur-Symphonie in
Breslau, und spielte ebendort am 24. den Klavierpart in seinem A dur-
Quartett.

[1] Marie Fillunger. — [2] Dieses Notenblatt gibt eine Probe von
der außerordentlichen musikalischen Auffassungsgabe der Frau Elisabet.
Man wird aus den sechzehn Takten den zweiten Teil des a moll-Inter=

und —— schik = ken Sie —— mir end = lich

stringendo

smorzando

die —— er = fehn = ten In = ter = mez = zi!

rall. . . . .

E. H.

XLVIII.

Brahms an Elisabet von Herzogenberg.

Wien, November 1878.

Das ift, was ich den Augenblick fenden kann. Die Romanze, die Sie fo hübſch ſingen,[1] ift leider nicht dabei, und mein Kopiſt hat leider keine Zeit — wollen Sie alſo

---

mezzos erkennen, das Brahms ihr im September in Arnoldſtein vor- ſpielte (vergl. XLIII Anm.). In der Erinnerung war ihr der Alla breve (⁴/₄) Takt als ²/₄ Takt haften geblieben. Danach geſtaltete ſie den Rhythmus der Melodie, welche in ihrem Gange und auch in der Harmonie, ein paar Verſehen abgerechnet, dem Original konform iſt.

[1] Bezieht ſich auf das von Frau Eliſabet textierte, oben mit- geteilte Stück. — Er ſchickte das Stück ſpäter mit der Aufſchrift: „Ro- manze für 2 zarte Frauenſtimmen und 2 zarten Frauenzimmern gewidmet."

eins oder das andere behalten, so müssen Sie schon eine
Leipziger Feder benützen und mir gelegentlich mein Exemplar
zurückschicken.

— Wie schade, daß ich nicht auf einen langen Brief zu
antworten habe, das täte so gern

Ihr herzlichst ergebener

J. Brahms.

XLIX.

Elisabet von Herzogenberg an Johannes Brahms.

[Leipzig], 13. Dezember 1878.

Verehrter Freund!

Wenn ich nur wüßte, ob Sie mich für dasselbe Scheusal
halten, das ich das Bewußtsein habe zu sein, weil ich ohne
ein Wort des Dankes die ersehnten Klavierstücke hinnehmen
konnte. Ich sage Ihnen, ich schäme mich wie ein Pudel,
und ich ängstige mich wie — ich weiß nicht was, daß Sie
mir nun gewiß nichts werden schicken wollen Ihr Lebtag.
Ach Gott, lange Geschichten könnte ich zu meiner Recht=
fertigung erzählen; aber ich finde es unwürdig, weil ein
wirklich zureichender Grund für eine solche Nachlässigkeit
nicht existieren kann. Sie sehen also, daß ich wenigstens
meiner Schuld bewußt bin, ich bitte auch in aller Form um
Vergebung, um Entschuldigung, um Verzeihung, um alles,
was es in dieser Richtung gibt. —

Und nun denken Sie, die lieben Stücke sind noch beim
Abschreiber; denn Abschreiber in Leipzig werden nie fertig,
aber morgen, morgen sende ich die Stücke ganz bestimmt —
das eine in h moll,[1] das ich zurückbehielt, weil ich grade

---

[1] Das h moll-Capriccio, op. 76, Nr. 2.

so seelenvergnügt baran übte, wird nun grade von der kleinen Engländerin für mich abgeschrieben.[1] Ich bitte aber zu bemerken, daß ich nur eine kleine und sehr liebe Engländerin besitze.

Und nun sagen Sie mir nur eins, ob wirklich das Violinkonzert nicht fertig ist,[2] wie wir über Utrecht in Trauerklängen erfahren, wir glauben's aber doch nicht recht; denn es sieht Ihnen nicht ähnlich, mehr zu versprechen, als Sie halten, und Sie haben uns in Arnoldstein das Konzert versprochen. Ach, das liebe stille Arnoldstein, wo man so viel Kontrapunkt machen konnte! Hier bin ich seit zwei Monaten abwechselnd Koch= und Scheuerfrau, trage ein riesengroßes Hauskreuz auf meinen Schultern und setze mich nur 'mal um auszuschnaufen ans Klavier. Ich freue mich also aus vielen Gründen auf den Januar, wo ich wieder ein Wesen kriege, das kochen kann, und ich wieder Mensch unter Menschen zu sein hoffe. Sie kommen doch auf jeden Fall, ob mit oder ohne Violinkonzert? Ich muß adieu sagen, sie gibt keine Ruh', die h moll=Abschreiberin. Wenn Sie wissen wollen, was schön ist, so schauen Sie sich die letzten acht Takte an — wir spielen sie und spielen sie und können sie nicht satt kriegen.

Nächstens spiele ich die Stücke dem Utrechter Engelmann — ganz stolz, daß ich 'mal 'was vor Emma voraushabe!

Mein Liebling ist und bleibt das fismoll,[3] ich bilde mir ein, daß ich es kenne und verstehe und wundervoll spielen würde, wenn ich Klavier spielen könnte.

---

[1] Ethel Smyth. — [2] Vergl. XLV Anm. — [3] op. 76, Nr. 1.

Doch leben Sie wohl, ich weiß, die Romanze kriege ich
zur Strafe nun nicht, ebensowenig wie das cismoll.[1]) —

Heinrich grüßt, er ist furchtbar fleißig, und die Ethel
Smyth grüßt auch, sie macht die schönsten Gavotten und
Sarabanden. Schreiben Sie, wann Sie kommen, damit sich
darauf freuen können

Ihre getreuen

Herzogenberge.

L.

Brahms an Elisabet von Herzogenberg.

[Wien, 15. Dezember 1878.]

Verehrte Freundin!

Ich wollte natürlich wirklich nur wissen, ob Sie die
Stücke bekommen haben, da mir das Gegenteil Umstände ge=
macht haben würde. Über die vielen Entschuldigungen haben
Sie gewiß wieder vergessen, Pfeffer zur Gansleberpastete zu
tun! Wenn aber der Utrechter Engelmann da ist, bitte,
bieten Sie ihm etwa das hmoll=Stück für seine Emma an!
Sie wissen oder glauben nicht, daß es nur Bescheidenheit ist,
wenn ich nicht versuche, mich durch derlei Artigkeiten einzu=
schmeicheln.

Nun aber hätte ich noch eine große Bitte und möchte
zunächst nur durch eine Karte erfahren, ob Sie geneigt sind,
sie aufs vollkommenste zu erfüllen. Ich will nämlich jeden
Tag Herrn Konsul Limburger schreiben und hätte viel lieber,
wenn Sie oder Herzogenberg gemütlich mit ihm sprächen und
ihm begreiflich machten, daß ich Neujahr lieber nicht komme.

---

[1]) op. 76, Nr. 5.

6*

Joachim kommt hierher, und ich kann bei der Gelegenheit das Konzert behaglich mit ihm durchgehen und es aufführen oder nicht. Tun wir's, und gefällt es uns einigermaßen, so können Sie es ja nachträglich immer noch hören. Der Herr Konsul lädt mich außerdem zur cmoll[1] usw. ein. Auch das tue ich nicht gern. Wozu haben Sie denn einen Kapell= meister? Es ist doch nur Sinn darin, wenn man das un= gedruckte Werk selbst vorführt.

Joachim ist sehr beschäftigt, und an zu sehr beschäftigten Kopisten leiden wir hier, wie Sie dort. Morgen schicke ich ihm erst eine gutgeschriebene Stimme, aber am 29. hat er noch ein großes Konzert usw., kurz, plaudern Sie einmal dies und viel mehr dem Herrn Konsul vor! Widerrede auf dieses nützt mir aber nichts! Jedenfalls bäte ich bringend, einstweilen gleich mit Limburger zu sprechen — damit ich doch so ungefähr das Bewußtsein habe, ihm end= lich geantwortet zu haben!

!   !   !

Sie könnten aber statt der Karte doch einen Bogen nehmen und mir sagen, ob in Holland schon Universitäts= ferien sind, oder ob es Schlimmeres bedeutet, daß der Utrechter Engelmann schon bei Ihnen ist.

Ferner war Grieg[2] ja in Leipzig. Wie hat er sich denn gemacht? Ich lese eben in der Rieterschen[3] schlecht von ihm, und das sollte ja Gutes hoffen lassen.

---

[1] Die cmoll-Symphonie sollte im Neujahrskonzert des Ge= wandhauses wiederholt werden. — [2] Edvard Grieg, norwegischer Kom= ponist (geb. 1843). — [3] Im Verlage von Rieter=Biedermann erschien seit 1866 die erst von Selmar Bagge, dann (seit 1869) von Friedrich Chrysander herausgegebene „Allgemeine Musikalische Zeitung", die 1882 einging.

Aber verzeihen Sie meine heutige Unbescheidenheit —
ich schäme mich ihrer, aber jetzt ist sie einmal geschehen.

Herzlichst und eiligst Ihr

J. Br.

LI.

Elisabet von Herzogenberg an Johannes Brahms.

[Leipzig], 15. Dezember 1878. [1]

Verehrter Freund!

Hier reuigst Ihre holden Stücke zurück; wenn Sie mir
Ihr wiedergekehrtes Wohlwollen damit beweisen wollten, daß
Sie mir nun doch das cismoll und die Romanze [2] schicken,
so zerschmelze ich vor Rührung und Dankbarkeit, und Sie
sollten nach Ablauf von 24 Stunden wieder beide zurück-
geschickt kriegen. — —

Ich bekomme eben traurige Nachricht von Engelmanns;
vor einigen Tagen waren sie recht guten Mutes, und der
Professor hielt es für möglich, daß sein Vater sich für kurze
Zeit wieder erhole; aber nun ist eine plötzliche Verschlimme-
rung eingetreten, und er hielt es gestern für nicht unmöglich,
daß der alte Herr schon diese Nacht sterbe. — Die Frauen
wußten noch nichts davon, und der arme Leidende wiegt sich
immer noch in allerlei tröstenden Einbildungen. Ich gehe
jetzt gleich hin, mich zu erkundigen, schreibe Ihnen dann, wenn
eine Veränderung eingetreten.

Leben Sie wohl, denken Sie freundlich an uns! Meinen
Brief mit Photographie, kurz nach unserer Wiederkehr hier

---

[1]) Das Briefpapier trägt die Devise: „Verschoben ist nicht aufgehoben". — [2]) Vergl. die vorigen Briefe.

erhielten Sie wohl nicht, da Sie mich eigentlich Geschwätzige
schreibfaul finden. Nochmals Dank für die Klavierstücke, die
meine größte Freude sind. Gruß an Fabers, die uns hoffent=
lich nicht ganz vergessen.

Elisabet Herzogenberg.

Ihre Bilder sind auf dem Bazar reißend abgegangen,
und wurden 20 Mark per Stück gezahlt; die Verkäuferin
fragte ganz naiv und freundlich, ob wohl das Motto satirisch
gemeint sei! In Eile

Dieselbige.

LII.
Brahms an Elisabet von Herzogenberg.

[Wien, 21. Dezember 1878.]

Sie nehmen auch alles gar zu wichtig, und wenn
Herzogenberg sein Gespräch mit dem Konsul nicht gar zu
feierlich geschlossen hat, so hat Joachim eigentlich Lust zum
Konzert, und so kann es eigentlich statthaben. Gegen die
Symphonie[1] am selben Abend bin ich, weil die Musiker
ja ohnedies überanstrengt sind, und ich nicht weiß, wie leicht
das Konzert[2] geht. Zum 28. denke ich in Berlin zu sein,

---

[1] Vergl. L Anm. — [2] Das Violinkonzert, dessen äußerst
schwierige Prinzipalstimme von Joachim durchgesehen, mit Strich=
arten und Fingersätzen versehen worden war. Brahms hatte im
Herbst an Joachim geschrieben, er habe ihm anfangs seine Finger
für dessen Wiener Konzerte anbieten, dagegen das Violinkonzert noch
zurückhalten wollen. Aber seine Abneigung gegen alles Konzertieren
sei zu stark angewachsen, und er (Brahms) zu sehr daran gewöhnt,
nur sich selbst vorzuspielen. Nun sei es ihm aber ein trostloser Ge=
danke, daß Joachim in Österreich spielen und er „ganz stumm da=
neben stehen" solle. Da könnte dann nur sein Konzert helfen. Er
möchte ihm die Partitur nebst einer schönen Abschrift der Solostimme

um mit Joachim am Klavier zu üben. Wenn es Ihnen aber
nicht recht ist, so bleibe ich hier?! Das Konzert geht aus
Ddur, wonach ich das Programm bitte sich etwas zu richten.
Freilich, Ihr Bild habe ich bekommen —

Oh ich undankbarer

J. Br.

LIII.

Heinrich von Herzogenberg an Johannes Brahms.

[Leipzig], 23. Dezember 1878.

Verehrtester Freund!

Eben wollte ich mich hinsetzen, um Ihnen das Resultat
meiner Besprechung mit Limburger mitzuteilen, als zu unserer
freundlichsten Überraschung Ihre Karte ankam. Ohne eine
Minute Zeit zu verlieren, schrieb ich sofort an Limburger,
bin aber bis heute noch ohne Nachricht von ihm. Er hatte
am Nachmittage, nachdem ich bei ihm war, Konferenz zur
Bestimmung des Programms. Glücklicherweise hatte er vorher an Joachim telegraphiert, der ihm sein Kommen zum
1. Januar fest versprach. So haben wir denn in diesem
Wechsel von Frost= und Tauwetter noch recht viel Glück
gehabt.

---

schicken — ob das aber Gastfreundschaft heiße? Die Mittelsätze des
Werkes seien gefallen — „natürlich waren es die besten!" — ein „armes
Adagio" aber lasse er dazu schreiben. „Den Leipzigern schenken wir wohl
das Vergnügen. Hier könnten wir's schließlich noch am Klavier über=
legen." Die Überlegung am Klavier führte zu dem günstigsten Resultat,
und das neue Werk konnte auf das Programm des Neujahrskonzertes
in Leipzig gesetzt werden. Am 18. Dezember reiste Brahms nach Berlin
und dann mit Joachim nach Leipzig.

Mir will faſt ſcheinen, als ob die Reiſe nach Berlin zu
ſpät unternommen würde, da die Proben, wenigſtens die
Generalprobe, doch unmittelbar vor dem Konzert ſtattfinden.
Wäre es da nicht beſſer, Sie führen gleich nach Weihnachten
nach Berlin und kämen zur erſten Probe hierher, alſo etwa
den 27. Ich will mich nach den Tagen noch erkundigen und
Ihnen telegraphieren, auf wann die erſte Probe feſtgeſetzt
iſt. Sie brauchen nur fünf erſte, fünf zweite Violinen, drei
Violen, acht Bäſſe — oder, wenn letztere getrennt geſchrieben
ſind: fünf Celli, drei Bäſſe. Hiermit will ich noch recht
feierlich Ihren Koffer einladen, bei uns abzuſteigen, Sie
werden dann doch wohl in ſeiner Nähe wohnen wollen, etwa
in unſeren Fremdenſtüblein!

Mit den Tonarten gebe ich mich nicht ab; das Konzert
könnte leicht in gismoll ſein! Sie ſchreiben doch wohl an
Limburger; ich habe es ihm zwar nicht verſprochen, aber doch
als etwas Selbſtverſtändliches hingeſtellt. Mit den herzlichſten
Grüßen von uns beiden Ihr ergebener

Herzogenberg.

[Nachſchrift Eliſabet von Herzogenbergs.]

22. Dezember.

Heute früh drei Uhr iſt der arme alte Engelmann ge=
ſtorben; ſanft und ſtille, der Tod iſt ihm Schlaf worden.

Und er war auch einer, der ſo gerne lebte.

Ich gehe heut nachmittag hin, fürchte mich vor dem
Jammer der Frauen. Wie gut, daß der Utrechter da iſt.

Herzlichen Gruß, lieber Freund, von Ihrer ergebenen

E. Herzogenberg.

LIV.

Brahms an Heinrich von Herzogenberg.

[Berlin, 29. Dezember 1878.]

Lieber Freund, ich denke morgen, Montag, 2 Uhr meinen Koffer abzuschicken, daß er $5\frac{1}{2}$ $\frac{1}{4}$ $\frac{1}{8}$ $\frac{1}{8}$ etwa in Leipzig ist. Ich werde auch darauf [sehen,] daß er in die rechte Straße kommt, also nicht weit davon sein!

Herzlichen Gruß!

J. Br.

LV.

Brahms an Elisabet von Herzogenberg.

[Wien, Januar 1879.]

Verehrteste Freundin!

Ich weiß nicht, was Sie von meinem Ordnungssinn halten, aber urteilen Sie nicht nach folgender Frage, die ich tun muß.

Hat Ihr Herr Bruder mir etwa die Handschrift der Chopin'schen Mazurka op. 41 Nr. 2, emoll, anvertraut?[1]) Seit Jahr und Tag lagern nämlich und sammeln sich alle möglichen Ausgaben und Handschriften der Mazurka bei mir — gestern aber faßte ich endlich die Sache ernstlich an! Von op. 41 ist die Härtelsche Druckvorlage da, aber eine Abschrift; außerdem von Nr. 2 aber die wirkliche Handschrift. Ich zweifle durchaus, daß sie Härtels gehört, habe sonst die Gewohnheit, dergleichen zu bezeichnen, vielleicht durch leise Bleistiftbemerkung — so steht auch in dem Band gedruckter

---

¹) Die Handschrift war Eigentum Härtels. Vergl. XVI.

Mazurkas der Name Ihres Bruders. — — Ich würde mich lange entschuldigen und verteidigen, aber was will ein bißchen Unordnung sagen, wenn ich trostlos denke, wie Sie über mich sonst zu Gericht sitzen!

Mit meinen Konzertreisen ging's aber seit Leipzig stark bergab;[1]) gar kein Vergnügen mehr dabei. Etwas über=trieben ist das, denn Wohnung und Gesellschaft bedeuten doch nicht alles auf Konzertreisen! Und einige Kleinigkeiten waren sogar besser, zum Beispiel das Publikum freundlicher und lustiger. Auch spielt Joachim mein Stück in jeder Probe schöner, und die Kadenz ist bis zum hiesigen Konzert so schön geworden, daß das Publikum in meine Koda hineinklatschte. Was ist das aber alles, wenn man hernach nicht in die Humboldtstraße gehen und sich von drei Weibchen (da Sie das Wort Frauenzimmer nicht leiden mögen) heruntermachen laffen kann.

Aber gehen Sie nicht nach Norwegen! Kommen Sie nach Kärnten! Oder gehen Sie etwa nach Baden, dann käme ich auch. Wir könnten wirklich was von einander haben — nicht blos ich von Ihnen — — — —

In aller Eile und noch mehr Herzlichkeit der ganzen Tafelrunde ergebenster

J. Br.

---

[1]) Am 14. Januar spielte Joachim das Konzert in Wien, später in Köln. Dann reiste er, ohne Brahms, nach England und mußte das Konzert zweimal im Crystal Palace vortragen; weitere gemeinsame Stationen der Konzertreise waren Bremen, Hamburg, Berlin.

LVI.

Elifabet von Herzogenberg an Johannes Brahms.

Leipzig, 18. April 1879.

Lieber verehrter Freund!

Ein dumpfes Etwas in meinem Innern fagt mir, daß ich mich fchlecht benommen habe gegen Sie, denn Ihr Brief mit den Rätfeln hätte damals mehr verdient als die dürftige Karte,[1] aber, wenn ich nicht bedacht wäre, Sie zu fchonen — ich könnte vier Seiten mit ausreichenden Gründen für mein Vergehen anfüllen, alfo feien Sie nachfichtig!

Volklands[2] munkelten etwas davon, daß Sie vielleicht zu bewegen wären, die Rückfahrt über Leipzig zu machen; den Verfuch zu diefer Bewegung wollen diefe Zeilen wagen. Alle, die Geographie können, behaupten, es fei der natürliche Weg nach Wien; ich, die keine Geographie kann, weiß nur, daß es uns von Herzen freuen würde, Sie noch 'mal hier zu fehen. Auch kommt es mir vor, als hätten wir ein gewiffes Recht dazu, nach der etwas ftiefmütterlichen Behandlung, die Sie uns im Januar angedeihen ließen. Alfo tun Sie Ihr möglichftes, feien Sie gut und machen Sie hier ein Standerl!

Wer weiß, ob wir uns in Kärnten fehen, wir gehen zwar natürlich doch nicht nach Norwegen, fondern nach Öfter= reich, aber — — — wir kommen vor halbem Auguft fchwerlich los, dann vielleicht in die Kärntner Berge, hinter denen Sie wohl wieder wohnen werden.

Mein Mann würde auch fchreiben und um Ihr Kommen betteln, wenn er nicht grade die rechte Hand verletzt hätte;

---

[1] Die Karte fehlt. — [2] Vergl. I Anm.

so grüßt er nur und läßt sagen, alles, was ich geschrieben, gelte für ihn mit.

Also hoffentlich auf Wiedersehen in der Humboldtstraße, blaues Frembenzimmer!

Herzlichst ergeben

Elisabet Herzogenberg.

LVII.

Brahms an Elisabet von Herzogenberg.

[Berlin, 15. April 1879.]

Verehrte Freundin, Sie erlauben schon, daß ich mit der größten Gemütsruhe an Leipzig vorbeifahre; Ihre Nachricht läßt das durchaus zu. Es ist vortrefflich, daß Sie nicht nach dem Nordkap fahren, und wenn Sie mich wissen lassen, wann Sie nach Wien und Graz fahren, so habe ich es viel besser und behaglicher als jetzt in Leipzig. Es drängt mich nach Haus. Nach Graz aber komme ich und in Kärnten über drei und neun Gebirge,[1] wohin Sie wollen!

Eilig und herzlich Ihr

J. Br.

LVIII.

Elisabet von Herzogenberg an Johannes Brahms.

Leipzig, 21. April 1879.

Lieber verehrter Freund!

Entschuldigen Sie, wenn ich Sie mit der Bitte beläftige, den grünen Chopin=Band, den Sie beim Aufstöbern Ihrer

---

[1] Anspielung auf das serbische Lied „Mädchenfluch", op. 69, Nr. 9.

Mufikalien neulich entdeckten, an meinen Bruder, Kaifer=
ſtraße 5, Dresden, zurückſenden zu wollen. Ich möchte Ihnen
ſo gerne die Mühe erſparen und Ihnen anbieten, wenn wir
durch Wien kommen, bei Ihnen einzubrechen, um ſelber das
Paket zu machen, aber mein Bruder ſehnt ſich grade jetzt
nach ſeinem grünen Bande.

Daß Sie ſo ſchnöde durch Leipzig fuhren, iſt begreif=
lich, war uns aber eine rechte Enttäuſchung, wir hatten
uns dummerweiſe ſo feſt eingebildet, Sie kämen.

Die Ausſicht des Wiederſehens in unſren Bergen iſt
aber lieb und tröſtlich, am ſicherſten rechne ich auf Kärnten;
denn in Wien dürften Sie nicht mehr ſein, wenn wir (Ende
Mai) durchfahren, und nach Graz, wo es ſo wenig zu ſuchen
gibt, kommen Sie ſchwerlich. Auch hätte ich dort abſolut
nichts von Ihnen, — um ſo mehr Thieriots,[1]) denen ich's
freilich gönnen ſollte!

Ich habe meine Freude an den Klavierſtücken;[2]) ſeit=
dem ich entdeckt habe, daß das cis moll und C dur nicht ſo
ſchwer ſind, als ſie ausſehen, bin ich ganz glücklich.

Mein Heinz grüßt Sie innigſt, er freut ſich über alle
Maßen auf Kärnten und auf Sie, ich ſehe ihn den ganzen
Tag oft kaum, ſo furchtbar fleißig iſt er an lauter geiſtlichen
Chörlein,[3]) von denen Sie dieſen Sommer gewiß nicht ver=
ſchont bleiben. Ein zweites Streichtrio[4]) hat er auch ge=

---

[1]) Ferdinand Thieriot (1838—1907), Komponiſt und damals ar=
tiſtiſcher Direktor des Steiermärkiſchen Muſikvereins zu Graz, Lands=
mann von Brahms und, gleich ihm, Schüler Eduard Marxſens. — [2]) Die
Klavierſtücke op. 76 waren inzwiſchen bei Simrock im Druck erſchienen. —
[3]) „Zwölf deutſche geiſtliche Volkslieder für vierſtimmigen gemiſchten
Chor bearbeitet" op. 18, Rieter=Biedermann. — [4]) Zweites Trio (F dur)
für Violine, Viola und Violoncell, op. 27, Rieter=Biedermann.

schrieben, das gar gut klingt und beim Lesen klang, immer
ein Ziel aufs innigste zu wünschen!

Neulich wurden wir zu Kirchners eingeladen. Die
armen Gäste! Über 1½ Stunden spielte er mit mir vier=
händig, natürlich lauter Kirchner, und das Vierhändige, und
gar vom Blatt, ist doch nur für die direkt Beteiligten unter=
haltend! — Der gute Kirchner ist jedesmal ein bißchen ge=
kränkt, daß ich immer 'was „vom Blatt" zu spielen habe,
und sagte mir ganz griesgrämig: „Warum spielen wir die
Sachen eigentlich, Sie interessieren sich ja doch nicht dafür",
und doch setzt er sich so gern dazu ans Klavier, der arme
einsame Mensch. Und wenn ich sie mit ihm spiele, so bin
ich im Moment ganz interessiert und oft voll Freude über
die vielen feinen Züge und das ganze urmusikalische Gepräge
alles dessen, was er macht; aber sich hinsetzen und sich diese
Miniaturbildchen mit ihrem meist so weichlichen Inhalt zu
eigen zu machen und für sich allein so hinsäuseln, und feine
Mittelstimmen mit dem Daumen aus dem Klavier heraus=
bebern[1]) — wer kann das!

Unlängst hat Kirchner hier in der Paulinerkirche Orgel
gespielt: zum erstenmal vor „avisierten", nicht eingeladenen
Zuhörern, man glaubt, im Hinblick auf die offen werdende
Organistenstelle an der Thomaskirche. Aber das war traurig.
Nicht ein rechtliches Orgelstück, lauter abgerissene Brocken,
meist aus Schumann (Pedalflügel)[2]) und Paradies und
Peri[3]) — schlaue Vermeidung des Pedals, Viertelstunden
lange Orgelpunkte mit schummerigen Modulationen im Echo=
register, dann nie ein ordentliches Anfangen und Enden,

---

[1]) Norddeutsches Dialektwort für „herausklauben". — [2]) Studien
für den Pedalflügel, op. 56. — [3]) „Das Paradies und die Peri" für
Solostimmen, Chor und Orchester, op. 50.

sondern erschrecklich lange ausgehaltene Töne, die von einem Brocken zum andern faule Brücken bauten — eigentlich fast wie ein Dilettant, der die Register recht kokett zu behandeln versteht. Ein paar Bachsche Themen lugten hinein und spannten Erwartungen, die unerfüllt blieben, es dauerte immer nur drei Takte lang und war auch dann nur dem Wohltemperierten[1]) entsprungen. Wir waren ganz enttäuscht; denn die Orgel, glaubten wir, wäre sein Fahrwasser.

Nun habe ich noch eine notwendige Frage auf dem Herzen: Wie ist es mit dem Wiener Konservatorium bestellt? Kann man irgend einem jungen Musiker raten, nach Wien zu gehen, wenn er sich nämlich der Komposition widmet? —

Hier sind ein paar arme Musikanten, die wo anders hin möchten und Heinrich um Rat gefragt haben. Wenn einer schon auf ein Konservatorium muß, wo würden Sie hin= raten? Berlin? Frankfurt oder Wien? Und noch eins, ist der Privatunterricht sehr teuer bei Nottebohm?[2]) Der eine junge Mensch hier wünscht sich das und glaubt es nicht er= schwingen zu können. Ich mache mir Vorwürfe, Sie so zu behelligen; aber es können einem doch nur die Besten auf der Welt raten — und „Du leitest ja die Kranken und Irrenden treulich!" Auch brauchen Sie höchstens eine Seite zum Beantworten dieser Fragen.

Nun erlöse ich Sie auch und grüße Sie und rufe Ihnen ein herzliches Auf Wiedersehen! zu und versichere Sie der ausgiebigen Verehrung

Ihrer geschwätzigen

Elisabet Herzogenberg.

---

[1]) Seb. Bachs „Wohltemperiertes Klavier". — [2]) Vergl. III Anm.

LIX.

Brahms an Elisabet von Herzogenberg.

[Wien, 29. April 1879.]

Verehrte Freundin!

Verzeihen Sie, wenn ich zu nichts weiter komme, als Ihre
Fragen zu beantworten. Ich darf nicht warten, daß mich
der heilige Geist des Briefschreibens beschattet, um Ihnen
würdig zu danken für Ihren sehr lieben und allerliebsten
Brief. Also: An unserem Konservatorium sieht es schauder=
haft aus für alles, was die Kompositionslehre angeht. Man
braucht nur die Lehrer zu sehen und nicht, wie ich des öfteren,
ihre Schüler und deren Arbeiten.[1]

Frankfurt ist derweilen auch nicht zu empfehlen. Berlin
und München vielleicht, wenn's durchaus Konservatorium sein
soll — was meine Liebhaberei nicht ist. Nottebohm kriegt
meines Wissens drei Gulden für die Stunde, Rücksicht kann
man wohl nicht verlangen — da er sonst nur Stunden mit
Rücksicht hätte. Seinen Unterricht kann ich ernstlich empfehlen.
Ich schicke alles, was mir vorkommt, zu ihm und habe oft

---

[1] Brahms war mehr als zwanzig Jahre hindurch Mitglied der
1863 eingesetzten Kommission für Erteilung von Künstlerstipendien, die
der österreichische Staat zur Ausbildung und Unterstützung talentvoller
junger Musiker bewilligt, und hatte in dieser Eigenschaft hinlänglich Ge=
legenheit, sich über Lehrer und Schüler des Wiener Konservatoriums
ein Urteil zu bilden. Wie gewissenhaft er sein Amt versah, geht aus
seinen begutachtenden Randbemerkungen hervor, von denen Hanslick einige
im Feuilleton der „Neuen freien Presse" am 19. Juni 1897 reprobuziert
hat. Noch im Jahre 1884 rief er aus: „Es ist doch schändlich und un=
verantwortlich, daß da alle Jahre die paar talentierten Leute so gründlich
und unheilbar ruiniert werden." Seither haben sich die Verhältnisse
wesentlich gebessert.

genug Gelegenheit, mich zu freuen über das, was der Lehrer
fertig bringt.

Laſſen Sie mich doch ja erfahren, wann Sie nach Wien
kommen. Ich fahre doch gern einmal von Pörtſchach ein
acht Tage nach Wien und würde das danach einrichten.
Meine ſieben Betten[1]) habe ich wieder gemietet und wäre
vielleicht ſchon da, wenn nicht die Feſtwoche[2]) geweſen
wäre, und das Wetter etwas beſſer.

Über die Zeitungsbeſchreibungen des Feſtzuges aber lachen
Sie nicht! Es war wirklich über alle Erwartung und Be=
ſchreibung ſchön.

Kirchner an der Orgel beſchreiben Sie reizend. Er hat
Ihnen genau dieſelben Witzchen vorgemacht, für die die guten
Schweizerinnen vor 10 bis 20 Jahren ſchwärmten.[3]) Die
Leipziger Kirchenväter haben aber vielleicht nicht ſo gute und
hübſche Ohren wie Sie!

Unter uns: Können Sie mir 'was Beſonderes über die
Kantorſtelle[4]) an der Thomaskirche ſagen? Ich muß mich
entſcheiden, ohne eigentlich 'was Rechtes zu wiſſen — ich
glaube aber, es iſt auch nicht nötig.

Verzeihen Sie das eilige Gekritzel, und ſeien Sie mit
Heinrich und der Kleinen[5]) allerſchönſtens gegrüßt von Ihrem

Johannes Brahms.

---

[1]) Um auf dem Lande ungeſtört zu ſein — der Sommer war
die eigentliche Zeit ſeiner Produktion — mietete Brahms manchmal ein
ganzes Haus, in dem er dann nur zwei Zimmer bewohnte. — [2]) Die
Stadt Wien feierte die ſilberne Hochzeit des öſterreichiſchen Kaiſerpaares
mit einem von Hans Makart komponierten Feſtzuge. — [3]) Als Kirchner
Organiſt in Winterthur war. — [4]) Brahms hätte damals ein Amts=
nachfolger Seb. Bachs werden können, wenn er das ihm angetragene
Thomas=Kantorat angenommen hätte. — [5]) Ethel Smyth.

LX.

Elisabet von Herzogenberg an Johannes Brahms.

[Leipzig, 6. Mai 1879.]

Lieber Freund!

Ich bin gerührt von Ihrer ausführlichen und freund=
lichen Beantwortung meiner Fragen. Wir dachten schon, daß
es so wäre, wie Sie es schildern, und Heinrich hatte schon
dem jungen Mann entschieden von dem Wiener Konserva=
torium abgeraten. Über die Kantorenstelle haben wir nach=
gedacht und uns nach den näheren Umständen erkundigt, —
wie verlockend wäre es, Ihnen die Stelle doch recht verlockend
zu schildern, wenn man Sie danach herkriegen könnte, aber
leider Gottes denken Sie wahrscheinlich gar nicht mehr daran.
Die Thomaner könnten unter anderer Leitung als der
altersschwachen des verstorbenen Dirigenten gewiß wieder sehr
Tüchtiges leisten; Schablone und Lässigkeit haben zuletzt im
Übermaß geherrscht, und es konnte einen kaum reizen, in die
Samstagsmotette zu gehen. Aber einer, der eigene Kraft in
das gute und gesunde Material fließen ließe, könnte gewiß
viel daraus machen: alle Gelegenheit zu wirklich guten Auf=
führungen ist ja geboten, zum Beispiel unbeschränkte Freiheit
im Abhalten von Orchesterproben, von der Richter[1]) gar
keinen Gebrauch machte. Röntgen denkt schon seufzend daran,
wie oft er wohl zitiert werden wird, wenn ein richtiger Tho=
maskantor sein Recht, das Stadtorchester in Anspruch zu
nehmen, handhaben werde. Wie ein schöner Traum schwebt
uns die Möglichkeit, Sie hier als Mitmenschen zu haben,

---

[1]) Ernst Friedrich Richter (1808—1879), hervorragender Musik=
theoretiker, der Nachfolger Moritz Hauptmanns, war von 1868 bis zu
seinem Tode (9. April 1879) Kantor an der Thomasschule.

leider nur vor, wir können nicht recht denken, daß Sie's an=
nehmen, obwohl die Stelle so manchen Vorzug hat. Aber
wo bliebe die schöne sommerliche Freiheit und Muße, das
liebe Pörtschach mit seinem See, aus dessen Wellen die D dur-
Symphonien und Violinkonzerte emporsteigen, schön wie nur
je das Schaumgeborene, — nein, wir können uns Sie doch
nicht hier vorstellen, so sehr wir uns und Leipzig wünschten,
daß Sie reinigend wie ein Gewitter hineinführen. — Übrigens
wußte alle Welt schon, daß Ihnen die Kantorschaft angetragen
sei, ehe Sie davon schrieben. Ach, wären Sie doch unser
Kantor! Es wäre doch eigentlich einzig! — — — Leben
Sie wohl, verzeihen Sie diese höchst schleuderischen eiligen
Zeilen, und seien Sie nochmals bedankt für den gar guten
Brief. Gehen Sie wirklich nach Holland zum Musikfest?
Unter vielen andern wünscht dies eifrigst „die Kleine", die
auch dort sein wird. — — Heinrich grüßt mit ihr und mir,
und wir wünschen Sie alle mit sämtlichen Kräften, die der
Egoismus aufzuweisen hat, her. So schöne sonnseitige Gar=
çonlogis in unserer Nähe sind hier!

Herzlichst
Elisabet Herzogenberg.

LXI.

Heinrich von Herzogenberg an Johannes Brahms.

Graz, 25. Juli 1879.

Verehrtester Herr Brahms!

Hier sitzen wir seit Anfang Juni, festgekettet durch
doppelte Familienbande. Erst Anfang August werden wir
frei und können in die lieben Berge ziehen! Wie gerne gingen
wir wieder nach Kärnten, das Schicksal hat aber anders be=

7*

schloffen. Frau Schumann geht Ende Juli nach Gastein, und da wir gar keinen anderen Plan gefaßt haben, werden wir wieder einmal ihre liebe Nähe auffuchen, was wir ihr auch bereits mitgeteilt haben. Wir werden alfo in der Zeit zwischen 7. und 14. Auguft in Bockftein, eine halbe Stunde von Gaftein, bei Verwandten haufen und recht fleißig ins Wildbad hinübergehen. Ich dachte urfprünglich daran, Sie auf dem Hinwege in Pörtschach aufzufuchen und dann über Spital und den Malnitzer Tauern nach Gaftein zu reifen. Ich kann aber meine Frau nicht den Strapazen einer acht-ftündigen Reitpartie ausfetzen und muß nun ganz auf Kärn-ten verzichten, worüber Sie nicht erft zu fchimpfen brauchen, da es uns fchwer genug fällt.

Wie wäre es aber, da Sie doch wahrfcheinlich Frau Schumann befuchen werden, wenn Sie es fo einrichteten, daß wir Ihnen in Gaftein begegneten? Bitte, denken Sie darüber nach und tun Sie uns die Freude.

Und laffen Sie uns nicht im Dunkel über Ihren Ent-fchluß, fondern fchreiben Sie uns recht bald, daß Sie alles einfehen und gut fein wollen.

In alter Treue Ihre

Herzogenbergs.

LXII.

Heinrich von Herzogenberg an Johannes Brahms.

Graz, 31. Juli 1879.

Verehrtefter!

Da Sie die Abficht haben, zu uns zu ftoßen, und die zwölfftündige Eifenbahnfahrt nicht fcheuen, muß ich für Ihre Unterhaltung während derfelben Sorge tragen. Wenn Sie in Pörtschach ins Coupé fteigen, nehmen Sie beiliegende

Noten aus demselben Kuvert und schlachten Sie sie ab, wenn
Sie nichts Besseres zu tun oder zu lesen haben und auch des
Hinausguckens in die grüne Landschaft schon müde geworden
sind. — Die Melodien und Texte sind aus dem altdeutschen
Liederbuch von F. M. Böhme.[1]) Bis auf kleine Varianten
habe ich mich an ihn gehalten und lasse ihn für die Richtig=
keit derselben einstehen; mir war's nur um die Arbeit zu
tun, und die habe ich recht genossen!

Wir reisen Montag, den 4. August, und treffen Diens=
tag in Gastein ein, bleiben aber wohl kaum mehr wie drei
oder vier Tage, da die Unterkunft gewiß sehr knapp, teuer
und schlecht sein wird. Nach Berchtesgaden, wohin wir von
dort fahren, kommt uns die liebe Frau Schumann nach,
ich denke so um den 14. August herum, wenn ich sie recht
verstand. Sie haben gewiß ein „rechtes Stück fürs Gewand=
haus" geschrieben, da Sie von dem Winter sprechen; wir
nehmen Sie beim Wort! Mein guter Thieriot ist in seiner
unverwüstlichen Vergnügtheit ins häßlichste Nest Steiermarks
gezogen, geht dann durch Venedig nach Graz zurück, einer
Stadt, der den Rücken zu kehren ich mich diesmal sehr freuen
werde!

Und nun auf Wiedersehen Ihr

Herzogenberg.

---

[1]) Franz Magnus Böhme (1827—1898), Theoretiker, gab 1877
unter dem Titel „Altdeutsches Liederbuch" eine Sammlung von Texten
und Melodien heraus und veranstaltete 1893/94 eine neue Auflage von
Ludwig Erks „Liederhort" in drei Bänden. Auf beide Werke war Brahms
nicht gut zu sprechen. Die sieben Hefte deutscher Volkslieder mit Kla-
vierbegleitung, die Brahms 1894 bei Simrock erscheinen ließ, sind als
ein künstlerischer Protest gegen Böhme und seine Manier zu betrachten. —
Herzogenbergs Bearbeitungen sind die von Frau Elisabet angekündigten
„geistlichen Chörlein". Vergl. LVIII.

LXIII.

Brahms an Heinrich von Herzogenberg.

[Pörtschach, 2. August 1879.]

Von Herzen Dank für Ihre freundliche Mitteilung — die mich freilich zunächst, bedenklich seufzend, an eigene Wuzeleien[1] aus früherer Zeit denken ließ! Ihre und Frau Schumanns Reisepläne scheinen mir so bunt und unbestimmt, daß ich nicht weiß, wie ich dabei fahre. Einstweilen hoffe ich auf Berchtesgaden, es wäre reizend, wenn wir dort ein paar Tage alle zusammen bummelten.

Mit besten Grüßen Ihr

Johannes Brahms.

LXIV.

Elisabet von Herzogenberg an Johannes Brahms.

Leipzig, 24. November 1879.

Lieber Verehrter!

Sie haben uns zwar gewiß schon vergessen, aber wir Sie um so weniger, und aus der Fülle von Gedanken, die im stillen den Weg zu Ihnen finden, ohne Sie zu molestieren, will ich ausnahmsweise einen schriftlich loslösen, weil er keine Antwort braucht! — Sie also molestiert werden müssen. Sie wissen, daß ich Ihnen in Arnoldstein, gesegneten Angedenkens, ein paar Lieder ohne Ihre gütige Erlaubnis abschrieb, Sie mich aber dann gnädigst autorisierten, die Abschrift zu behalten und solchen zu zeigen, die etwa ein hübsches Gesicht oder

---

[1] Süddeutsches Dialektwort, so viel wie kleine Verwirrungen und Verwicklungen, aus denen man sich schwer losmachen kann.

sonstige Vorzüge hätten. Nun hat sich eine sehr liebe nette
Altistin, die grade zum Bachkonzert bei uns weilt, in das
herrliche „Todessehnen"[1]) ganz verschaut und versungen und
möchte es zu gerne haben und singen dürfen, auch öffent=
lich; denn es klingt doch gar zu herrlich, daß man's gern
vielen ans Herz legen möchte, und es ist so kostbar sanglich
— und genug, sie vergeht selber vor Sehnen, wenn sie's
nicht kriegt. Aber erlauben müssen Sie's doch erst; denn
Gewissenhaftigkeit ist eine schöne Tugend. Also, bitte, nur
um ein Ja (oder Nein?) auf einer Karte, ob Fräulein
Fides Keller darf oder nicht. Die Meermuschel singt sie
ebenfalls reizend und möchte sie auch auf ihren Schrank
legen.[2])

Und nun sagen Sie 'mal, wann wird man Sie denn
endlich hier sehen? Sie kommen doch im Januar, darauf
rechnen wir bestimmt und freuen uns unendlich darauf, und
wirklich der Gedanke an diese Auffrischung, einmal im Jahr,
macht uns einzig und allein manches hier erträglich und ver=
schluckbar. Über Ihre Sonate[3]) will ich Ihnen lieber nichts
sagen; wieviel haben Sie, Gereimtes und Ungereimtes, gewiß
schon darüber hören müssen. Daß man sie lieb haben muß,
wie weniges sonst auf der Welt, ist Ihnen auch wohl be=
kannt, und daß man an ihr förmlich zum Schwärmer wird,
im Aus= und Unterlegen, im träumerischen Hineinhorchen und
wohligen Sichversenken! Der letzte Satz gar umspinnt einen
förmlich, und der Stimmungsinhalt ist direkt überfließend,
daß man sich gleichsam fragt, ob denn dieses bestimmte Musik=
stück in g moll einen so gerührt — oder was sonst, einem
unbewußt, einen so im Innersten erfaßte, und als hätten Sie

---

[1]) op. 86, Nr. 6. — [2]) Das Lied „Therese" op. 86, Nr. 1. —
[3]) Die im Sommer 1879 beendete Violinsonate G dur op. 78.

das erst erfunden, daß man ein Achtel punktieren kann, so wirkt das liebe ♩ immer wieder!

Nun bin ich doch ins Schwätzen geraten, Sie Armer. Bitte nur um eine Karte; aber auf der soll auch stehen, daß Sie kommen, ja? Wann erscheint das mir Gewidmete, was mir gebührt, für das an Herrn Allgeyer schmählicherweise Abgetretene?[1]) Wie häßlich, einem Menschenkinde so 'nen Christbaum hinhalten und dann wieder wegnehmen.

Seien Sie gegrüßt! Wenn ich die letzte Seite von dem Es dur-Adagio mit dem himmlischen Orgelpunkt spiele[2]) und immer langsamer dabei werde, damit es recht lange dauert, dann denke ich immer, daß Sie doch nur ein guter Mensch sein können. Beweisen Sie das, indem Sie uns arme Leipziger besuchen. — —

Herzlich in alter Ergebenheit

Elisabet Herzogenberg.

Wissen Sie denn, daß Ihre Geigensonate „in der Form ziemlich frei“ ist — jeder Satz ist „durchkomponiert“ ohne Wiederholung (!!). Wenn man die Leute nur gleich fragen könnte, was sie unter durchkomponiert da verstehen; der letzte Satz aber „so reich an innerem Gehalte, daß andere Komponisten ihn kühn für ihren ersten Satz ausgeben könnten“. Ist diese Weisheit der Kölner Zeitung nicht lustig?

---

[1]) Die Balladen und Romanzen op. 75, die Julius Allgeyer, gewidmet sind. Allgeyer (1839—1900), der Radierer, Maler, Photograph und Biograph Anselm Feuerbachs, war seit 1853 mit Brahms befreundet. — [2]) Das Adagio der Violinsonate. Partitur, p. 20, Takt 5 ff.

LXV.

Brahms an Elisabet von Herzogenberg.

[Wien], November 1879.

Sehr verehrte und liebe oder sehr liebe und
verehrte Freundin!

Mit einer gewissen Scheu — aber bekennen will ich doch,
daß Ihr Brief mir eine wahre Wohltat gewesen ist. Ich
glaubte nämlich, Sie hätten 'was gegen mich. Das ist nun
doch wohl nicht? Und da Sie selbst meinen, daß ich ein
ganz guter Mensch sein müsse, ich Sie dessen auch ernstlich
versichern kann, so gebe ich zu bedenken, daß man andrer
Sachen wegen nicht auseinander laufen sollte, da man auf
dem raschen, kurzen Lauf durchs Leben doch nicht viel Gutes
und ganz Gute findet.

Haben Sie also besonderen Dank für das Labsal, das
mir der liebe Brief war. Unterdrücken Sie aber nicht, was
Sie mir Freundliches über meine Musik sagen können. Es
tut doch immer wohl, gestreichelt zu werden, und die Menschen
sind im allgemeinen stumm, bis sie 'was zu nörgeln haben.

Ja, Ihren schönen Namen hätte ich gerne auf einem
möglichst schönen Stück! Aber im rechten Moment hält
man's nicht dafür! Bei der Sonate[1]) habe ich wohl daran
gedacht, aber in Salzburg[2]) wollte sie uns allen doch nicht
so recht gefallen?

Aber ich vergesse Ihre Sängerin. Nun, Sie geben ihr

---

[1]) Die Violinsonate op. 78. — [2]) Im August hatte Brahms
Joachim, mit dem noch viel über das Violinkonzert zu besprechen war,
in Aigen bei Salzburg besucht und dazu die Pörtschacher Sonate mit-
gebracht. Er spielte sie dort mit Joachim den Freunden vor, die dazu
von Berchtesgaden herüberkamen.

wohl unter den bekannten feierlichen Zeremonien das Ge=
wünschte. Auf ein etwaiges Programm bitte ich kein „Un=
gedruckt" anzumerken, da sonst andere beleidigt würden.

Schließlich wie zu Anfang etwas Scheues. In den
neuen Trios[1] wuzelt es allerliebst, ich denke dabei aber
an die Volkslieder,[2] bei denen mir die Wuzelei nicht ein=
gehen wollte. Ich bin hier allerdings nicht unbefangen, ich
denke unwillkürlich und ungern zurück, wie ich selbst unge=
zählte Volkslieder verwuzelt habe; leider ist eine kleine Probe
sichtbar geblieben.[3] Wir plaudern einmal darüber. Ich
glaube aber, es würde Herrn Heinz auch später nicht lieb
sein, sie gedruckt zu sehen — zudem schienen sie mir so be=
sonders schwer — usw.

Wenn Briefe schöner oder — alberner sind wie gewöhn=
lich, so sind sie in Gefahr, auf den Markt und vor die Leute
zu kommen. Hüten Sie sich vor dem Ersteren, zum Zweiten
gehört wohl Inliegendes.[4] Ja, D dur ist freilich leicht!

Noch eine ganz leere Seite, da schreibe ich einen Witz
von Mosenthal,[5] der hier aufbewahrt wird. Er klagte, ich
sei gar zu ernst in meiner Kunst, und als ich meinte, ich
wäre auch zuweilen heiter, gab er dies zu; ja, sagte er, wenn's
aber hoch hergeht, und Sie recht lustig sind, dann singen
Sie: „Das Grab ist meine Freude!"

Recht begierig bin ich, was für Kantaten[6] denn bei
Ihnen gemacht werden; ich möchte einmal zuhören!

---

[1] Herzogenbergs Streichtrios op. 27. — [2] Vergl. LXII Anm.
[3] Deutsche Volkslieder für vierstimmigen Chor gesetzt 1864 (ohne Opus=
zahl). — [4] Der „alberne" Brief irgend eines Direktionsmitgliedes. —
[5] S. H. Mosenthal, der Dichter der „Deborah", mit dem Brahms in
Wiener Gesellschaften und Wirtshäusern manchmal zusammenkam. —
[6] Im Bachverein.

Und nun mit schönsten Grüßen an Sie beide und einige mehr Ihr herzlich ergebener

J. Brahms.

Ich bitte Kirchner zu sagen, daß seine Davidsbündler[1]) nur durch meine Trägheit nicht zurückkommen; sie liegen aber sicher, und er kriegt sie wieder!

LXVI.

Elisabet von Herzogenberg an Johannes Brahms.

[Leipzig], 28. November 1879.

Lieber verehrter Freund!

Den Dank kann ich Ihnen mit Zinsen und Zinseszinsen wiedergeben, wir haben lange keine größere Freude gehabt als über den Brief. Sehen Sie, wenn man nicht an Unbescheidenheit leidet, so will es einem doch oft vorkommen, als wenn ein Mensch wie Sie alle Liebe und Verehrung, die man ihm zollt, eben wie einen Zoll einheimste und, in Bausch und Bogen zwar recht erfreut, doch für jeden einzelnen wenig „über" hätte — und da ist es denn eine besondere Herzensstärkung, zu sehen, daß Ihnen doch ein wenig liegt an unsereins, — und es gar so lieb ausgesprochen zu hören, ist einem mehr wert, als ich Ihnen deutlich machen kann.

Der eingeschlossene Brief ist aber klassisch,[2]) und ich wage nicht, ihn in meine Autographensammlung übergehen zu lassen, Sie müssen sein glücklicher Besitzer bleiben — —

Ich würde so gern Ihnen noch 'was vorschwätzen, aber ich

---

[1]) Neue Davidsbündlertänze op. 18. — [2]) Vergl. LXV Anm.

muß noch Stimmen korrigieren fürs morgige Konzert und
habe allerhand traurige Wege zu gehen, denn unser alter
Klengel,[1] denken Sie, ist gestern mit nur 61 Jahren ge=
storben; seine sechs Kinder beteten ihn an und sind nun wie
verirrte Schäflein und ganz in Kummer untergetaucht. Es
kommt uns vor, als wäre diesen Winter besonders viel
Jammer auf der Welt.

Heinz grüßt und dankt für die freundlichen Worte, die
Sie den Trios spenden; er hofft immer, Sie würden über
die Mehrzahl der Volkslieder nachsichtiger urteilen, wenn Sie
sie hörten; denn wir haben sie wirklich mit Leichtigkeit ge=
sungen, und es kam alles zu klanglicher Entfaltung, ein
paar sind aber ihm selber zu verwuzelt.

Fräulein Keller dankt für die Lieder, sie ist eine höchst
sympathische und tüchtig musikalische Altistin; ich wollte, sie
könnte 'mal in Wien gehört werden. Grüßen Sie mir Artur
Faber. Diesen prächtigen Menschen, wenn auch nur so
flüchtig wiederzusehen, war mir herzliche Freude, wie ich auch
nächstens seiner Frau versichern will. Nun adjes und noch=
mals Dank! Wonach Sie nur schließen konnten, daß wir
'was hätten gegen Sie! Es ist mir rätselhaft, aber jetzt
eigentlich gleichgiltig; denn Sie wissen ja nun gut Bescheid.
Lieber Freund, bleiben Sie uns gut!

Ihre immer gleiche

Elisabet Herzogenberg.

---

[1] Dr. Julius Klengel, Philologe, Vater der Musiker Paul und
Julius Klengel.

LXVII.

Elisabet von Herzogenberg an Johannes Brahms.

[Leipzig], 1. Dezember 1879.

Lieber Freund!

Hier Ihr wertvolles Manuskript zurück; ich habe es nur noch rasch auswendig gelernt. Auch das Programm unseres Konzertes, nach dem Sie sich so freundlich erkundigen. Wir haben wieder rechte Freude gehabt an der Aufführung; die Mühe ist immer groß, aber der Lohn noch größer. Wenn sie's schließlich kapiert haben und in der Aufführung, sich selbst und ihre Schüchternheit und Engigkeit vergessend, einmal loslegen und bei den schönsten Stellen sich froh ansehen und bei den Worten: „Ich aber werde traurig sein" die Bässe wirklich ganz ergriffen und schön vortragen, und man so die Masse als Einheit empfindet und der Gewalt eines Gewaltigen über viele Kleine so recht inne wird — das sind Momente, die zu den schönsten im Leben gehören! Das ist unser Hauptvergnügen dabei, zu beobachten, wie das Vergnügen der Singenden mit jedem Male wächst, und daß wir das erreichen, unser bester Ruhm; denn leider mitbringen tun die wenigsten die Lust, die echte wahre Lust, die nichts gemein hat mit der gang und gäben, konventionellen Bewunderung für den „alten Bach".

Rabecke[1]) ist ein famoser Orgelspieler, kein langweiliger vorsichtiger Registerzieher.

Doch genug davon; wichtiger ist, was ich neulich zu sagen vergaß, daß Sie doch um Gotteswillen nicht grade um Weihnachten herkommen sollen; denn da reisen wir selber,

---

[1]) Robert Rabecke (geb. 1830), Violinist, Pianist, Orgelvirtuose, Musikdirektor ꝛc.

wir Armen, die wir so gerne zu Hause blieben. Aber kommen, nicht wahr, das tun Sie?

Heute haben wir Klengel begraben und ihm Bach vor= gesungen, so gut wir konnten. —

Leben Sie wohl, verehrter lieber Freund; Heinz, der Gütige, grüßt Sie, und mit ihm seine ergebene

Elisabet.

LXVIII.

Elisabet von Herzogenberg an Johannes Brahms.

Leipzig, 4. Februar 1880.

Verehrtester Freund!

Sie haben mir wahrlich eine große Freude bereitet durch Übersendung dieser herrlichen Stücke[1] — und eine unver= hoffte; denn daß Sie jetzt vor Ihrem heutigen Konzerte und vor der Polnischen Triumphfahrt[2] Zeit und Gedanken dafür haben würden, daran hatte meine Seele nicht gedacht. Ich hoffte bestenfalls in einigen Wochen in den ersehnten Besitz zu gelangen und war dankbar, nach einer kürzlich ver= brachten g moll-Nacht[3] zu entdecken, daß ich doch mehr be= halten hatte, als ich erst fürchtete. Aber so eine Nacht ist fürchterlich! Der liebe Gott, wenn er musikalisch ist, sollte einen damit verschonen. — Wie sie einen verfolgen, die Brocken eines herrlichen Ganzen, die man nicht vereinigen kann, wie plötzlich ein heller Takt aus dem Nebel hervor= taucht, einem scheinbar weiter hilft, dann wieder einer, bis

---

[1] Die Rhapsodien op. 79. Siehe p. 112. — [2] Am 3. Februar wiederholte Joachim in Wien das Violinkonzert. Dann unternahm er mit Brahms eine Konzertreise nach Polen und Galizien. — [3] In der Erinnerung an die zweite (g moll) Rhapsodie.

man Periode an Periode zu ketten vermeint, und doch wieder
fehlende Glieder entdeckt! Schließlich in Verzweiflung, ver-
wünscht man alle gute Musik (denn nur die peinigt einen so)
und fängt an zu zählen, immer bis hundert, um schläfrig zu
werden, aber da merkt der Schlaf die Absicht und rückt erst
recht in die Ferne, bis endlich, endlich — leider nie genossen
und nie begrüßt — der ersehnte Moment doch erscheint, wo man
sich vergißt.

Aller dieser Pein hab' ich beim Anblick der beiden viel-
bewunderten Stücke vergessen und begrüße nun dankbar diese
Freunde, von denen ich mir kaum denken kann, daß ich sie
'mal nicht gekannt, wie sich denn das kaum erworbene Gute
immer so rasch dem längst besessenen Schatze einverleibt und,
einmal erkannt und geliebt, für immer zu einem gehört. Ja,
und über viele Maßen schön finde ich diese Stücke, und immer
mehr, je besser ich ihre schönen Biegungen und Windungen
erkenne und ihr wunderbares Ebben und Fluten, das mich
an beiden und an dem gmoll-Stücke so absonderlich berührt.
Mit welchem Behagen, welches allein das Gefühl, es so und
so oft wiederholen zu können, einem einflößt, schau' und hör'
ich mir das alles an! Einzig in seiner Art erscheint mir
immer noch das Pathos am Ende der Durchführung[1]) — und
ich möchte mit dem Leipziger Spießbürger in Entzücken aus-
brechen über „diese Crescendi und diese Decrescendi" und
diese Steigerung auf dem E dominant, bis es wieder so
ruhevoll zurücksinkt und neu Atem schöpft auf der Lunga.[2])

Daß das gmoll mein Liebling ist, macht mich aber
nicht unempfindlich gegen die kraftvoll stachelige Schönheit
des h moll mit dem sehr süßen Trio. Ganz einzig aber ist

---

[1]) p. 15, Takt 10 ff. — [2]) p. 17, Takt 1—7.

die Art, wie das Triothema vorher angedeutet wird;[1]) dieser
ganze Teil, mit den Triolen in der rechten Hand und den
wunderbar beredten Bässen, ist wieder einmal so, daß man
eben nichts darüber zu sagen weiß; wie froh ist man, daß
das Stück damit schließt und einem dieser größte Eindruck in
letzter Erinnerung bleibt!

Ja, ja, und so hätten Sie uns wieder einmal Freude
gemacht. Mit Ihrem Besuche nicht weniger.[2]) Der hatte
nur den Fehler, zu kurz zu sein, wie manches, was Sie tun.
Denn eigentlich rechten wir im stillen schon lange mit Ihnen,
daß Sie uns auf ein recht großes langatmiges Stück so
warten lassen; wir finden so 'ne Gdur-Sonate als einzige
Frucht dieses Jahres zu „wenig", und mit neidischer Traurig=
keit sehen wir Sie die polnische Fahrt antreten, die so viel
Zeit kostet, so nimmersatt und so unverschämt sind wir! Ich
habe nun glücklich diesen Winter alles versäumt, was von
Ihnen gemacht wurde,[3]) Violinkonzert, Schicksalslied, Sex=
tett und den armen Rinaldo, von dem mein Heinz ganz
traurig nach Hause kam, so verschandelt hatten sie ihn. So
wünschen wir uns denn doppelt, daß der April Sie her=
führen möge, irgend 'was Gutes in der Tasche — wenn auch
kein gmoll, „denn gmoll darf's doch nicht immer sein".

[1]) p. 5, Takt 19—23. — [2]) Im Januar hatte Brahms am Rheine
konzertiert und war auf der Rückreise nach Wien in Leipzig abgestiegen.
Bei dieser Gelegenheit lernte Frau Elisabet die beiden, im Sommer kom=
ponierten Rhapsodien op. 79 kennen, die er ihr vorspielte. — [3]) Joachim
wiederholte am 28. Dezember in einer Stadttheatermatinee das Violin=
konzert; am 4. Januar spielte Hans v. Bülow in einem Klaviervortrage
„für Bayreuth" sämtliche acht Klavierstücke aus op. 76; im 13. Gewand=
hauskonzerte führte Reinecke die Haydn=Variationen auf; im 14. das
Schicksalslied; in der Kammermusik des Gewandhauses und im Riedel=
schen Verein erschien das Gdur-Sextett, im Verein „Paulus" die
„Rinaldo"=Kantate.

Mit Genehmigung von E. Bieber, Hof-Photograph, Berlin und Hamburg.

Ich habe noch weiblich gehustet und habe wieder, in
Prießnitz gewickelt, liegen müssen. Der Arzt findet, daß die
Neigung zu Katarrhen sich bedenklich bei mir festsetzt und
bei meinem Herzleiden nicht geduldet werden müsse, und redet
uns deshalb heftig zu, die lange Einladung meiner Schwester
nach Florenz endlich einmal anzunehmen und im Frühjahr
hinzurutschen, aber mir imponiert der Gedanke aus mannig=
fachen Gründen noch zu sehr. Daß wir dort bei der
Schwester wirklich in Ruhe ein paar Wochen sitzen könnten,
macht zwar die Ausführung möglich, aber noch erschreckt's
mich wie etwas fast zu Schönes, das ich mir nicht verdient
habe. Berchtesgaden geht darüber übrigens keinesfalls in
die Brüche!

Leben Sie nun wohl und haben Sie nochmals Dank
von Ihren beiden getreuen Freunden, die Sie erquickt haben.
Die Stücke dürfen wir doch kopieren, und wenn die Kopie
musterhaft ausfällt, am Ende gar ein Tauschgeschäft machen?

Zanken Sie getrost, wenn Sie sie zu unbescheiden finden,
Ihre in alter Freundschaft verharrende

Elisabet Herzogenberg.

LXIX.

Brahms an Heinrich von Herzogenberg.

[Wien, 14. Februar 1880.]

Die Klavierstücke bitte ich nicht kopieren zu lassen, da
ich eine gute Abschrift habe. Ich kann nur in Eile den
schönsten Dank sagen für den lieben Brief, der mich gestern
bei meiner Ankunft herzlich erfreute.

Ihr ergebenster
J. Br.

LXX.

Brahms an Elifabet von Herzogenberg.

[Wien, 1880.]

Verehrtefte Freundin!

Es ift wirklich nicht hübfch von Ihnen, daß Sie fo weit wegreifen und nicht einmal Ihre Adreffe fagen! Die beften Gefchäfte können dadurch ins Stocken geraten, und ich habe heut — gefchäftlich zu fragen.

Wenn Herr Aftor den Brief nicht zu beforgen weiß, ift es nicht meine Schuld. Herr Simrock aber kümmert fich nicht um meine Schmerzen und fchickt ein leeres Titelblatt in die Welt.

Ich möchte nämlich die beiden Ihnen bekannten Klavier- ftücke herausgeben.

Wiffen Sie einen befferen Titel als: „Zwei Rhapfodien für das Pianoforte"?[1] — eine beffere Widmung wiffen Sie nicht, aber erlauben Sie, daß ich auf den Schmarrn Ihren lieben und verehrten Namen fetze?

Aber wie fchreibt fich der?! Elfa oder Elifabet? Frei- frau oder Baronin? Geboren oder nicht?

Verzeihen Sie alles mögliche dem tumben Knaben, aber fagen Sie gleich ein Wort und zwar nach Ifchl, Salzburger- ftraße 51, wohin ich morgen zu fahren denke. Hoffentlich fagen Sie zugleich einiges mehr und namentlich, daß es

---

[1] Im Manufkript ift das erfte Stück überfchrieben: Capriccio; als Tempobezeichnung ftand „Presto agitato" dabei; das zweite ift mit „Molto passionato" bezeichnet.

Ihnen vorzüglich geht, und daß Sie in der herrlichen Stadt schwärmen!

Eiligst und mit herzlichsten Grüßen an Sie und Herrn Heinz Ihr ganz ergebener

J. Br.

LXXI.

Elisabet von Herzogenberg an Johannes Brahms.

Florenz, Via dei Bardi 22
bei Frau Brewster (meiner Schwester),
3. Mai 1880.

Verehrter Freund!

Welch eine liebe Überraschung haben Sie mir bereitet — denn, was Sie auch hie und da munkelten von der liebenswürdigen Absicht, mir 'was zu widmen, ich habe, besonders seit jenem mir von Herrn Allgeyer schmählich entrissenen Hefte, nicht ernstlich daran geglaubt — und nun muß ich zu meiner Beschämung erleben, daß Sie, Guter, mir grad diese zwei herrlichen Stücke zu eigen machen wollen. Ich brauche nicht viel Worte zu machen über die Freude, die mir diese Widmung gewährt; Sie wissen, ob ich diese Stücke liebe, und Sie wissen, ob es mich freuen muß, meinen Namen prangen zu sehen auf einer Schöpfung Ihres Geistes. Also haben Sie einfach Dank, aber einen herzlichen und gerührten! Was Ihre Frage anbelangt, so wissen Sie, daß ich für das nichtssagende Wort „Klavierstücke" immer am meisten eingenommen bin, eben weil es nichts sagt; aber das geht wahrscheinlich nicht, und da ist denn die Benennung Rhapsodien wohl die passendste, obwohl die geschlossene Form der beiden Stücke beinahe dem Begriffe des Rhapsodischen zu wider-

8*

sprechen scheint. Aber an diesen Bezeichnungen ist ja das
beinahe charakteristisch, daß sie ihr Charakteristisches in der
Anwendung eingebüßt haben, und man sich ihrer daher ohne
viel Skrupel so oder so bedienen kann, und Nam' ist Schall
und Rauch, umnebelnd Himmelsklarheit [sic!].[1] — Also will=
kommen, Ihr in meinem Herzen Namenlosen im Nebelkleid
der Rhapsodie!

Wie froh bin ich, daß Sie in Italien waren, und daß
ich Ihnen nichts daher zu erzählen brauche. Wenn ich Ihnen
sage, daß ich an der offnen Balkontür sitze, mit dem Blick
auf den Arno, fast in der Mitte zwischen Ponte delle Grazie
und Ponte vecchio, so wissen Sie, was das heißt, und was
da drüber für ein Himmel blaut, und was für liebe sanfte
Berge im Hintergrunde liegen, und wie mir zumute ist,
wenn ich hineingucke in all die Herrlichkeit. Sie hat nun
schon hundertfaches Leben für mich, durch die vielen köstlichen
Schönheitserfahrungen dieser Wochen, die ich unwillkürlich
von dem Einzelnen auf das Ganze, von dem Ganzen auf
jedes Einzelne übertrage, so daß die Liebe zu diesem himm=
lischen Ort in stetem Wachsen ist, und ich nur mit Schmerz
daran denke, wie bald man wieder fort muß und seine Augen
losreißen von dem, was zu schauen ihnen Bedürfnis geworden.
Ich bin so froh, daß Sie hier waren und diese Freude auch
erlebt haben: zu entdecken, daß, wenn man auch noch so
entfernt von solcher Schönheit aufwächst, man doch Augen
hat, sie zu sehen, wenn man in ihre seelenvolle Nähe tritt.
Ja, man begreift dann kaum, wie man so lange auskam mit
so wenigem, mit einer Katharinenstraße und einem alten
Rathaus,[2] und bescheiden blickt man auf zu einem Volk, das

---

[1] „umnebelnd Himmelsglut" heißt es in Goethes „Faust". —
[2] Leipzig.

viel brauchte und aus innerstem Drange in so verschwenderischer Fülle Schönes und Schönstes aus sich herausschuf, und bei all dem ein so lustiges und kriegerisches Volk war, das nicht lange weilte bei dem, was es geschaffen hatte, sondern eilend Sorge dafür trug, zu zerstören, was der Nachbar aufgebaut hatte, so daß man nur staunen muß, wie so viel übrig bleiben konnte. Aber freilich, das Volk, das dies alles vermochte, ist toter denn tot, und der moderne Italiener, der zwischen Bargello und Palazzo vecchio hin und her schlendert, ist fast unzusammenhängender mit seiner Geschichte und Kunst und unwürdiger, seine Herrlichkeiten zu besitzen, als wir gaffenden und staunenden Barbaren, die wir daherkommen, wenigstens kindlichen Schauer treu in der Brust bewahrend.

Und nun wäre ich doch ins Schwatzen geraten, und habe Ihnen doch noch Wichtiges zu erzählen, nämlich, daß wir Anfang Juli in Berchtesgaden zu sein hoffen, und daß Ende Juli Engelmanns mit vier Kindlein ebenfalls dorthin kommen, und daß es uns so sehr hübsch und so sehr vernünftig vorkäme, wenn Sie sich auch dazu gesellten! Sie schienen ja als Herr Müller Berchtesgaden nicht abgeneigt, und Herr Brahms wird hoffentlich nicht anderer Meinung sein.[1] Wir wollen Ihnen Quartier machen und alles hübsch für Sie besorgen, und wenn Sie da sind, Sie nett behandeln oder in Ruhe lassen, wie Sie es grade wünschen, — genug, Sie sollen zufrieden sein. Und im Sommer ist ein Zusammensein so besonders hübsch; wir wünschen uns das sehr, und ich bitt' gar schön, daß Sie bald sagen, ob wir uns wieder drauf freuen sollen.

---

[1] Brahms hatte wohl scherzweise geäußert, als „Herr Müller" käme er ganz gern nach Berchtesgaden, d. h., wenn er ohne Rücksichten und Verpflichtungen dort sein könnte.

Aber was bringt Sie nur nach Ischl, ist es denn da recht heimlich, und hockt nicht halb Wien dort?

Viel müssen Sie uns erzählen von Düsseldorf. [1]) Daß ich da nicht mitfeiern durfte, kann ich gar nicht verschmerzen, an dem Tag dachte ich nur: Das verflixte Italien! Um noch eine Ihrer Fragen zu beantworten: Es geht uns sehr gut. Heinrich sonnt sich wie ein Salamander und spinnt vergnüglich wie ein Kater. Wenn wir nicht im Bargello oder sonstwo sitzen und genießen, schreibt er Kaffeefugen; [2]) denn das Dutzend muß voll werden. Zwei sehr spaßige Konzerte haben wir hier mitgemacht und dabei gemerkt, daß man's trotz allem und allem hier nicht, um zu leben, aushielte: man geriete endlich doch in Verzweiflung in einem Lande, wo es ein Exemplar der Bachausgabe gibt, ach, und wo alles, was uns das Teuerste, tatsächlich keinen Schatten von Existenz hat. —

Doch nun adjes und auf hoffentlich baldiges Wiedersehen in Berchtesgaden. Wie freue ich mich darauf und auf meine Rhapsodien vorher! Wie eine kleine Kapitalistin komme ich mir vor mit der Aussicht auf diesen lieben und schönen Besitz. Im übrigen, um Ihre letzte Frage zu beantworten, wissen Sie doch, daß ich bin und heiße Ihre ergebene

Elisabet von Herzogenberg.

Sie haben mir doch immer so richtig adressiert — wie kommen Sie zu dieser närrischen Frage? [3])

------

[1]) Verwechslung mit Bonn, wo vom 2—4. Mai zur Feier der Enthüllung des Schumanndenkmals ein Musikfest stattfand. Auch dort spielte Joachim das Brahmssche Violinkonzert und teilte sich mit Brahms in die Direktion. — [2]) Über die Noten c a f f e e. — [3]) Die Frage war nicht so närrisch, wie sie meinte. Es lag Brahms daran zu wissen, ob Frau von Herzogenberg auf dem Titel der Rhapsodien als Freifrau oder als Künstlerin paradieren wollte.

LXXII.

Elisabet von Herzogenberg an Johannes Brahms.

Berchtesgaden, Zimmermeister Brandner,
11. Juli 1880.

Lieber verehrter Freund!

Ist es wahr, was wir durch die Zeitung auf Umwegen
(denn selber nehmen wir keine in die Hand) erfahren müssen,
daß Sie leidend sind?[1]) Wir können es uns noch nicht denken,
weil es gar so wenig zu Ihnen paßt; aber fragen muß ich
Sie doch, um meine schon eifrigst bereitstehende Teilnahme
an Ihnen auslassen zu können. Sie nicht ganz wohl, würden mich mehr dauern, als andere völlig krank, weil Sie,
Glücklicher, so gar nichts wissen von Kranksein und daher
gewiß recht ungeduldig werden.

Beruhigen Sie uns bald durch ein paar Zeilen, und
schreiben Sie auch, ob und welche Aussicht man hat, Sie
hier zu sehen. Wir tragen herzliches Verlangen danach und
freuen uns schon im voraus. Auch bilde ich mir ein, daß
Sie diesmal recht viel mitbringen im Koffer oder im Kopfe,
am besten beides, damit man, was Sie zeigen, auch selber
ein bißchen in die Hand nehmen könne und darin spazieren
gehen. Seit der Pörtschacher Motette[2]) sehne ich mich
immer so nach neuen Chorsachen von Ihnen; und stelle ich
Sie mir vor, wie die Kinder sich den heiligen Nikolaus vorstellen, alle Taschen voll guter Sachen, so sind es immer
Motetten oder Ähnliches, das meinen gierigen Augen zuerst
vorschwebt!

Haben Sie sich denn auch so geärgert über den Ehlert-

---

¹) Brahms hatte sich einen Ohrenkatarrh zugezogen. — ²) Op. 74,
Nr. 1. Vergl. XL und XLI.

schen Aufsatz in der Rundschau?¹) Daß man doch nie das
rechte Wort hört, und daß einem auch das Lob aus solchem
Munde so widerwärtig klingt! Ist das eine seichte, kokette,
hohle Art, über Produktion zu reden! Welch ein Linksliegen-
lassen der eigentlichen Aufgabe und ein billiges Sichabfinden
mit geistreich sein sollenden Aperçus und Vergleichen! Beethoven zeigt sein Profil, Sie sich en face,²) Ihre Variationen sind anders als die Beethovenschen und Schumannschen
(als wenn die sich ähnlich sähen), aber „Sie grüßen und gehen
zur Tür hinaus, wie jene" — — ach, was soll all solch
Geschwätz nur heißen? Und wo man lechzt nach einem warmen und wahren Wort, wie bei der Nennung der G-dur-
Sonate, auch da nur völlig unverstanden Zeug über den
„Mairegen, der die Blumenhäupter streift". — Sagen Sie
mir nur, haben die „Frauenzimmer" solches Unheil in der
Welt gestiftet, oder reden die Männer aus eigenem Triebe
solche Fadheiten? Daß die Rhapsodie aus einem „weltlichen
Drange" entstanden sei, war mir auch neu — und so einer,
der den Herzschlag nicht einmal aus solch einem, Mark und
Bein erschütternden Stück heraus fühlt, will sich überhaupt
anmaßen, eine künstlerische Persönlichkeit zu begreifen und
über sie zu Gericht zu sitzen?

---

¹) Louis Ehlert (1825—1884), Komponist und Musikschriftsteller,
hatte im Juniheft von Rodenbergs „Deutscher Rundschau" einen Essay
über Brahms veröffentlicht. — ²) Ehlert sagt: „Die Brahmsche Musik
hat kein Profil, sie hat nur ein en face; es fehlt ihr an kräftigen, den
Ausdruck unbedingt feststellenden Zügen" . . . und weiter: „Ich glaube
die Beobachtung gemacht zu haben, daß nichts sich hartnäckiger und
länger vererbt, als Gebärden . . . . Die Gesichter seiner Variationen
haben mit denen von Beethoven und Schumann kaum noch die ge-
ringste Ähnlichkeit, aber mitunter grüßen sie und gehen zur Tür hinaus
wie die andern."

Man ist dergleichen doch eigentlich gewöhnt, und doch übermannt einen der Ärger jedesmal wieder. Man möchte es so gern einmal erleben, daß ein wirklich förderndes Wort in die Welt hinaustönte; aber wenn es immer nur so ausfällt, wäre es wahrlich besser, daß gar, gar nichts mehr über Kunst geschrieben und der lieben Schönheit überlassen würde, ihre Wege in die Herzen der Menschen allein zu finden.

Doch genug von diesen traurigen Übeln, die wir nicht heilen können, und schaffen Sie nur recht, recht fleißig, daß wir in der Freude an dem, was Sie uns geben, all der Jämmerlichkeit unproduktiver Schwätzerei auf Erden vergessen.

Wann darf man Sie also hier erwarten, und werde ich Engelmanns, die nächstens hier einrücken, mit einer freudigen Nachricht begrüßen können? Ich bin ganz froh, daß die angekündigten Rhapsodien noch nicht erschienen sind, das verschafft mir die Freude, sie Emma als ihr etwas noch völlig Unbekanntes vorzuspielen und mich sehr stolz und dick dabei zu tun!

— — — — — — — — — — — —

Wir haben ein Klavierchen aus München, schwarz poliert und stattlich, aber eigentlich ein kleines, erbärmliches Ding. Aber im Sommer nicht zu verachten, und Sie kriegen ja auch aus andern klingende Töne heraus (siehe das B in dem h moll-Capriccio, Mittelsatz!).[1] Leben Sie nun wohl, verehrter Freund, der Heinz grüßt schönstens, und es freuen sich auf Sie

Ihre getreuen

Herzogenbergs.

[1] p. 10, Takt 8 ff.

LXXIII.

Brahms an Eliſabet von Herzogenberg.

[Iſchl, 14. Juli 1880.]

Liebe verehrte Freundin!

Es iſt wirklich gar zu lieb und gut von Ihnen, daß
Sie mir ſo unverdient nochmals Ihre freundlichen Worte
gönnen. Unverdient in jeder Beziehung; denn auch mein
berühmtes Leiden darf keine Nachſicht beanſpruchen, es war
nämlich gar nichts. Erkältung hatte ſich das Ohr aus=
geſucht, und da ich das gern unbeſchädigt erhalte, ſo frug
ich einen Ohrenarzt. Der hat es ſich drei Tage beſehen
und gewartet, daß 'was kommen ſollte, es kam aber weiter
nichts.[1])

Hätte ich zur rechten Zeit erfahren, daß Sie und Engel=
manns nach Berchtesgaden gehen, ich hätte mich verführen
laſſen und wäre aus Öſterreich gegangen — ich glaube
wenigſtens. Geſcheiter aber wäre für ein anderes Mal, Sie
kämen hierher. Es iſt wirklich ſchön da, und hat man keine
geſellſchaftlichen Verpflichtungen und [lebt] auch entſchieden
billiger als ſonſtwo. Daß halb Wien hierher kommt, ver=
dirbt mir's einſtweilen nicht — mir iſt ja das ganze Wien
durchaus nicht zuwider! Ja, vor dem halben Berlin oder
Leipzig würde ich wohl laufen. Das halbe Wien aber iſt

---

[1]) Wie heftig Brahms über ſeine plötzliche Schwerhörigkeit er=
ſchrak — er bildete ſich ein, das Schickſal Beethovens ſtehe ihm bevor
— geht daraus hervor, daß er ſofort nach Wien abreiſte und ſeinen
Freund Billroth telegraphiſch auf die Bahn beſchied, der ihn dann be=
ruhigte und an die richtige Adreſſe wies. Zu Brahms' großem Ver=
druſſe war die Nachricht von ſeiner Erkrankung durch eine Indiskretion
in die Zeitungen gekommen, und er hatte Mühe, alle teilnehmenden An=
fragen zu beantworten.

ganz hübsch und kann sich sehen lassen. Besuchen aber muß
und werde ich Sie!

Mit Ihrem Brief kamen auch die Rhapsodien und die
neuen Ungrischen.[1]) Ob Sie die wohl mit Hohngelächter
gleich empfangen und dann entlassen? Mir machen sie eigent=
lich Spaß, und ist das etwa bei Ihnen der Fall, so lassen
Sie mich's hübsch lesen. Sie glauben nicht, wie dankbares
Gemüt ich für so 'was habe! Die Sachen kommen der Tage
zu Ihnen, ich habe Ihre Adresse sofort gemeldet. Nun bitte:
ich wußte oder weiß auch die Adresse von Engelmanns nicht
und erinnere[2]) nicht, ob ich die Sachen an sie nach Utrecht
habe beordert. Grüßen Sie sie schönstens, und was nicht da
ist, soll nachträglich besorgt werden!

Motetten oder überhaupt Chormusik schriebe ich ganz gern
(sonst schon überhaupt gar nichts mehr), aber versuchen Sie,
ob Sie mir Texte schaffen können. Sie sich fabrizieren lassen,
daran muß man sich in jungen Jahren gewöhnen, später ist
man durch gute Lektüre zu sehr verwöhnt. In der Bibel
ist es mir nicht heidnisch genug, jetzt habe ich mir den Koran
gekauft, finde aber auch nichts.

Jetzt aber ist es dunkel geworden, und der Mensch sucht
sein Abendessen. Nun verzeihen Sie die vorige unterdrückte
Antwort, und lassen Sie recht bald und recht viel von sich hören.

Mit besten Grüßen an Sie beide und die andern beiden
Ihr herzlichst ergebener

J. Br.

---

1) Eine zweite Serie „Ungarischer Tänze" für das Pianoforte
zu vier Händen (Heft III und IV) war zusammen mit den Rhapsodien
bei Simrock erschienen. — 2) Der geborene Hamburger verrät sich durch
den intransitiven Gebrauch des Reflexivverbums „sich erinnern".

LXXIV.

Elisabet von Herzogenberg an Johannes Brahms.

Berchtesgaden, 23. Juli 1880.

Lieber Verehrter!

Ja, danken wäre schon leicht, aber mehr ist schwer, und grad auf das Mehr käme es an. Von den Rhapsodien er= zählt' ich Ihnen schon einmal ein langes und ein breites, und doch fing' ich gern wieder von vorn an, Ihnen, was Sie selber wissen, zu wiederholen. Ich merke diesmal so recht, daß Auswendigkönnen oft noch lange kein ganzes Kennen in sich schließt; denn, wie sie wieder vor mir liegen, die beiden, in all ihrer Herrlichkeit, da ist mir, als entdeckte ich immer einen neuen Zug, und besonders, als empfände ich immer besser die Einheit, die diese vielgliederigen Gebilde durchzieht, daß sie dadurch, wie das beste Kunstwerk es eben nur vermag, auf einen wirken, wie ein Naturprodukt, so notwendig, so ein= fach und gleichsam von Ewigkeit her.

Eine ganz merkwürdige Überraschung war mir's, den gewissen herrlichen Triolenteil ausschließlich zur Koda erhöht zu sehen,[1]) der früher außerdem als Überleitung zum Trio verwendet wurde. Denken Sie sich, daß mir das sehr bald so zum Bedürfnis geworden ist, dies Glied erst am Schluß auftreten und seine mächtige Wirkung für zuletzt aufgespart zu sehen, daß ich, kecker Floh, es Ihnen einmal flehentlich schreiben wollte und dann durch angeborene Bescheidenheit es doch sein ließ — und nun muß ich zu meiner Freude erleben, daß mein Gefühl mich nicht täuschte. Wie ganz genügen die fünf ahnungsvollen Takte vor dem Trio, und wie schwelgt

---

[1]) p. 11, Takt 7 ff.

man nun doppelt bei dem Schluß, den eine besonders gesegnete
Stunde Ihnen eingegeben haben muß.

Aber den einen Takt am Schlusse des Trios vermisse
ich schwer; ich genieße das Gis und G in der breiteren früheren
Form viel mehr und halte mich darin künftig an mein Manu-
stript, nicht an Simrock! Eine Note kann und kann ich nicht
begreifen. Nämlich im Trio, Seite 6, letzte Zeile, erster Takt,
das ausgehaltene E; die Stimmen gehen so schön auseinan-
ander ohne ihm [sic!]

und wie sich diese dritte Stimme so eigensinnig da einschiebt,
kann ich halt nicht verstehen. Aber verzeihen Sie diese, vielleicht sehr unverschämte Bemerkung.

Und nun zum Schluß noch einmal Dank, daß Sie mir,
grade mir, diese Stücke, und grade diese Stücke schenkten, die
Freude, die ich dran habe, ist größer, als ich Ihnen sagen kann.

Nun, und die Ungarischen! Das glaub' ich, daß Ihnen
die Spaß machen; denn wenn auch die ersten schon köstlich
waren, ich dächte, so fabelhaft hätten Sie's damals noch nicht
getroffen, das Unbeschreibliche des ungarischen Orchesterklangs,
das in seinem Gemisch von Quirlen und Schlagen, Klirren
und Pfeifen, Gurgeln und Quinquilieren so einzig ist, wieder-
zugeben, daß das Klavier ordentlich aufhört, Klavier zu sein,
und man sich mitten versetzt fühlt unter die Kerls, bei denen
Sie wieder eine so herrliche Anleihe machten, ihnen dabei
mehr gebend als nehmend. Denn wenn man beispielsweise
eine e moll-Melodie nimmt, wie die von Nr. 20, so kann
man sich nicht denken, obgleich ich's ja nicht weiß, daß sie
diese herrliche Gestalt ohne Sie, besonders in ihrem zweiten

Teile, je erhalten hätte. Sie haben für so viele dieser Melodien das letzte erlösende Wort gesprochen, das ihnen erst zur
vollen Entfaltung und Freiheit verhalf. Was mir aber am
meisten an Ihrer Leistung imponiert, ist, daß Sie alles das,
mehr oder weniger, doch nur Elemente der Schönheit in sich
Bergende, zu einem Kunstwerk und in die reinste Atmosphäre
emporhoben, ohne daß es im mindesten von seiner Wildheit,
von seiner elementaren Gewalt einbüßte. Was dort Lärm
macht, wird hier zu einem schönen Fortissimo geadelt, und
doch wird nie ein fatal gebildetes Fortissimo daraus. Es
sind Ihnen zu rechter Zeit immer am Schlusse rhythmische
Kombinationen eingefallen, die man eben nur an dieser Stelle
brauchen könnte, die aber ebenda eine unglaubliche Wirkung
tun, wie die famosen Bässe in dem Getümmel von Nr. 15.
Das ist überhaupt einer, der mein Liebling wäre, wenn nicht
schon Nr. 20, 19, 18 — ach, und die kurze und gute Nr. 14
sich darum stritten.[1] Wenn ich Ihnen alles sagen wollte, was
wir bezüglich dieser Tänze auf dem Herzen haben, ich müßte
immerfort zitieren und zitieren, bis fast die ganzen Ungarischen hier noch 'mal stünden. Wie freue ich mich darauf,
sie von Ihnen zu hören; wenn Sie nur wirklich bald kommen!
Engelmanns und wir hoffen so sehr, daß Sie's nicht zu
lange hinausschieben; man weiß immer nicht, was dann etwa
sich doch zwischen die Dinge schiebt, auf die man sich freut.

Daß Sie in der Bibel nichts mehr finden sollten, glaube
ich einfach nicht.[2] Im Hiob, den Sie schon mit so viel Glück
lasen,[3] steht immer noch viel Verwertbares. Und in den

[1] Nr. 14 ist Original von Brahms. Er hat mehrere eigene Erfin-
dungen zwischen jene Bearbeitungen eingestreut. Vergl. Kalbeck, Brahms I
p. 66. — [2] Als Brahms seine „Vier ernsten Gesänge" komponierte (1895),
die der Freundin recht gaben, mag er sich ihrer wehmütig erinnert haben.
— [3] Der Text zu der Motette op. 74, Nr. 1 ist teilweise dem Buche Hiob
entlehnt.

Pſalmen! Tut's Ihnen benn 'was, wenn's anbre ſchon komponierten? Ließen Sie z. B. den Hirſch nicht ganz anders
nach friſchem Waſſer ſchreien als Mendelsſohn,[1] und ſind
ſolche Worte nicht unverwelflicher und unerſchöpflicher als
mancher Heineſche Text, der ſchon hundertmal komponiert
wurbe? Sie frozeln uns auch nur am Enbe, und bringen
die ſchönſten Motetten mit!

Engelmanns laſſen ſchönſtens grüßen; wir ſahen ſie
geſtern und freuten uns wieder recht an dieſen Menſchen,
mit denen man ſo hübſch von der Leber weg reden und
muſizieren kann. Sie haben Rhapſobien und Ungariſche ſchon
längſt. Leben Sie nun wohl, verehrter Freund, und laſſen
Sie ſich bald blicken hier, wo zwar wirklich halb Leipzig
wimmelt (beſonbers viel Paſtoren!) aber o Wonne, man kennt
ſie nicht. Und die Eingeborenen, die Menſchen und die Kühe,
ſind ſo lieb. Und bei Zimmermeiſter Brandner gibt's guten
Kaffee. Und Menſchen, die Ihnen gut ſind.

Seien Sie von beiden beſtens gegrüßt.

Eliſabet Herzogenberg.

LXXV.
Heinrich von Herzogenberg an Johannes Brahms.
Leipzig, 25. November 1880.

Verehrteſter Freund!

Hier ſind ſie doch, die geiſtlichen Volkslieder,[2] und
bitten um freunbliche Aufnahme! Die ſchlimmen und ver-
wuzelten habe ich zu Hauſe, das heißt im Schreibpult ge-
laſſen, und habe bafür einige ganz harmloſe bazugemacht,

---

[1] „Wie der Hirſch ſchreit", Mendelsſohn op. 42, Nr. 1. —
[2] Op. 28. Vergl. LVIII, LXII, LXV.

so daß die ganze Sammlung, wenn auch nicht zur leichteren
Chorliteratur gehörend, doch nichts mehr enthält, was ich
nicht als wirksam erprobt hätte. Das Wuzeln an sich ist ja
nichts Verkehrtes, nur das Verwuzeln ist schlimmer und rächt
sich bald genug.

Sie wissen, was mir ein paar Worte, wenn auch nur
relativer Anerkennung, von Ihnen sind, ja auch eine warm=
herzige Ablehnung oder Verwerfung weiß ich und wußte ich
stets als eine Wohltat aufzufassen und zu verwerten. Ich
weiß aber auch, was für ein großer Grad von Interesse
Ihrerseits dazu nötig wäre, und daß sich dieser natürlich
weder erbetteln noch erzwingen läßt; wenn Sie aber eine
Ahnung davon hätten, wie irgendein gelegentlich hingeworfenes
Wort von Ihnen in mir weiterarbeitet, so würden Sie's be=
greiflich finden, daß ich immer wieder zu Ihnen komme,
trotzdem Sie mich darin gerade nicht sehr ermutigen.

Ein Meister wie Sie hätte auch viel zu tun, wollte er
alle Liebe, die er durch seine bloße Existenz und Erscheinung
einflößt, erwidern, ja auch nur begreifen; denn Sie haben
sich durch vertraulichen Umgang an sich selbst gewöhnen
können, und die Leute, zu denen Sie in einem ähnlichen
Verhältnis stünden, sind alle tot.

Als Sie mit Schumann verkehrten, waren Sie, glaube
ich, 17 Jahre[1]) alt; mir scheint, ich werde Ihnen gegen=
über nie älter werden, wie höchstens 18 Jahre; einem so
grünen Jüngling müssen Sie schon einmal eine Art Liebes=
brief nachsehen!

Um so mehr, als wir durch das lange Fasten und die
bittre Enttäuschung dieses Sommers sehr ausgehungert sind!

----

[1]) Brahms war 20 Jahre alt, als er (1853) zu Schumann kam.

Werden wir denn diesen Winter die Freude haben, Sie mit irgendeinem Ding bei uns zu sehen? In Berlin könnten wir uns schon recht bald treffen, das heißt, wenn Sie es der Mühe wert halten, zum Brahmsschen Requiem hinzureisen.[1]

Wenn ich denke, daß kleine Mädchen, wie Fillu und Eugenie, zwei neue Triosätze und zwei neue Ouvertüren hören durften und wir nicht, so wird mir ganz schlimm zumute![2] Sagen Sie uns wenigstens mit ein paar Worten, daß Sie uns noch gut sind wie bisher!

Mit den besten Grüßen meiner Frau Ihr treuergebener

Herzogenberg.

LXXVI.

Brahms an Heinrich von Herzogenberg.

[Wien, 26. November 1880.]

Lieber Freund!

Den Moment kommt Ihr Brief, und ich muß ein Wort eiligst sagen. Gehen Sie denn zum 4.[3] nach Berlin? Ich habe es auch versprochen und hätte mich bei Ihnen für den 7. angemeldet! Am 6. früh denken wir meine zwei Ouvertüren in Berlin zu probieren, da hören Sie am Ende

---

[1] Joachim führte das deutsche Requiem am 4. Dezember in einem Konzert der Hochschule auf. — [2] Sein Versprechen, von Ischl nach Berchtesgaden zu kommen, konnte Brahms erst am 13. September erfüllen, als Herzogenbergs nicht mehr dort waren. Bei Frau Schumann, die, wie gewöhnlich in jenen Jahren, auf Vordereck bei Berchtesgaden ihren Sommeraufenthalt hatte, spielte er, was in Ischl entstanden war, den Schumannschen Damen vor: die akademische und tragische Ouvertüre und zwei Sätze aus dem C dur-Trio op. 87. Unter den „kleinen Mädchen“ sind die Sängerin Marie Fillunger und Eugenie Schumann zu verstehen. — [3] Zur Aufführung des Requiems.

auch zu. Für den 11. Januar habe ich sie in Leipzig ver=
sprochen. — — — — — — — — — —
— — — — — — — — — — —

Den Sommer hat Ihre liebe Frau mich so schön mit
Nachricht versorgt — nur hat sie nie geschrieben, daß Sie
so früh abreisen. Diesen verdrießlichen Termin erfuhr ich,
als Frau Schumann in Sicht kam, und durch sie. Da war's
zu spät! Und es war so schön, so lustig und behaglich in
Berchtesgaden!

Ich unterbrach nur sonstiges Briefschreiben und muß
nun dort fortfahren. Für die Lieder[1]) hoffe ich Ihnen so
vernünftig wie möglich zu danken, die erste freie Stunde ge=
hört ihnen. Bitte, sagen Sie mit einem Wort deutlich, ob
Sie zum Requiem nach Berlin gehen und gar über den
Sonntag bleiben. Ich hoffe die Ouvertüre am 6. (spätestens
am 7.) zu machen.

Ihnen von Herzen ergeben

J. Br.

LXXVII.

Elisabet von Herzogenberg an Johannes Brahms.

Leipzig, 14. Dezember 1880.

Verehrter Freund!

Schon früher hätten Sie einen Gruß aus der Humboldt=
straße bekommen, aber ich war ein elender Kerl, am Tage
schlafend, in der Nacht wachend und so unglücklich, wie ein
glücklicher Mensch es sein kann. Heute etwas aufgerappelt,
danke ich Ihnen für die guten Stunden, die Sie uns hier

---

[1]) Herzogenbergs geistliche Volkslieder.

geschenkt. Es war uns in jeder Beziehung so wertvoll, daß Sie mit uns kamen, und wir danken's Ihnen sehr, wenn es auch nur des edlen A. wegen geschah. — — — Joachim spielte Ihr Konzert herrlich,[1] wir hatten's doch (außer in Salzburg) seit dem ersten Mal nicht wieder gehört und waren ganz und gar hingenommen und beglückt von dem Stück, und so waren Sie dennoch eigentlich recht unter uns, da Sie abgereist waren. Nun freuen wir uns mit jedem Tag, der uns dem 11. näher bringt, mehr und mehr auf Ihre Wieder= kehr. Engelmanns, die vorher behaupteten, durchaus am 10. wieder fort zu müssen, bleiben nun natürlich und freuen sich mit uns, und so soll es Sie hoffentlich nicht gereuen, daß Sie den Leipzigern Ihre schöne und liebe Musik vormachen. In meinen bösen Nächten plagen mich die Ouvertüren sehr, das F dur-Thema der Festlichen[2] krieg' ich nicht ganz heraus und sehne mich furchtbar nach den bald versprochenen Klavier= auszügen. Auch die melodischen Übungsstücke[3] vergessen Sie nicht!

Unser Konzert[4] am Sonntag war so gut, daß wir's kaum verschmerzen können, Sie nicht dabei gehabt zu haben. An „Schauet doch und sehet"[5] hätten Sie solche Freude gehabt. Unser Chor hatte seinen guten Tag, wo jeder über sich selbst hinausgehoben wird, angefacht von etwas, das man mit dem bloßen Worte Begeisterung nicht abtun kann. In solchen Momenten verdreifacht sich gleichsam die Kraft jedes Einzelnen, und wir, „die wir so ein armes Häuflein sind",

---

[1] Joachim spielte das Violinkonzert im neunten Gewandhaus= konzert, also in Leipzig zum dritten Male innerhalb eines Jahres! — [2] Partitur, p. 9, Takt 4 ff. — [3] Wohl einige der (unmelodischen) Klavier= übungen, die Brahms erst 1893 herausgab. — [4] Im Bachverein. — [5] Kantate von Bach.

bringen dann doch 'was fertig. Meinem braven Heinz gönn'
ich solche Freude für die viele miserable Plage, die es ihm
oft doch macht, wenn jedes schwere Intervall erst eingebläut
werden muß.

Nun leben Sie wohl, bleiben Sie uns gut und seien
Sie versichert dessen, was Sie wissen: wie gut Ihnen sind
Ihre dankbaren

Herzogenberge.

So hübsche angenehme Variationen sind die Joachim-
schen[1]) und wurden sehr warm aufgenommen.

LXXVIII.

Brahms an Heinrich von Herzogenberg.

[Wien, 24. Dezember 1880.]

Ich lasse Ihnen einige Duette von Händel[2]) zugehen
mit der Bitte, das Klaviergewuzel,[3]) namentlich aber den
deutschen Text, recht genau anzusehn. Ferner melodische
Klavierübungen,[4]) — denen man freilich gar zu sehr die
Schwärmerei für die zarten Hände und Fingerchen der lachenden Professorin[5]) ansieht! Über alles möchte ich in Leipzig
plaudern hören, und alles halten Sie unter Verschluß!!

Fröhliche Festtage wünschend Ihr

J. Br.

---

[1]) Außer dem Brahms'schen Violinkonzert hatte Joachim in Leipzig
seine Variationen für Violine und Orchester aus dem Manuskript gespielt. — [2]) Brahms bearbeitete Händelsche Kammerduette für die Edition
Peters. — [3]) Den aus dem bezifferten Basso continuo von Brahms
entwickelten polyphonen Satz. — [4]) Die S. 181 erwähnten Klavierübungen. — [5]) Emma Engelmann.

LXXIX.

Elisabet von Herzogenberg an Johannes Brahms.

Leipzig, 28. Dezember 1880.

Verehrtester Freund!

Eine wie große Freude haben Sie uns bereitet mit der Ouvertüre,[1]) die eine halbe Stunde vor unserer Bescherung ins Haus flog und mir arglos vom Mädchen überbracht wurde. Aber als ich den Stempel Röder[2]) sah, wußte ich ahnungsvoller Engel alles, und um mir selber nicht den Hauptspaß zu verderben, trug ich die Rolle dem Heinz hin, der sie mir feierlich aufbaute, wo sie, das Schönste unter allem Schönen, hervorglänzte und mich erfreute, wie ich's gar nicht, gar nicht sagen kann. Den nächsten Tag liefen wir gleich zu Engelmanns mit unserer stolzen Rolle, und da wurde sie denn gespielt und wieder gespielt, die liebe Ouvertüre, und vier frohe Menschen steckten die Köpfe zusammen und sagten einander, was wir Ihnen ins Gesicht nie sagen können. — Und wenn Sie die lachenden Gesichter gesehen hätten, würden Sie sich doch ein bisserl gefreut haben; denn wenn's nächstens in Breslau[3]) auch lauter zugehen wird, dankbarer wird niemand dort jeden warmen Zug, jede herrliche harmonische Wendung begrüßen und in sich einschlürfen, wie die besagten vier. — Ich habe nun erst die wahre Freundschaft mit der Ouvertüre geschlossen. Ich Schwer-

---

[1]) Die Akademische Festouvertüre op. 80. — [2]) Notenstecherei von C. G. Röder. — [3]) Die Akademische Festouvertüre — der Dank des Meisters für den ihm von der philosophischen Fakultät der Breslauer Universität verliehenen Doktortitel honoris causa — wurde zusammen mit ihrer tragischen Zwillingsschwester, am 4. Januar im Breslauer Orchesterverein von Brahms zum ersten Male aufgeführt.

134 Brahms' Briefwechsel.

fälligste aller Sterblichen hatte anfangs Mühe mit der Form wegen der langen Introduktion,[1]) und konnte mir bei dem Reichtum an Themen nicht alles ordnen und unterordnen. Jetzt, wo ich's kopier', ist mir's erst ganz lieb, und wenn's nun im Januar losgeht, und Sie einem dann vordirigieren, was man schon lang mit sich herumträgt, beinahe vergessend, daß es ein erst so kürzlich gehobener Schatz ist — da wirds auch für uns eine rechte Festouvertüre sein. Daß Sie Guter auch auf die melodischen Übungen und die Duette nicht vergessen, ist gar zu lieb, der Seufzer frägt nur immer noch nach der Tragischen.[2])

Und nun soll ich Sie inständigst bitten, wenn's Ihnen möglich, doch einmal den Termin Ihres Kommens zu bestimmen. Engelmanns sind mit verschiedenen Freunden in Amsterdam in Korrespondenz, welche zu den Ouvertüren herkommen, und die ein berechtigtes Interesse daran haben, den Tag zu wissen. Also, seien Sie so gut und zwingen Sie sich zur Angabe eines Datums. Die armen jungen Röntgens, die jetzt hier, sind leider schon zur Ouvertüre fort; wir musizieren tapfer zusammen. Übermorgen ist großer Brahmsabend, Emma[3]) spielt Adur-Quartett, Julius Röntgen das Quintett, und darum gruppieren sich noch verschiedene Kleinigkeiten. Amanda,[4]) Julius' Frau, spielt das Violinkonzert auswendig, so als kleine Zugabe, wenn die Familie etwa schon drei Stunden vorher musiziert hat! Ja, wir haben alle große Mägen. Engelmann ist von Kopfweh ärger heimgesucht, denn je; sein halbes Leben geht in dumpfem Schmerz dahin, und dabei hört man nie eine Klage aus seinem Munde, und er braucht nur sein Weiberl anzusehen, so macht er das glückseligste Gesicht. Ich finde ihn in seiner heiteren Er-

---

[1]) Partitur, p. 5—17. — [2]) Tragische Ouvertüre op. 81. — [3]) Emma Engelmann. — [4]) Amanda Röntgen.

gebung wahrhaft erbauend. Aber mein Mandl ist auch nicht
ohne; wie der sich wieder zu Weihnachten ausgezeichnet hat, na,
ich wollte nur, Sie nähmen einmal eine Frau, um eine Vor-
stellung davon zu bekommen, wie gut so ein Mann sein kann.

Verzeihen Sie diesen bummligen Brief. Die Ouvertüre
hat uns gar so fidel gemacht und Ferdinand Raimunds
Werke, die ich zu Weihnachten kriegte. Schlafe ich nun nicht
in der Nacht, so les' ich „Diamant des Geisterkönigs" und
bin ganz zufrieden — — — — — — — — — — —
— — — Aber ein großer Trost auf Erden ist doch, daß
es zwar nicht gar so viel Echtes und Schönes gibt, daß das
wenige aber so ausgiebig ist und einen so voll entschädigt.

Und so möchte ich Ihnen zu guter Letzt noch einmal
danken; wenn es schriftlich geschieht, seh' ich's wenigstens nicht,
wie Sie sich dagegen wehren. Lassen Sie bald wissen, wann
sich auf Sie rüsten und freuen dürfen

Ihre

Herzogenbergs.

LXXX.

Elisabet von Herzogenberg an Johannes Brahms.

[Leipzig, Januar 1881.]

Verehrter lieber Freund!

Es fällt mir, kaum sind Sie fort, wieder die Aufgabe
zu, Sie zu quälen, auf die Melodie von: Wann hört der
Himmel auf zu strafen.[1])   Fräulein Zimmermann,[2]) die

---

[1]) Brahms hat auf den Uhlandschen Text: „Wann hört der Himmel
auf zu strafen mit Albums und mit Autographen?" einen Kanon gesetzt
und ihn Emil Naumann als Beitrag zu dessen „Illustrierter Musikgeschichte" überlassen. — [2]) Agnes Zimmermann, Pianistin und Komponistin (geb. 1845).

Vortreffliche, die Sie durch mich um ein Autograph für Miß Mackenzie, Ihre englische Interpretin, gebeten hatte, erschreckt mich eben mit der Frage, ob Sie ein solches zurückgelassen hätten. Gesagt hatte ich's Ihnen nun zwar, aber gemahnt hatte ich nicht, und was ist das eine ohne das andre. Da also mein die Schuld, so soll auch mein die Qual sein, Sie zu sekieren. Bitte, vergessen Sie's nicht! Fräulein Mackenzie scheint flehentlich darum gebeten zu haben, und Fräulein Zimmermann, die zuerst durch jene Mackenzie Ihre Musik kennen und lieben lernte, möchte sich ihr so gern durch Erfüllung dieses Wunsches erkenntlich zeigen.

Lieber Herr Brahms, es ist recht still geworden bei den Herzogenbergs. Sie gehen uns sehr ab, aber auch das Erinnern an empfangenes Gute ist gut. Aber kommen Sie oft wieder! Sie haben uns die Seele wieder einmal recht erwärmt mit Ihrer Musik und mit Ihrer Freundschaft, und wenn solche Freuden auch vorhalten und ihren Glanz auf kümmerlichere Zeiten ausstrahlen, der Mensch braucht, wie der Musikant, Wiederholung. Machen Sie uns also bald so

ein gutes altmodisches Zeichen :||: —.

Rubinstein mit seiner Symphonie ist ausgeblieben, und ich weiß nicht, was soll es bedeuten, daß ich nicht traurig bin. Ich hätte, glaube ich, vergeblich den Wirbel an mir gesucht, liebe Laura,[1] um mich so gewaltsam umzustimmen. —

Eines Auftrags muß ich mich noch entledigen: Meine beiden Mädchen sind, nachdem Sie fort waren, in großer Aufregung zu mir gestürzt und haben mir in inartikulierten

[1] Schiller.

Lauten ihre Dankbarkeit vermischt mit allen möglichen anderen
Gefühlen für Herrn Brahms ausgelallt, mit der Bitte, dieser
Unklarheit bei Ihnen klaren Ausdruck zu leihen. Johannes
Brahms, Sie haben da offenbar etwas verbrochen, was nicht
wieder vorkommen darf, wenn Sie nicht unter die Zahl der-
jenigen Musiker gerechnet werden wollen, die tausend Gulden
für Porzellan und noch mehr für Atlashöschen ausgeben.[1]
Im Ernst, ich war etwas außer mir, als meine beiden Weiberle mich so ins Vertrauen zogen, und ich muß Sie wirklich
ein bißchen auszanken als ältere Freundin!

Leben Sie nun wohl! Wenn Herr Chrysander[2] Ihnen
zum neuen Jahr „die Kontinuität des Schaffens, ohne die
keine wahre Befriedigung sei", wünschte, so wünsche ich uns
die Kontinuität Ihrer Freundschaft, ohne die nicht mehr recht
froh sein könnten

Ihre ganz getreuen
Heinrich und L. Herzogenberg.

LXXXI.

Brahms an Elisabet von Herzogenberg.

[Wien, Februar 1881.]

Liebe Freundin!

Verzeihen Sie, daß Inliegendes[3] so spät und Vor-
liegendes so schäbig kommt; aber ich hatte und habe keine Zeit.
Sonst erzählte ich auch gern von meinen Reisen[4] und manchem Hübschen und Erfreulichen. So sage ich nur, daß ich in

---

[1] Anspielung auf Richard Wagners Atlasliebhaberei. — [2] Friedrich Chrysander (1826—1901), Herausgeber und Biograph Händels, in der
von ihm redigierten „Allgemeinen musikalischen Zeitung". — [3] Das
für Miß Mackenzie bestimmte Autograph. — [4] Brahms war vom 1. bis
7. Januar in Breslau, am 13. in Leipzig, am 22. in Münster, am 25.
in Krefeld, am 31. in Amsterdam und im Februar im Haag und Harlem.

Leipzig sehr schöne Tage verlebte, und daß ich mir alles dort
gern und oft gefallen lassen werde — solange Sie dort sind!

Von inliegendem Kanon[1]) wissen Sie schon, daß Sopran,
Tenor, Alt und Baß nach je vier Takten folgen. Er
schließt, wenn der Sopran bei der Wiederholung zum ⌢
gekommen ist — natürlich zwei Töne tiefer.

Schicken Sie ihn also an Miß Mac — Farren oder —
Ziegen. Sollten Sie in Versuchung sein, ihn Fritzsch zu
geben (?), so bäte ich, ihn nur J. B. zu zeichnen und dazu-
zusetzen: „Aus einem Leipziger Album"!!! Die Auflösung
müßte ich aber vorschreiben, damit's nicht gar zu bunt und
dumm aussehen würde.

Hier liest man in und zwischen den Zeilen die schönsten
und dankbarsten Grüße

Ihres

J. Brahms.

LXXXII.

Elisabet von Herzogenberg an Johannes Brahms.

[Leipzig, 24. Februar 1881.]

Verehrter Freund!

Ich habe durch Mrs. Macfarren sehr profitiert; der
Kanon, den ich in saubere Partitur geschrieben, ist höchst

---

[1]) Das Autograph bestand in einem vierstimmigen Kanon (auf
den Text „Mir lächelt kein Frühling, mir strahlt keine Sonne, mir blüht
keine Blume, für mich ist alles dahin"). Das kleine Musikstück erschien,
genau nach der Weisung seines Komponisten, in Nr. 18 des „Musikalischen Wochenblattes" vom 28. April 1881 an der Spitze des Feuilletons.
Schon am Tage darauf langte bei der Redaktion eine Auflösung des
Kanons von Kapellmeister F. Böhme ein, die Fritzsch, der Herausgeber
des Blattes, in Nr. 32 am 4. August 1881 abdruckte. Daß der Kanon
von Brahms war, ist bis heute öffentlich nicht bekannt geworden.

pikant mit seiner Enharmonik, und ich freue mich schon drauf,
ihn 'mal ordentlich zu hören, wozu es aber noch nicht kam,
da das Mißgeschöpf ihn erst auflösen muß; hätten Sie mir
doch nicht gesagt, daß Tenor anfängt, dadurch war's so viel
leichter.

Fritzsch, der Ehrliche, war ganz vergnügt über die Aussicht, aus einem Leipziger Album 'was drucken zu dürfen.
Teilen Sie ihm also die Auflösungsformel mit.

Ich danke für den kurzen, aber guten Brief. Daß Sie
wirklich gern und oft nach Leipzig wiederkommen wollen,
rührt uns sehr und sagt uns mehr, als wir uns getrauen
würden, uns selbst zu sagen. So oft wir hören, wie's Ihnen
anderswo ergeht, sind wir traurig und beschämt und neidisch.

Darf ich Sie denn, zum Lohn für schon erwiesenes
Gute, wieder um einige versprochene Guttaten bitten? Sie
wissen, N.s besitzen wenig Noten, und Sie wollten in Ihre
Vorratskammer gehen und den guten, Ihnen sehr ergebenen
Menschen 'was „herausgeben" — ich sollte Sie daran erinnern, sagten Sie, was ich denn hiermit tue. Was Sie entbehren können, lagern Sie da ab, wo alles willkommen und
alles ersehnt ist, sogar vierhändige Auszüge vom Requiem
und dergleichen. Ein unbändiges Verlangen haben sie vor
allem nach dem fmoll-Quintett zweiklavierig; wenn Sie das
übrig hätten, würde es großen Jubel erregen! Ein paar
andere Kanons erwähnten Sie noch, die uns sehr beglücken
würden; — wenn Sie mich „sekant" finden, so bedenken Sie,
daß Sie mich zu all diesen Mahnungen feierlich autorisierten!
Wir haben am 19. zweites Bach-Konzert gehabt und so viel
Lob hören müssen, daß es uns ein bißchen bedenklich machte,
ob wir auch wirklich 'was Ordentliches gemacht. Jedenfalls
versteht hier niemand, was man tut, und das kann einen

beinah ängstlich werden lassen. Aber in Chor und Orchester
war große Begeisterung; der Hinke, unsre Oboe, blies in der
Soprankantate „Wir zittern und beben" geradezu zauber=
haft, und die Trompete schmetterte ihr hohes C glänzend
durch die Kirche in „Es erhub sich ein Streit." Die D.s
und Konsorten schwiegen sogar, so gut gefiel's ihnen, und
sagten, gleich noch 'mal möchten sie die herrliche Musik hören.
Das war unsre 35. Kantate, und wir sind doch noch jung,
— das sind schon drei über die Adelsprobe! Aber über die
Solisten wird man immer traurig; das Solistentum steckt
ihnen so im Leibe, daß sie nie ruhig, nie unpersönlich
werden — und immer wieder hapert's beim Musikalischen

––––––––––––––––––––

Viel Jammer, viel Unverstand und wenig heiteres reines
Glück gibt's doch hienieden; fall' ich mir dann ein, die ich
letzteres in so hohem Maß besitze, so bin ich voll Beschämung;
denn wie kommt man dazu, daß man es gerade hat —

Lieber Freund, Sie haben ja keine Zeit und möchten
gern, daß ich jetzt abfahre. Und das tue ich auch; aber
nicht ohne Ihnen zu sagen, daß, wenn wir zwei beide alles
Liebe und Schöne, das wir besitzen, dankbar überblicken, es
nie geschieht, ohne auch dessen eingedenk zu sein, daß wir Sie
haben, die Freude an Ihren Schöpfungen und daran, daß
Sie uns gut sind.

Elisabet Herzogenberg.

LXXXIII.

Brahms an Elisabet von Herzogenberg.

[Wien, 2. März 1881.]

Verehrte Freundin!

Ich schicke hier zwar einen tüchtigen Stoß, meine aber doch, renommiert zu haben. Namentlich Vierhändiges und Zweiklavieriges ist nichts da. Ich schmeichle mir eigentlich, daß das meiste bei Ihnen bleibt!? Natürlich die zwei besseren Requiems. Das schlechte englische ist für bie oder das Miß —. Partituren von meinem Requiem und Triumphlied sind für Sie doch überflüssig? Ebenso für Alt transponierte Lieder?

Die gebundenen Bücher sind von einer Freundin, die sich früher sehr für meine Musik interessierte, — jetzt nicht mehr, — sie hört bessere — weiter oben!

Die Kanons würden sich in dem Trubel verlieren. Wie kann man sich auch für so 'was interessieren, wenn man 35 Kantaten aufgeführt hat — ich glaube, ich kenne noch gar nicht so viel! — — — — — — — — —

— — Warum fahren Sie ab, wenn Sie erst auf der achten Seite sind? Ich will Ihnen nicht schmeicheln, aber wenn man so schönes Papier hat, muß es ja eine Passion zu schreiben, wie zu lesen sein!

Mein Maestro [1] kommt, und ich habe, statt zu schreiben, Noten gesucht, was ich mir gutzuschreiben bitte!

Mit herzlichsten Grüßen Ihr

J. Br.

---

[1] Brahms machte, um für seine weiteren italienischen Reisen gerüstet zu sein, Sprachstudien und nahm eine Zeitlang Konversationsunterricht bei einem Italiener.

LXXXIV.

Elisabet von Herzogenberg an Johannes Brahms.

[Leipzig] 6. März 1881.

Sie Freundlicher! Das war ja eine wahre Christbe-
scherung. Meine guten N.s, zu welchen ich gestern im
fürchterlichsten Schneegestöber gleich stürzte, einen schönen Pack
unterm Arm, wußten erst gar nicht, ob's Ernst oder Scherz
sei, und freuten sich wie die Kinder. Sie lebten bis jetzt fast
nur von Attacken auf unsere Notenschränke, und gewisse Dinge,
wie zum Beispiel Ihr g moll-Quartett, kamen immer 6 Monate
nicht zum Vorschein. Na, — nun sind sie wohlhabende
Leute, und uns fehlt nichts mehr. Sie sehen also, daß wir
auch von dem profitieren, was wir ablieferten, und behalten
haben wir, da Sie's erlaubten, auch mehreres; die Sextette
vierhändig und den Rinaldo und die Serenaden, wofür wir
die D dur, die wir besaßen, den Freunden gaben. Die A dur
spielten wir uns heute, den Sonntag auf unsere Manier ein-
zuläuten, mit innigem Entzücken vor. Wir hatten sie lange
nicht angeschaut und feierten gerührtes Wiedersehen mit den
lieben, vertrauten Klängen.

Die Freundin, die nun „weiter oben" in Sphärenkonzer-
ten sitzt, war offenbar eine liebevolle Besitzerin dieser Schätze,
denen ich's deshalb gönne, daß sie aus Ihren gleichgiltigen
Händen in unsre, auch nicht lieblose Hut gelangen.

Ist es denn auch gewiß kein Versehen, daß das Mozart-
sche und Cherubinische Requiem dabei war? So hochwill-
kommen die Partituren uns wären, haben wir doch noch nicht
rechten Mut, sie als unser Eigentum anzusprechen, bis Sie
gelegenheitlich sagen: „Sei guten Muts, o Heinrich mein,
nimm diese Bretzen, sie sei Dein."

Und nun laffen Sie fich noch 'mal herzlich danken, Sie guter Freund, im Namen der N.s, die's Ihnen übrigens noch felber fagen wollen, wie in unfrem eigenen. Es war wirklich ganz befonders lieb von Ihnen, fich diefe Mühe zu geben und fo freigebig zu fein.

Morgen haben wir 'was Komifches vor, wir fahren nach Halle, Bülow eins feiner Beethovenkonzerte dirigieren zu hören. Heinrich will fich durchaus die Gefchichte einmal anfehen, und ich bin auch neugierig, obwohl es kaum weniger fatal fein kann als fein Klavierfpielen.

Leben Sie wohl, verehrter Freund, und fchicken Sie uns doch einmal Kanons! Wir haben immer noch Sinn für fo 'was, wir Herablaffenden! Das Miß dankt für das Requiem; fie hat das deutfche gekriegt, da N.s es fchon hatten, das englifche verachtet fie!

In alter Ergebenheit

E. Herzogenberg.

LXXXV.

Elifabet von Herzogenberg an Johannes Brahms.

[Leipzig] 27. März 1881.

Lieber verehrter Freund!

Sie haben uns eine große Freude gemacht mit dem Bilde, auf dem wir Sie ganz erkennen und den frohen guten Ausdruck, den Photographien felten zu erwifchen pflegen, fehr zu würdigen wiffen. Es wird einem das Herz faft fchwer, wenn man jemand nach Siena[1]) fchreiben foll, und man

---

[1]) Brahms war am 25. März nach Italien gereift. Seine zweite italienifche Reife dauerte länger und dehnte fich weiter aus als die erfte. Theodor Billroth und Prof. Adolf Exner reiften mit, verließen ihn aber,

erlahmt, in jeder Art Fähigkeit sich mitzuteilen, weil man sich
so lebhaft vorstellen kann, wie selig entrückt der Betreffende
ist, an den man sich wendet. Wie kann Sie das interessieren,
was wir hier unter unserm bleiernen lastenden Himmel be-
ginnen — ich finde es ordentlich rührend, daß Sie sich nach
Siena einen Brief bestellen. Und ich schreibe Ihnen auch
nur, um für den guten Brahms zu danken, der auf der
kleinen Staffelei (die immer umfällt!) steht, neben dem großen
Diwan, auf dem Sie einige Male geruhten, sich auszuruhen
von den üppigen Strapazen Ihres Leipziger ruhmbelebten
Lebens! Gott, wie kümmerlich, wenn Sie jetzt aus der Vogel-
perspektive zurückblicken auf Ihre dieswinterlichen Fahrten, auf
die heiteren Rheinstädte und das warmherzige Holland, wo
Sie, „freudig wie ein Held zum Siegen", Ihre Bahn liefen,
muß da unser Leipzig sich ausnehmen — ich werde immer
ganz neidisch, wenn Frau Emma[1]) mir aus Amsterdam
und Utrecht Bericht erstattet. — Wir erleben immer neuen
Kummer hier, immer neue Enttäuschungen. Hiezu gehört,
daß Rust[2]) am Palmsonntag die g moll-Orgelfuge, für
Orchester arrangiert, in der Thomaskirche spielen läßt, sowie
er Choralvorspiele für vier Stimmen aussetzt und Text unter-
legt, und den haben S i e uns empfohlen!! Einen gräßlichen
zweiten Teil Faust[3]) haben wir auch erlebt, eine wahrhaft
unwürdige Aufführung; Heinrich sang im Chor mit (!), um
'mal die Sache bei Licht zu besehen, ich auch, aber nur eine

---

als er noch länger in Rom bleiben wollte. Die Fahrt ging über Venedig,
Florenz, Siena, Orvieto, Rom und Neapel nach Sizilien und zurück über
Florenz und Pisa. Erst am 7. Mai, seinem achtundvierzigsten Geburts-
tage, traf Brahms wieder in Wien ein.

[1]) Emma Engelmann. — [2]) Wilhelm Rust (1822—1892), Organist und als Nachfolger Richters Kantor an der Thomasschule in
Leipzig, Mitherausgeber der Werke Seb. Bachs. — [3]) Von Schumann.

Probe, ich hielt die Schlamperei nicht aus und bat dann um
Entschuldigung. Dazu die Neunte Symphonie heruntergefiedelt
und getutet — man wird recht traurig dabei. — — Immer
denken wir bei solchen Gelegenheiten: Wenn wir Sie doch
einmal so 'was dirigieren sähen und hörten — Ihren breiten
Schwung (und alles, was dahinter liegt!) und die warme
Bewegung im Arm, die immer Ausdruck eines inneren Vor-
ganges ist, nicht nur das Zeichen für das, was bei den
andern erfolgen soll, das selbstverständliche Aufgehen in dem
Kunstwerk, das alle kleinliche Aufregung ebenso ausschließt,
wie die Sucht abgemessener Effekte. —

O, das war auch hübsch, dies Hallesche Konzert.[1])
Aber man durfte nichts sagen; alle lagen sie konsterniert vor
diesem Gesalbten, der sich gebärdete, als zeige er uns zum
ersten Male das Allerheiligste in strahlender Monstranz. Der-
weil war es aber nur widerwärtige Anatomie, die er trieb,
eine Art Kunstübung, wie wenn man einer antiken Statue alles
holde Fleisch abzöge und zwänge einen, vor dem Knochen= und
Muskelapparat in Anbetung niederzufallen: Es ist schon schön,
wenn man das Bewegende in dem Bewegten durchspürt; aber,
bloßgelegt und akzentuiert in gröbster Weise, hört es auf,
schön zu sein. — Bülows affektierte kleine Pausen bei jedem

---

[1]) Bülows Beethovenaufführung. Siehe LXXXIV. — Frau
Elisabet sollte später Gelegenheit finden, ihr schroffes Urteil über Bülow
zu korrigieren. Bülow kehrte, als Klavierspieler wie als Dirigent, den
geistreichen, auf besondere Nuancen ausgehenden Interpreten nur so
lange heraus, bis er sich seiner selbst, des Orchesters und der Zuhörer-
schaft versichert hatte. Seine Übertreibungen schienen ihm notwendige
Zwangsmaßregeln zu sein. Sobald er merkte, daß er verstanden wurde
und die Situation völlig beherrschte, drängte er seine persönliche Auffassung zurück und ließ die Sache allein für sich sprechen, um die es ihm
immer zu tun war.

raschen Periodenwechsel, ebenso bei besonderen harmonischen
Rückungen, sind heillos. Im letzten Satz der A dur machte
er gar kleine Fermaten rechts und links, wo's ihm paßte; jeder
Takt hatte seine besondere Schminke auf. Koriolan=Ouvertüre
erschien in nie dagewesener Langsamkeit, gleichsam in der Ver=
größerung, die Violoncell=Aufregung nahm sich seltsam genug
aus in diesem Tempo! Genug, sich zu produzieren im Beet=
hovenschen Gewande, darauf war's wieder abgesehen, und
wenn er sich (natürlich alles ohne Partitur dirigierend) immer
'mal auf seine unvergleichliche Art musternd im Publikum
umsah, so mußte ich an jemand anderen denken, der 'mal vor
einer Gewandhausaufführung zu uns sagte: „Wenn ich nur
heut abend nicht vergesse, daß es Konzert ist, und 'mal ge=
mütlich abklopfe, es könnte mir passieren!" — —

U. a.: Ihren Th. haben wir eingeladen. Er ist ein stiller
Hamburger, aber nicht prüde; denn als Kirchner, apropos
von * furchtbar loslegte, so daß mir angst und bange wurde,
lächelte mein Th. ganz heiter und sagte, es sei doch ganz
erfrischend, jemand so von der Leber weg reden zu hören.
Kirchner hat höchst anmutige und so hübsch, ich meine so
wirklich vierhändige Klavierstückchen geschrieben, natürlich wieder
ein Schock. Er ist einmal darin wie die Kaninchen, und es
kommen auch immer nur so kleine wuzliche Künigelhaserln
zum Vorschein; aber Grazie und so wundervoll musikalisch
ist doch alles, was er macht, daß es einem wohltut, neben
all dem dilettantischen Schund.

Doch ich habe genug geschwefelt. Lassen Sie sich nur
ein bißchen beglückwünschen, daß Sie in Italien gelandet
sind; ich freue mich so, daß ich Siena kenne und mir Ihr
Entzücken vorstellen kann, wenn Sie auf den herrlichen amphi=
theatralischen Marktplatz kommen. Wenn Sie doch ein Wett=

rennen da erlebten; es soll zu lustig sein! — Alles Volk
geht dann alt gekleidet, und die geputzten Pferde schießen den
abschüssigen Platz so eifrig herunter, daß immer ein kleines
Malheur passiert; das siegende Pferd sitzt dann beim Fest=
mahl zu Tisch, und die Frauen von seiner Partei küssen es
auf die Nase. Wenn Sie können, sollten Sie über San
Gimignano nach Volterra fahren, im Wagen; es ist eine
wunderbar wilde, ergreifende Landschaft, die man da kennen
lernt, und Volterra ganz einzig. Dort hörte ich einen kleinen
Jungen etwas singen, das mich an den zweiten Satz vom
Konzert[1]) gemahnte

und einen wundervollen Text hatte von einer Kammer, in
der tausend Erinnerungen begraben lägen. Die Marmor=
arbeiter singen dort die halbe und die ganze Nacht durch,
und einer sagte: „Der ist ein unweiser Mann, der in der
Nacht schläft; da man am Tage arbeitet — wann sollte man
singen?" Ach, wie schön ist dort alles, wie verschwenderisch,
wie geworden und nicht gemacht, wie liebevoll überschüssig an
Licht und Wärme und unbewußter Schönheit, die man schließ=
lich auch gewohnt wird, als müsse es nur so sein.

Recht von Herzen gönn' ich's Ihnen, daß Sie dort
sind, der Sie's verdienen; manchen seh' ich mit häßlicher Miß=
gunst dorthin abziehen. Nehmen Sie sich in acht in Sizi=
lien; alle Menschen erkälten sich da, halten Sie ihn warm,

---

¹) Violinkonzert von Brahms:

Oboe.

den guten Braunen, den frühgeliebten, nicht mehr getrübten
Paletot!¹)

Und nun adieu! Ich schreib' gewiß lang nicht mehr;
drum wurd' es so unverschämt lang. Sie reisen doch mit
Professor Billroth, nicht wahr? Wie nett wär' es, wenn wir
den 'mal kennen lernten; warum kommt er nie zu einer
Première ins Gewandhaus? Einen nochmaligen Dank für
die nun erst wirklich besitzergriffenen Requiems. Röntgens
und das Miß grüßen schönstens, wir sind in alter Treue
immer Ihre

Herzogenbergs.

LXXXVI.

Brahms an Heinrich von Herzogenberg.

Rom, April 1881.

Lieber Freund!

Ich komme eben von Sizilien zurück und will doch
wenigstens endlich ein kurzes Wort sagen, — zu mehr er=
muntert die Stahlfeder²) schon nicht, und es geht auch sonst
nicht. Wollen Sie Inliegendes an Fritzsch geben. Die
Auflösung³) wird doch erst später gedruckt, ich kann sie
also gelegentlich schicken. Ich brauche Ihnen nicht zu sagen,

---

¹) Brahms entschloß sich immer schwer zu einem neuen Anzuge,
der Umstände wegen, die das Bestellen und Anprobieren machte, und
trug Jahre hindurch dieselben Kleider, war auch sehr ungehalten, wenn
seine Freunde ihn zur Änderung seiner Garderobe veranlassen wollten.
— ²) Für gewöhnlich schrieb Brahms mit Kielfedern, die er sich selbst
zurechtschnitt. — ³) Er hat den Kanon „Mir lächelt kein Frühling" noch
einmal aufgeschrieben, um ihn dem Herausgeber des „Musikalischen
Wochenblattes" zu schicken. Die Auflösung von Brahms ist nicht er=
schienen. Vergleiche S. 138. Anm. 1.

wieviel schönste Freude ich wieder hier erlebe — hoffentlich
werden meine Reisebriefe doch bei Fritzsch oder im „Tagblatt"
nachgedruckt? So würde ich nur wiederholen![1]

Für Ihren lieben Gruß in Siena noch besten Dank.
Ich gehe wieder hin auf der Rückreise. Es ist aber, und ich
lasse auch ganz gern alles so unbestimmt, daß ich nicht um
einen Brief bitten kann. Hängt doch auch alles von Luft,
Wetter und allerlei freundlicher Anregung ab.

Heute aber will ich nur Fritzsch besorgen und bitte, zufrieden zu sein, wenn ich versichere, daß ich herzlichst Ihrer
gedenke und gar gern Ihnen recht viel vorplauderte — es
geht aber halt nicht!

Ganz Ihr

J. Br.

LXXXVII.

Elisabet von Herzogenberg an Johannes Brahms.

Jena beim Paradies[2]), 3. Juli 1881.

Lieber Freund!

Ich hatte einst eine schreckliche Tante, welche, wenn sie
eine herrliche Bildergalerie besucht hatte, im Hinausgehen
pathetisch ausrief: „Das ist alles recht schön und gut, aber
unsern Heiland liebhaben, will doch noch viel mehr sagen!" So
'was Ähnliches möchte ich Ihnen zurufen, Sie ganz Unter-
getauchter. In Italien gewesen sein und sich dort satt und
trunken geschaut und aller Freuden in Fülle genossen haben,
das ist alles recht schön und gut, aber seine Freunde ein

---

[1]) Ein ironischer Scherz. Er hat nichts geschrieben, gab auch,
so oft er nach Italien reiste, Weisung, ihm keine Briefe nachzusenden.
— [2]) Ein altberühmter, am Ufer der Saale gelegener Vergnügungsort.

bißchen in Erinnerung behalten, will doch auch etwas sagen.
Laffen Sie etwas von sich hören, vor allem, wo Sie sind,
und ob irgend eine Aussicht ist, Sie in dieses Sommers
Neige noch zu sehen; denn höchstens über eine solche werden
wir Armen zu verfügen haben, heuer von seltsamen Schick-
salen geführt und beengt. Daß wir noch hier sitzen (beziehungs-
weise, soweit es mich angeht, liegen),[1]) wo ich so unvor-
sichtig war, mich einem Arzte anzuvertrauen, der mich zwar
sehr gesund und munter gemacht, aber zwei Monate dazu
brauchte, ist der Seltsamkeiten erste. Die zweite ist, daß wir
zu meiner Erholung nicht etwa, wie man es wünschen dürfte,
irgend ein liebes kühles Alpennest oder auch ein gemütliches
Waldl in der Nähe auffuchen, sondern in das jetzt wenig
anreizende, modergerucherfüllte — Venedig reisen, woselbst
meine arme kaputé Mutter den Sommer in der für sie zu-
träglichsten Weise zubringen zu können hofft, durch ihre ganz
zerstörten Bronchien und Lungen um allen Mut gebracht,
es weiter nördlich je wieder zu probieren.

　　Das ist schlimm für uns; aber wir sagen uns, daß man
nur eine Mutter hat und kleine Opfer ihr willig bringen
soll; und ich hoffe auf die Erquickung durch die Seebäder.
Wie lang wir dort aushalten, weiß ich nicht, vielleicht nur
14 Tage; wir gehen dann auf den Ritten oberhalb Bozens,
wo wir Heinrichs Verwandte finden, und wo eine besonders
herrliche Luft uns für die mit Selbstverleugnung eingeatmeten
Kanaldüfte hoffentlich entschädigen soll. Dann aber blüht
uns noch ein Stückerl Freiheit der Bewegung im September,
und wer weiß, kommen wir dann nicht durch „Los oder
Wägen" irgendwie zusammen! Stäken Sie wie sonst in

---

[1]) Der Brief ist mit Bleistift geschrieben.

Pörtschach, so besuchten wir Sie da wie gern; aber ich fürchte,
Ischl hält Sie wieder gefangen, und das liegt dann für uns
zu weit ab. Aber vielleicht machen Sie im September auch
Bewegungen, die. für uns günstig ausfallen? Es wäre gar
gut; denn Gras wächst auf allzu unbetretenen Wegen. Zunächst erfreuen Sie uns aber durch ein Zeichen Ihres Ge-
denkens, ich bin hier so verschneit und war die ersten vier
Wochen ganz allein, auch ohne Heinz, der noch nicht von
Leipzig fort konnte, und genieße daher alles Liebe von außen
doppelt. Besonders für Musik habe ich einen durch acht-
wöchentliches Nichtshören höchst gesteigerten Sinn bekommen,
und keine größere Freude könnte mir niemals nicht werden,
als wenn jemand irgend ein vazierendes Notenblättchen, das
grad keine „Verwendung" sonst hat, mir einlegte. — Wirklich, etwas Neues von Ihnen in die Hand zu bekommen,
und wären's nur ein paar Takterle, könnte machen, daß ich
noch etliche Tage früher hier freigesprochen und gesund entlassen würde. — Und manchmal sind Sie ja so gut, etwas
„rein um des Guten willen" zu tun, wie auch Herr Chrysander[1]) entdeckt hat, in dessen kleinem schlichtem Aufsatz
uns ein paar gute warmherzige Worte recht wohlgetan
haben. Aber unterhalten hat's mich doch, wie er auch hier
seinen Händel und die ihm selbst bei Ihnen einseitig dünkende
Vergötterung Bachs anbringen muß! Händel ist doch bei
Chrysander, ganz wie Wagner bei Fritzsch, Jack in the box,
der immer unversehens hervorspringt. Aber am lustigsten war
mir's, in einer der letzten Nummern Fritzschens, wie bei Besprechung der Gregorianischen Gesänge sogar, Wagner, von

---

[1]) Friedr. Chrysander (1826—1901), Herausgeber und Biograph
Händels, in der von ihm redigierten „Allgemeinen musikalischen Zeitung",
XVI. Jahrgang, Nr. 22.

einer unsichtbaren Feder gedrückt, auftauchte, indem von ihm
behauptet wurde, seine Reform beruhe hauptsächlich auf dem
Choral — — — Gott, was liest man nicht (gewöhnlich
nicht, aber in Jena kommt man herunter) für Blödsinn, und
wie leuchtet doch so ein Artikel von Chrysander hervor, und
wieviel will es schon sagen, wenn man nicht verletzt wird,
bei Besprechung von einem, den man besonders lieb hat! —

Was wissen Sie von Frau Schumann? Ich nur, daß
sie nach Gastein geht; unsre letzte Beziehung ging von
Schumann-Korrekturbögen aus, die mir entsetzliches Kopfzer=
brechen machten, weil ich von den absichtlich abweichenden
zwei Ausgaben der „Davidsbündler" nichts wußte! Wie
spielen Sie denn die Stelle im letzten oder vorletzten („Wie
aus der Ferne" H dur):

so? oder gleich mit E?[1] So, mit E, ist es einem künftig
vorgeschrieben; aber ich finde das Eïs tausendmal schöner.
Wie wirkt das E dann! Und in Kirchners Manuskript steht's
doch noch ganz anders, ohne Eïs und mit einem betrübenden
Doppelkreuz vor dem Fis. O welch eine Aufgabe, solch eine
Redaktion, ich denke es mir ganz erdrückend; welch eine Ver=
antwortung, über so ein Eïs oder E für die Ewigkeit zu
entscheiden!

Mein getreuer Heinz läßt Sie innigst grüßen, er wohnt
über mir in einem Studentenstüble, wie ich. Es ist gar heim=
lich in dem lieben Jena; man möchte 'mal hier sein, wenn man
mehr als seine vier Wände kennen lernen könnte. Heinrich ist

---

[1] Im ersten Akkord.

alle Berge abgelaufen und ist ganz entzückt von der wahrhaft alpinen Flora und der deutschen schönen sinnigen Gegend.

Grüß Gott, geben Sie uns ein Zeichen, noch hieher, bitte! Grad 8 Tage aber bin ich nur noch da. — Röntgens taufen jetzt in Amsterdam; die ganze Familie ist dort. Die lieben glücklichen Zwei!

Also Jena Paradies wohnt Ihre sehr ergebene
Elisabet Herzogenberg.

LXXXIX.
Brahms an Heinrich von Herzogenberg.

[Preßbaum, 5. Juli 1881.]

Möchten Sie nicht einmal mit einem Wort von sich hören lassen?[1]) Wo sind Sie, wohin gehen Sie?

Seit ich in Österreich bleibe, meiden Sie es gar zu sehr.

Ich wohne den Sommer in Preßbaum bei Wien, wie schön wär's nun, wenn Sie jetzt Ihre Wiener Freunde und mich dazu besuchten! Ihre Frau war bei Franz oder Voretzsch[2]) zu längerem Besuch oder gar zur Kur?

Ach, ich bitte gar schön, einstweilen ein Wort
Ihrem herzlich ergebenen
J. Br.

XC.
Brahms an Elisabet von Herzogenberg.

[Preßbaum, 7. Juli 1881.]

Liebe Freundin!

Nur ein eiliges Wort des Dankes für Ihren so lieben Brief. Grade hatte ich — nicht so gut wie Sie — eine lumpige Karte abgeschickt!

---

[1]) Die Briefe hatten sich gekreuzt. — [2]) Ärzte in Halle

Daß man alles mögliche für eine Mutter tut, verstehe ich. Wenn Sie aber zu dieser Zeit nach Venedig zu gehen gedenken, haben Sie doch wohl einen Arzt deshalb gefragt!!??

Ich wohne für den Sommer in Preßbaum bei Wien. Ganz reizend wohne ich und muß oft denken, wie hübsch die kleine Villa für Sie beide paßte! Sie angehend, habe ich Halle und Jena verwechselt — verderben Sie nicht Ihre Kur durch die Reise nach Venedig! — — — — — — — — — — — — — — — Gern schickte ich Ihnen 'was andres und Besseres als diese fliegenden Zeilen; aber es geht halt den Moment nicht. Erzählen will ich, daß ich ein ganz ein kleines Klavierkonzert[1]) geschrieben mit einem ganz einem kleinen zarten Scherzo. Es geht aus dem B dur — ich muß leider fürchten, diese, sonst gute Milch gebende Euter zu oft und stark in Anspruch genommen zu haben.

Frau Schumann reist gerade nach Gastein. Den Herbst denkt sie nach Italien zu gehen!

Aber ich bin im Begriff, nach Wien zu fahren, und Ihr Aufenthalt „beim" Paradies geht zu Ende. Ich bitte nur, mich ein wenig „im laufenden" zu halten. Und auf Berchtesgaden möchte ich mich einstweilen freuen dürfen.

Mit besten Grüßen Ihr herzlichst ergebener

J. Br.

---

[1]) Das große, viersätzige B dur-Konzert op. 83. Daß, wie Billroth Ende Oktober 1881 an Lübcke schreibt („Briefe von Theod. Billroth" herausgegeben von Georg Fischer), ihm Brahms „die ersten niedergeschriebenen Entwürfe des Konzerts" mit der Bemerkung gegeben habe: „ein paar kleine Klavierstücke", ist ein Irrtum, der auf einer Gedächtnistäuschung beruht. Vielmehr schickte ihm Brahms am 11. Juli das fertige Konzert aus Preßbaum und schrieb dazu: „Hier schicke ich Dir ein paar kleine Klavierstücke." Schon am 7. Juli war das Werk vollendet.

XCI.

Elisabet von Herzogenberg an Johannes Brahms.

Jena, 10. Juli 1881.

Das war 'mal nett, lieber guter Freund, daß Sie noch 'mal die Feder ansetzten, und doppelt sollen Sie bedankt sein, weil Sie etwas so Liebes mitzuteilen hatten, wie ganz ein kleines Klavierkonzerterl mit ganz einem kleinen Scherzerl, aus B dur, dem verläßlichen! Das ist 'was, um sich den ganzen Sommer auf den Herbst zu freuen und "something to keep jolly", wenn manches andere schief geht, wie z. B. unsere Zusammenkunft, die mir sehr problematisch erscheint. Denn schauen Sie: Voriges Jahr waren wir in Berchtesgaden! Dies Jahr liegt's uns doch gar zu sehr aus dem Wege! Voriges Jahr aber kam kein Brahms zu uns, so sehr wir's uns auch wünschten, und heuer tät' er's nun gern! So geht's einem immer, „da wo Du nicht bist, ist das Glück". Daß ich selber die Unmöglichkeit, als Nachkur zur venezianischen Mutter zu fahren, immer deutlicher empfunden, und die Kunde, daß die Seebäder doch bis September fortdauern, unseren Entschluß, Venedig bis dahin zu verschieben, reifte, erfuhren Sie durch meine Karte. Ich atme leichter seitdem; der Gedanke an die Durchschnittstemperatur von 22 Grad R. ließ mir keine Ruhe mehr, zumal ich selber immer bei 23 (im dunkel gehaltenen Zimmer) lag. Nun ist's kühl geworden, und kühl und erquickend ist der Gedanke an die Tiroler Berge.

Wären Sie nur in Ihrer eleganten Villa, Sie Verwöhnter, nicht gar so weit! Haben Sie am Ende wieder sieben Bettchen, dann könnten Sie uns eigentlich einladen!

Und nun abieu, Sie sollen immer von uns hören, und hoffentlich führt uns doch ein gutes Geschick irgendwie zusammen. Einstweilen haben Sie uns durch die Nachricht vom Konzert schon 'was, und recht viel geschenkt.

Wir sind gewiß noch sechs Tage hier; ich bin immer noch nicht draußen gewesen und merke nur so beiläufig, daß draußen Frühling ist, oder war! Besonders an einer Amsel, die täglich singt:

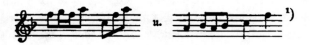

Ich bin so guter Dinge über meine baldige Freiheit und deshalb so geschwätzig.

Immer in alter Gesinnung Ihre

E. H.

XCII.

Elisabet von Herzogenberg an Johannes Brahms.

Graz, 1. Oktober 1881.

Lieber verehrter Freund!

Spät aber doch klopfen wir an Ihre Tür, und hoffen sehr, Sie zu Hause zu finden. Unsre Abreise von Venedig, wo wir schöne vier Wochen verbrachten, verzögerte sich, weil ich nicht wohl war, und hab' ich gezwungenermaßen deshalb auch hier pausieren müssen. Wir kommen so um ganze 8 Tage zu spät im alten Leipzig an wie rechte Lumpen; trotzdem können wir es uns nicht versagen, in Wien Halt

---

[1] „Freut euch des Lebens."

Brahms' Briefwechsel.

zu machen, um ein paar lieben Freunden die Hand zu drücken.
Das Einteilen wird nur schwer sein, da wir nur zweimal über-
nachten können, und um das Beste nicht zu verfehlen, müssen wir
also genaue Bestimmungen treffen. Sind Sie noch in Preßbaum, so möchten wir Sie am liebsten dort aufsuchen; es wäre
uns so lieb, Sie grade dort in Ihrer „Waldeinsamkeit, die Sie
erfreut" zu begrüßen und uns ganz 'was Kleines in die schon
gar so sehnsüchtigen Ohren klingen zu lassen, zum Mitnehmen
und zum Freuen auf spätere gute Zeit, wo Sie uns dasselbe
bringen! Aber weiß man's denn, ob Sie noch bei dem wilden
Winter wieder draußen wohnen? Der Sicherheit halber schreib'
ich deshalb auch in die Karlsstraße¹) und bitte gar schön um
ein schleuniges Wort der freundlichen Erwiderung, und wenn
Sie durch irgend einen Zufall dieser Brief später als morgen
erreicht, um ein Telegramm mit der Nachricht, wo Sie zu
finden. Vor vier nachmittag rühren wir uns nicht von hier,
also kann uns leicht Ihre Antwort noch erreichen. Sehen aber
müssen wir Sie Guten, falls Sie in oder um Wien sind, und
zwar möchten wir am liebsten am 6. früh zu Ihnen hinaus
und uns einen schönen Vormittag von Ihnen schenken lassen.
Am 5. früh sind wir bis 11 an eine durchreisende Schwester
gebunden, und zu Tisch werde ich in Oberdöbling bei meiner
Freundin Obersteiner erwartet; abends aber müssen wir den
Epstein²) über uns bestimmen lassen, den ich jetzt Jahre lang
nicht gesehen und freundschaftliche Rücksicht schuldig bin. Aber
am 6., wie gesagt, finge ich gern den Tag ganz gut und ganz
mit Ihnen an, wenn Sie uns brauchen können. Wenn Sie
nur da sind, sonst sage ich: das Maß unsres heuer schon

¹) d. h. in Brahms' Wiener Stadtwohnung, Karlsgasse 4, die er von
1872 bis zu seinem Tode inne hatte. (Vgl. Victor v. Millers „Brahms-
bilderbuch" p. 67.) — ²) Ihren ehemaligen Lehrer. Vgl. XVII Anm.

großen Pechs ist voll. Der 6. heißt Donnerstag, und wir
heißen Herzogenberg und wohnen auf einem „Ruhberg",
wohin wir uns Nachricht erbitten. Wir haben groß Verlangen, Sie, lieber Freund, wiederzusehen und Schubladkästen
bei Ihnen zu lupfen, und große Zuversicht auf viel bei
Ihnen angesammelte Musik und Güte.

Wenn Sie uns nur halb so lieb haben, wie wir Sie,
so freuen Sie sich auch ein ganz wenig auf

Ihre treu ergebungsvollen

Herzogenbergs.

XCIII.
Brahms an Elisabet von Herzogenberg.

[Wien, Oktober 1881.]

Herzlich willkommen in Wien, und wenn ich auch sehr
aus dem Häuschen sein werde, so bin ich doch um 11 Uhr
zu Hause. Aber Sie reisen recht wie Majestätens und noch
schlimmer; denn man darf sich nicht einmal bei der Ankunft
aufstellen!

Höchst vergnügt Ihr

J. Br.

XCIV.
Elisabet von Herzogenberg an Johannes Brahms.

[Leipzig] Humboldtstraße, 28/29. Oktober 1881.

Ich war so eingewickelt in häuslichen Kleinkram und
Leipziger Ruß, daß ich es unglaublich lange verschieben
konnte, Ihnen zu danken für all Ihre Guttaten in Wien.
Wie reich beladen wir fortzogen, und wie wir alles in dank-
barstem Herzen immerfort bewegt haben, und was mir das

nun künftig sein wird, wenn ich Karlsftraße 4¹) schreibe,
weil ich nun auch lebendigsten Anteil an dem Vortrefflichen
habe — das können Sie sich hoffentlich besser vorstellen, als
ich es sagen kann. Vor allem denken Sie nur, daß wir es
(faft wie Sie) nie ernster meinen, als wenn wir Spaß
machen oder nichts herausbringen — wie damals nach der
Nänie!²) — Ich beneide die Menschen, die unter großen
Eindrücken in schöne beredte Schwingung geraten. Ich
schwinge zwar wohl, weiß der liebe Gott, aber ich bleibe
ftummer als ein Hund, der den Mond wenigftens anbellt
(was ich entschloffen bin für ein Zeichen der Begeifterung in
diesem Fall anzusehen) und muß mir hinterher immer zu
meinem Kummer sagen, wie geschwätzig man wird, sobald
man Kritik zu üben hat. So viel Worte stehen einem für
den kalten Tadel zu Gebote; wo es aber nach großen Freuden
wohl täte, mit einem guten, vielumfaffenden Wort sich Luft
zu machen, will sich dieses durchaus nicht einstellen. Wie
arm ift aber auch die Sprache, selbft für den Redenden!
Muß man nicht die paar Ausdrücke, die wir für das
Schönfte und Befte haben, immer wieder abgeleiert hören?
Und man möchte doch für jedes neue Schönheits-Individuum
auch ein Wort haben, das nur zu ihm in Verhältnis steht —
sowie man ein anderes Du für seinen Mann und für seine
guten Freunde haben möchte. Aber da heißt es mit wenig
auskommen, und man kann nur froh sein, wenn derjenige,
zu dem man grade reden möchte — Sie also zum Beispiel,
ein Errater ift, wie man selber ein Schweiger. —

---

¹) Stehe XCII Anm. — ²) Brahms hatte seine, im Sommer 1880
in Ischl begonnene „Nänie" für Chor und Orchefter in Preßbaum vollendet, die er zum Gedächtniffe des 1880 verftorbenen Malers Feuerbach
schrieb und als op. 82 herausgab.

Wir haben eine bewegte Woche, nicht ganz, hinter uns;
das letzte Gewandhaus brachte uns viel Merkwürdiges,
Hiller:[1] Demetrius, Liszt:[2] Tasso, und das liebe gute
Weltkind, Julius, in der Mitte zwischen den beiden armen,
gänzlich durchfallenden Propheten. Wenn Hiller wieder Be=
suche im Jenseits abstattet (Sie kennen doch sein neuestes
köstliches Erzeugnis, wo ihm Schumann und Mendelssohn
so reizende Wahrheiten sagen?), so wird er von dem seligen
Demetrius hübsche Dinge zu hören bekommen. Man weiß
doch kaum, was schlimmer ist, die anständige Langweile eines
Hiller oder die unanständige eines Liszt — angreifend sind
beide im höchsten Grade. Julius Röntgen mit seinem Klavier=
konzert nahm sich dazwischen lieb und anmutig und so er=
quickend musikalisch aus. Sie sind zwar sehr zu Gevatter
gestanden bei dem Stück, er kann sich nicht rühmen, daß ihm
alles das selber eingefallen ist; aber mein Gott, es leben halt
nicht alle vom Haben, sondern fast alle vom Borgen, und
wenn einer nur zum Rechten geht, so hört sich's hübsch
genug an, besonders wenn man durchaus den warmen Puls=
schlag eines so frischen und echten Musikanten und so lieben
guten Menschen herausfühlt wie hier. Nirgend Blutleere,
überall warmquellende Empfindung, auch wo es Anempfin=
dung ist — das kann einen schon erfreuen. Das Publikum
empfand auch so, aber die Kritik hat ihre weisesten und ver=
nichtendsten Mienen aufgesetzt und bleibt vornehm an der Un=
selbständigkeit kleben. „Im Bann Brahms", damit sind sie

---

[1]) Ferdinand Hiller (1811—1885), Pianist, Komponist und Musik=
schriftsteller, von 1850—1884 städtischer Kapellmeister in Köln, hatte eine
Ouvertüre zu „Demetrius" geschrieben. — Unter dem Titel „Besuche im
Jenseits" veröffentlichte Hiller in der „Deutschen Rundschau" eine Reihe
von Musikfeuilletons, die er in seine „Erinnerungsblätter" (1884) auf=
nahm. — [2]) Franz Liszt (1811—1886), der gefeierte Pianist, Komponist
und Musikschriftsteller. „Tasso", symphonische Dichtung für Orchester.

fertig — — — — — — — — — — —
— — Die Mütter haben's gut auf der Welt, auch die, der
Sie das Klagelied widmen, wenn sie auch trauert![1]

Wir denken an das Stück, wie an das Liebste und Herr-
lichste, was wir besitzen, — denn schon gehört's ein bißchen
unser — wenn nur Abraham[2] rasch macht, oder lieber
noch Sie, daß es uns bald noch einmal und dann wieder
und wieder erklingt. Röntgens wollen immer, daß wir's
„schildern", und das Konzert dazu;[3] aber ich bin nicht
Ehlert,[4] und ich wüßte nicht, was ich davon sagen sollte,
das mir nicht abgeschmackt klänge; selber hören, das ist alles,
was helfen kann. Und nun komme ich noch 'mal mit der
großen Bettelei! Bitte, bitte, bitte, schicken Sie den Klavierauszug vom Orchester, damit ich's üben kann; und Sie dann
nicht zu sehr leiden, wenn Sie's 'mal mit mir spielen — ich
weiß, Sie tun's, denn Sie sind lamperlfromm. Brüll[5] spielte
es ja nun schon mit Ihnen — ach, wer dabei gewesen wäre!
— und vielleicht liegt es brach da in dem Augenblick. Dann
wäre es doch besser hier aufgehoben, wo es nur Gefahr läuft,
vor Eifer zerrissen zu werden. Wann, wann kommen Sie
denn überhaupt? Hat die damalige Wackelei ihr Ende erreicht, und wie lange bleiben Sie, und wird die Nänie gemacht? Die Thomaner allein können das aber nicht, es

---

[1] Brahms hat die „Nänie" Frau Henriette Feuerbach, der Mutter
des Malers, zugeeignet. — [2] Dr. Max Abraham, der damalige Chef
der Firma C. F. Peters in Leipzig. Die Nänie erschien 1881 in seinem
Verlage. — [3] Die beiden neuen Werke, die Brahms Herzogenbergs in
Wien vorgespielt hatte. — [4] Vergl. LXXII. — [5] Ignaz Brüll (geb.
1846), Komponist und Pianist. Mit ihm, den er seiner schnellen Auffassung und seines außerordentlichen, echt musikalischen Spieles wegen
ganz besonders liebte, verband Brahms sich gern, um seinen näheren
Wiener Freunden neue Werke größeren Stiles mitzuteilen.

muß der Gewandhauschor sein. Wir meinten nur, es würde
günstig sein an einem Neujahrskonzert, wo die Thomaner
immer mitwirken, und man also diese gute Verstärkung hätte.
Man erzählt sich, Sie kämen in acht oder zehn Tagen —
und nur wir wissen nichts davon.

Daß Bülow[1]) so viel von Ihnen haben soll, gönnen ihm
hier wenige; er hat sich hier recht, recht unbeliebt gemacht
durch sehr vom Zaun gebrochene Grobheiten gegen das Ge=
wandhaus im vorigen Jahr, weshalb das Orchester sich dann
auch weigerte, die Neunte wieder unter ihm zu spielen.

Heinrich grüßt, wenn Sie nur wüßten, wie wir zwei
uns freuen auf das Erscheinen des guten braunen Paletots,
gestern wieder (zwischen Anfang und Ende dieser Schmiererei
liegt ein ganzer Teil Lisztscher Christus[2]) sagten wir zu=
einander: Nein, daß gleichzeitig so 'was Entgegengesetztes
möglich ist, und daß einer beides dirigieren kann, heute
ein gewisses Requiem, morgen solch einen Christus! Wie
nennt man solch einen Organismus? Hassenswürdig ist
diese Musik, und klanglos wird sie hinabsinken![3])

Adieu, adieu, Sie Geber vieles Guten, es freuen sich
auf Sie Ihre getreuesten

Herzogenberge.

XCV.
Brahms an Elisabet von Herzogenberg.

[Wien, 2. November 1881.]

Liebe Freundin!

Ich nehme einen Zettel, aber ein Brief soll's nicht
werden, nur einiges Erwidern auf Ihren freundlichen. Das

---

[1]) Siehe die Anmerkung zum folgenden Briefe. — [2]) Oratorium
von Liszt. — [3]) Anspielung auf die „Nänie".

Konzert kann ich nicht schicken, da es schon bei Simrock ist (für zwei Klaviere nämlich). Ich komme zum 1. Januar, aber die Nänie ist nicht; die Thomaner können nicht, wie Rust in einem langen Brief höchst anschaulich auseinandersetzt. Es ist aber wirklich arg, was den jungen Leuten zugemutet wird!

— — — — — — — —

In Meiningen[1]) war es nämlich reizend, und haben wir sehr schöne und sehr behagliche Musik gemacht.

Aber ich armer Konzertreisender habe zu viel zu schreiben! Wir können uns Sylvester ausplaudern. Wenn Sie meinen, daß die Nänie ohne die Thomaner gesungen werden kann, so sprechen Sie doch mit Limburger oder sonst wem. Korrespondieren kann ich nicht deshalb — doch, ich muß noch an Limburger schreiben, also sage ich ein Wort, und Sie können ja dann weiter sehen, wenn Sie wollen.

Herzlich abbio und verzeihen Sie das liederliche Schreiben Ihrem

J. Br.

———————

[1]) Brahms war im Juli 1881 mit einer sehr liebenswürdigen Einladung von Hans von Bülow überrascht worden, der — seit dem Oktober 1880 Hofmusikintendant in Meiningen — dem Gast das von ihm zu einer Mustertruppe herangebildete herzogliche Orchester für das Erproben von Novitäten zur Verfügung stellte. Brahms erwiderte, daß er nichts wie ein neues Klavierkonzert habe, das allerdings solche Proben sehr nötig hätte, aber wohl kaum etwas für Meiningen wäre. Bülow versicherte das Gegenteil, und Brahms ließ sich gern überreden, das Konzert in Meiningen zu probieren. Er reiste Mitte Oktober hin, wurde mit Auszeichnung aufgenommen und kam im November wieder, um öffentlich zu spielen. Die von Bülow musterhaft vorbereitete und geleitete Aufführung des Werkes fand am 27. November statt. Zuvor jedoch hatte Brahms (am 9. November) das Konzert in Budapest gespielt, so daß Ungarn sich rühmen darf, das größte aller modernen Klavierkonzerte zuerst im Konzertsaal gehört zu haben.

11*

XCVI.

Elisabet von Herzogenberg an Johannes Brahms.

[Leipzig, 14. November 1881.]

Ich muß es Ihnen doch sagen, Verehrter, daß wir die Nänie auf einen Tag hier gehabt, und, soviel es ging, an einem dummen Sonntag, an dem so vieles der Quere kam, uns ihr gewidmet haben. Das ist nun meine liebste Freundin. Immerfort spiele ich mir sie innerlich vor, soweit ich sie behalten konnte, und lasse mit Wonne die wunderbar skandierten Silben mir immer wieder erklingen, halte dem Hexameter, der es so gut mit Ihnen meint, Preislieder und bin so froh in dem vermehrten Reichtum, den wir Ihnen 'mal wieder verdanken! Das gehört doch wieder zu den Dingen, von denen man kaum bloß sagen mag: Man hat sie gehört oder musiziert, sondern man hat sie erlebt. Wie gut aber, daß ich sie zuerst von Ihnen hörte in der gemütlichen Karlstraße; dieser erste wunderbare Eindruck bleibt nun jedem folgenden innig gesellt, und wenn sie's auch im Gewandhaus nicht aufführen,[1] wir zwei meinen doch das Stück gehört zu haben und ein bißchen darin Bescheid zu wissen. Aber es so in der Hand zu haben und ein paarmal zu spielen, war viel wert. Wie klar steht nun die Herrliche vor mir in allen ihren Teilen und in ihrer unvergleichlichen Einheit! Man möchte nicht einzelnes herausstochern, und doch möchte man ausrufen: Das liebliche F dur der Aphrodite und die zauberische Stelle bei dem Ritzen des Ebers und das prachtvoll brausende Fis dur mit den Triolenwellen, wenn sie aus dem Meere steigt, und das synkopirte Weinen der Götter, und

---

[1] Der Vorstand hatte sich für das Klavierkonzert entschieden, und Brahms trat damit am 1. Januar 1882 in Leipzig auf.

das atemverhaltende, erschütternde Zurücksinken bei den Worten:
„Daß das Schöne vergeht" — man möchte halt doch gern
alles anführen, vor allem aber den beseligenden Schluß, den
Ihnen der Himmel lohnen möge! Wie's einen überrieselt bei
den Einsätzen, und wie herrlich es sich auf die Dominante
hinauf steigert und verharrt:

um mit um so erquickenderer Frische das „im Mund der Geliebten" in D dur erheben zu lassen. (Ich hab's natürlich
falsch notiert, ich weiß grab die Stelle nicht recht, aber Sie
wissen, was ich meine, und finden das hoffentlich auch so
herrlich!) das F in den Bässen ist zum Auswachsen gradezu.

Adieu, Sie Gütiger, wir sind so stolz auf Sie, als
könnten wir 'was dafür, daß Sie so schöne Dinge machen.

Seien Sie nur recht seelenfroh, daß Sie so erfreuen können
viele auf der armen Welt, wenige aber wohl in dem Maße wie
Ihre treuen, dankbaren
Herzogenberge.

XCVII
Brahms an Elisabet von Herzogenberg.
[Wien, 14. November 1881.]
Verehrteste Freundin!

Nur weil Sie bei Ihrer Anwesenheit hier davon sprachen,
ein oder das andre Konzert in Meiningen mitmachen zu

wollen — teile ich Ihnen mit, daß das Konzert mit Werken
des allerergebenst unterzeichneten Meisters am 27. November
stattfindet. (Mittags!)

Am Abend des 26. 7 Uhr ist eine öffentliche Probe,
am Morgen könnten Sie privatim die Haydn-Variationen usw.
hören. Kurz, Sie können sich riesig überessen an Werken,
des usw. — in Leipzig aber kriegen Sie die Sachen nicht
so gut zu hören!

Ich wohne dort im Sächsischen Hof — sollten Sie
wirklich Ernst machen, so bitte ich zeitig dorthin zu schreiben
und zu bestellen.

NB. Für das Konzert ist angesetzt „Tragische", Klavierkonzert, „Akademische" und c moll-Symphonie.

NB. Zimmer! Für Billette sorgt der Allerergebenste.

Eigentlich ist es der Mühe wert, namentlich, wenn Sie
einige Tage daran wenden und einiges an Proben mitmachen.
Die Leute spielen wirklich exzellent, und von solchen Proben,
solchem Üben, hat man in Leipzig keine Ahnung. Welche
Freude es dem Aller= usw. wäre, Sie dort zu sehen, denken
Sie gar nicht.

Grüßen Sie Ihren Triokomponisten[1]) schönstens, und
vielleicht sagen Sie gar ein Wort Ihrem usw.

J. Br.

Vom 20. bis 22. November: Stuttgart,[2]) Hotel Marquardt.

---

[1]) Herzogenberg. — [2]) Auch dort spielte Brahms sein B dur-Konzert.

XCVIII.

Elisabet von Herzogenberg an Johannes Brahms.

[Leipzig] November 1881.

Sich in der Entsagung zu üben, soll zuträglich sein, und damit will ich versuchen, mich zu trösten; denn ich kann nicht nach Meiningen, und ich will Ihnen aufrichtig sagen, warum! Wir müssen nämlich jetzt am Jahresschluß besonders vernünftig sein mit Geldausgaben; denn wir haben mit meiner Schlacht bei Jena und der leider so weiten Reise zur venezianischen Mutter ein teures Jahr hinter uns.

Ich knausere schon mit meinen Armen, so muß ich auch mit mir selber knausern und mir das, was mir die größte, die allerbeste, die allerschönste Freude wäre, versagen. Ihnen brauche ich nicht weitläufig zu versichern, daß mir's sauer wird, sehr sauer. Sie kennen mich wohl, nnd wie ich's zu schätzen wüßte, meine liebste Musik einmal so fein ausgetiftelt zu hören, wenn ich sie meist grob und schlampig höre; aber, wie gesagt, man muß auch 'mal hart gegen sich sein können, wenn's die Vernunft erheischt. Aber der Heinrich kann nicht widerstehen, der macht's kurz und billig und ist nur einer, nicht zwei, und der erzählt mir dann, und weiß ich ihn dort, so hab' ich fast die halbe Freude; — nur ein bißchen Mit- leid mit mir beanspruch' ich; denn es ist wirklich kein kleines Opfer, das ich bringe.

Haben Sie übrigens Dank, daß Sie schrieben, und daß Sie sich unser Kommen wirklich ein bißchen zu wün- schen scheinen. Das ist lieb von Ihnen, und so bitte ich nur noch: Denken's a bissel an mich, wenn's besonders schöne Stellen gibt, z. B. beim Schluß des ersten Satzes c moll,[1]) wo es auf den b moll-Schlägen so sehnsüchtig hinaufzieht:

Also wird sich sehnen am 27. Ihre nur halbresignierte

E. H.

XCIX.

Brahms an Elisabet von Herzogenberg.

[Wien, 18. November 1881.]

Schönsten Dank für Ihre lieben Briefe. Wenn schon — benn schon! · Das würde ich mir doch zweimal überlegen, ob ich meinen Mann so allein ziehen ließe! Das läßt sich durch Sparsamkeit (namentlich so um Neujahr herum)[2]) schon wieder einbringen!

Jedenfalls schönsten Gruß Ihres armen

Reisenden.

C.

Brahms an Elisabet von Herzogenberg.

[Wien, 26. Dezember 1881.]

Ich hätte mich so gerne im Palmbaum oder bei Ihnen angemeldet, aber es würde zu spät; ich komme ja vielleicht früher als diese Karte und so früh des Morgens, daß nicht ein Dichter noch oder schon wacht! Lesen Sie für alle Fälle der Tage den Polizeianzeiger — — vielleicht bin ich unter den barmherzig Aufgegriffenen!

Ihr armer

J. Br.

---

[1]) C moll-Symphonie. Vergl. Partitur, p. 25, Takt 13—15. —
[2]) Er meint, während der Zeit seines nächsten Leipziger Aufenthaltes, an ihm.

CI.

Elisabet von Herzogenberg an Johannes Brahms.

[Leipzig] 3. Januar 1882.

Verehrtester Herr Doktor!

Hier die gewünschten Vogelpfeifereien.[1]) Wenn es nicht auf Ihr ausdrückliches Verlangen geschähe, ich müßte mich ordentlich schämen, Ihnen das unwürdige Geschwafele zu schicken, das übrigens, humoristisch aufgefaßt, nicht ohne Reiz ist. Wie wohltuend waren mir danach Hanslicks warmherzige Worte, dessen Kritik mein guter Vater mir heute früh „als schönsten Neujahrsgruß" sandte, und die ich nun erst ordentlich las. Ich könnte fast den Mann beneiden, dem es vergönnt ist, wenn auch nicht Erschöpfendes, doch so sympathisch Empfundenes in anmutigster Form von sich zu geben, sich damit befreiend und anderen zu Hilfe kommend, denen kein rechtes Wort für ihre Empfindungen zu Gebote steht. Mir vor allem geht es so und meinem Heinz auch, und recht stumm und arm steht man da oft vor Ihnen, Trost allein darin suchend, daß Sie ja wissen müssen, ob in unseren Herzen die rechte Akustik für Ihre Musik und die rechte Verehrung für deren Schöpfer vorhanden ist! — Manchmal nur scheint

---

[1]) Die Leipziger Kritiken. Vielleicht im besondern die Kritik Bernhard Vogels, des Referenten der Leipziger Nachrichten, der auch eine Monographie über Brahms verfaßt hat. Das „Musikalische Wochenblatt" (Fritzsch), das von seinem Erscheinen (1870) an immer warm für Brahms eingetreten war, mußte konstatieren, daß das Publikum sich den neuen Werken gegenüber, die Brahms im Neujahrskonzert vorführte — er spielte außer dem B dur-Konzert die beiden Rhapsodien op. 79 — eher ablehnend als entgegenkommend verhielt. „Man kann gerade nicht sagen", schreibt der Referent des Wochenblattes, „daß die Gewandhäusler ein besonderes Verständnis für die Bedeutung des Gastes überhaupt, wie für sein neues Werk im speziellen gezeigt hätten".

es doch, als sei es Ihnen nicht ganz bewußt, und als bedürfe
es doch der Worte. — — — Und das sind die einzigen
schweren Momente für Ihre ungeschickten Freunde.

Sie waren stellenweise etwas hart gegen Madame de
Herzogenberg, und diese hatte leider weder Klugheit noch
Nerven genug, um Ihnen zu verbergen, daß es ihr weh
tat. Das sollte mir eigentlich leid sein, aber ich habe die
Schwäche, mir einzubilden, daß Sie sich vielleicht mit derselben Mildigkeit und Güte daran erinnern, wie an den Ischler
Hund, der, empfindlicher als ich, jenen Schlag nie vergessen
konnte, während ich schon in dieser Einbildung mich getröstet
fühle. —

Man wäre doch auch gar zu sehr Ihr Schuldner,
wenn man Ihnen nicht auch ab und zu 'was zu verzeihen hätte!

Gott vergelte Ihnen Ihre Guttaten und seien Sie nur
recht, recht froh, jetzt, wo Sie unter lauter Menschen sind,
die, ob auch hanseatisch,[1] Sie doch zu schätzen wissen, wenn
auch sicher wenige so wie

Ihre stets dankbaren alten

Herzogenbergs.

CII.

Elisabet von Herzogenberg an Johannes Brahms.

[Leipzig] 11. März 1882.

Verehrter Freund,

Wie ich eben zufällig Ihren Brief[2] wieder in die Hand
nehme, merke ich zu meinem Schrecken, daß Sie die Absicht

---

[1] Von Leipzig war Brahms nach Hamburg gereist, wo er am
6. Januar sein neues Konzert spielte. — [2] Der Brief fehlt.

äußern, am 17. zu kommen; aber das Brahms-Konzert ist nächsten Dienstag am 14.[1]) Also seien Sie um Gottes willen dann schon hier. Bülow hat Ihnen inzwischen wohl das Richtige geschrieben, aber zu größerer Vorsicht sende ich noch diese Zeilen.

Wie sehr freuen sich auf Ihr Kommen Ihre getreuen

Herzogenbergs.

Bülow führt im Mendelssohn-Schumann-Konzert von letzterem die Hermann und Dorothea- und die Messina-Ouvertüre, das Cellokonzert und die Violin-Phantasie auf, eine uns unbegreifliche Auswahl.[2])

CIII.
Brahms an Elisabet von Herzogenberg.

[Wien, 13. März 1882.]

Ihr Brief ist mir ein willkommenes Zeichen, daß B.[3]) nicht auf mich rechnet, er hätte mich von der Änderung doch unterrichtet.

Ich glaube aber, ich wär' in dem Fall für alle drei Konzerte zum Zuhören gekommen! Nebenbei ein wenig nach Weimar und Jena gefahren — ich hatte schon allerlei Pläne!

Ihr eiliger

J. Br.

---

[1]) Das „Brahms-Konzert" war das zweite von drei Konzerten, die Hans v. Bülow mit der Meininger Hofkapelle in Leipzig veranstaltete. Er dirigierte die c moll-Symphonie und die Orchester-Variationen über ein Thema von Haydn und spielte das Klavierkonzert in d moll. — [2]) Es lag Bülow daran, das, wie er meinte, ungerechtfertigte Vorurteil zu besiegen, unter welchem die Werke aus Schumanns letzter Zeit zu leiden haben. — [3]) Bülow.

CIV.

Elisabet von Herzogenberg an Johannes Brahms.

[Leipzig,] 15. März 1882.

Hochverehrter lieber Freund!

Rasch muß ich Ihnen sagen, wie herrlich es gestern war; so habe ich Ihre Sachen noch nie gehört. Eine Ahnung von der Wirkung haben wir ja überhaupt immer nur bei der ersten, von Ihnen geleiteten Aufführung gehabt. Das, was folgte, war ja nur ein liebloses Notenablesen. Aber auch als Sie da waren, wieviel konnten Sie denn in den kurzen Proben herausbeißen? Hier kam alles zu klanglich sinnlicher Wirkung, alles war da, was gewollt wurde, und vor allem ging ein Zug echter warmer Begeisterung durch das Ganze, der denn auch seine Wirkung nicht verfehlte und das Pub= likum endlich einmal aus seinem Gewandhäuschen brachte. Denken Sie nur, am Schlusse der c moll mußten sie sich gar nicht zu fassen vor Jubel! Der Spektakel war so groß, daß wir uns wirklich fragten: Sitzen wir eigentlich im Gewand= haus, und sind das dieselben Menschen? Aber es waren eben nicht dieselben, nicht diese furchtbare weibliche, kaum konfirmierte, prüde, langweilige Übermacht wie sonst; viel frische neue, wirklich zuhörende Gesichter, viel alte, die nur sonst nicht ins Gewandhaus können, und das alles bald unter einem Bann, der mit jeder Nummer wuchs, lauschend von Kopf bis zu Füßen, lächelnd bei dieser und jener Stelle — genug, lieb, sympathisch, man hätte manchem einen Kuß geben mögen. Das As dur-Allegretto[1]) wurde am wenigsten be= klatscht, Bülow wiederholte es deshalb und dann ging's los.

---

[1]) Der dritte Satz der Symphonie.

Ach, wir waren so vergnügt in unserer Ecke, Ethel[1]) und wir drei und der begeisterte Reuß[2]) und Bezold und Engelmanns, Wachs[3]) und die alte Holstein[4]); einen Heidenspektakel haben wir gemacht, und mein Bruder, der schrie zuletzt wie besessen da capo, und ob er sich dabei die ganze Symphonie oder nur den letzten Satz gedacht hat, will er nicht eingestehen. Wir waren froh wie die Kinder und hatten alle das Gefühl, als kämen wir endlich 'mal zu unsrem Recht. Bülow hat mir noch nie so imponiert wie gestern abends; die Begleitung des d moll-Konzerts war grabezu vollendet, ich hörte vieles, nach dem ich mich bisher gesehnt, zum ersten Male. Dagegen mußte ich an jemanden denken, der den Klavierpart anders spielt. Das F dur-Thema im ersten Satz erfaßte er, meiner Meinung nach, gar nicht in seiner schlichten Größe und Wärme; da merk' ich immer meilenweit voraus das beabsichtigte Crescendo und Decrescendo, während das Orchester wie aus einer Seele heraus den vollsten Eindruck der Unmittelbarkeit machte. Auch technisch spielte Bülow matt, die Oktaven=Triller=Ketten nicht halb so stark und halb so schön wie Sie, das Adagio, scheint mir, am besten. Aber im ganzen hat er uns gestern gerührt und wirklich hoch erfreut; seine wahre und rückhaltlose Hingebung an Ihre Musik trat so deutlich zutage, und so neu war uns das hier, leider, daß wir uns plötzlich wie zu Hause fühlten nach langer Fremdheit. Denn Ihre Musik, das wissen Sie (aber man möchte es Ihnen doch immer wieder sagen können), die gehört

---

[1]) Ethel Smyth. — [2]) Heinrich XXIV. Fürst von Reuß=Köstritz (geb. 1855), namhafter Komponist, Schüler v. Herzogenbergs. — [3]) Adolf Wach (geb. 1843), berühmter Rechtsgelehrter, Schwiegersohn Felix Mendelssohns, seit 1875 Professor an der Leipziger Universität. — [4]) Hedwig v. Holstein.

einmal zu unfrem Leben wie Luft und Licht und Wärme.
Sie glauben nicht, wie froh man ist, daß man mit seiner
Liebe und Begeisterung nicht immer zu den großen Toten
sich wenden muß, daß der lebt und weiterwirkt, dem man
schon so viel verdankt, und daß man hoffen darf, er sei einem
auch als Mensch nicht ganz fern und ein wenig gut. Gestern,
wie das Horn im letzten Satz zuerst erklang, waren wir ganz
gerührt — es war wie ein von weither getragener warmer
herrlicher Gruß von Ihnen. Sie Armer! So ganz als
Zuhörer können Sie doch in der Musik nie sitzen. Das kann
einen ordentlich dauern.

　　Bülow war sehr erfreut gestern, das konnte man sehen,
aber sehr betroffen, daß Sie nicht kamen. Wir sagten ihm
nicht, daß er schuld daran sei, um ihn vor dem Konzert nicht
aufzuregen, und nachher gab's keine Gelegenheit; wir konnten
ihm nur rasch danken und sahen ihn abends nicht mehr, da
er Besuch bekommen hatte. Dafür tranken wir dann mit
Kirchners, Wachs, dem guten Dicken und Ethel auf Ihr
Wohl im kleinen Zimmerchen, und hinüber und herüber ging
manches Wort, das Ihnen gezeigt hätte, wie immer tiefere
Wurzeln Ihre Musik in allen Herzen schlägt; Wachs auch
sind Ihnen ganz ergeben. Der Dicke, d. h. mein Bruder, läßt
Ihnen sagen, nur Angst, sich aufzudrängen, da wo Sie schon
so umringt waren, habe ihn abgehalten, Ihnen im Ton-
künstlerverein Adieu zu sagen; bei all seiner Dicke kann er
sich moralisch nie schmal genug machen, er ist wirklich ein
bescheidener und ein braver Kerl. Doch nun sag' ich Adieu,
der Heinz möchte Sie gern umarmen, wenn Sie's nur erlauben, er war so glücklich gestern

　　In alter Ergebenheit

　　　　　　　　　　　　　　　　　　E. H.

Die Staccato-Stelle vor dem wunderbaren b moll in
der Koda des ersten Satzes[1] war von unglaublicher Wirkung,
so straff, so schneidig, wie es hier nie herauskäme, ebenso
das Pizzikato ♪♫ unmittelbar nach dem zweiten Thema,
ganz famos.[2] Die besondre Energie erfordernden Stellen
überhaupt am merkwürdigsten herausgearbeitet, bis auf die
fabelhafte löwenbrüllende Stelle in den Bässen nach dem
Stringendo der Einleitung des letzten Satzes, die Sie so
herrlich hier erzwungen hatten, und die er gar nicht drang-
voll genug herausbrachte, dagegen das Stringendo wieder
meisterlich. Im Adagio sehnte ich mich nach unserer hiesigen
Oboe, die das Gis[3] doch anders aushält und überhaupt künstlerischer bläst! Aber die Meiningensche Klarinette ist fein![4]

CV.

Brahms an Elisabet von Herzogenberg.

[Wien, 18. März 1882.]

Haben Sie und die liebe Miß[5] einstweilen schönsten
Dank. Ich werde mich nächstens für Ihre lieben Schreibereien,
so gut es geht, zu revanchieren suchen.

Herzlich grüßend

J. Br.

---

[1] Der c moll-Symphonie. — [2] Hier irrte die Schreiberin. Die
Stelle, auf welche angespielt wird (p. 11 der Partitur, Takt 2), bringt
die Figur ♫ col arco, zuerst in der Bratsche, während die
übrigen Streicher den Akkord pizzicato anschlagen. — [3] Partitur p. 29.
— [4] Das Lob gebührt dem ausgezeichneten Klarinettisten Richard
Mühlfeld, der später Brahms zu den Kammermusikstücken mit Klarinette
(op. 114, 115 und 120) anregte. — [5] Ethel Smyth.

CVI.

Brahms an Heinrich von Herzogenberg.

[Wien, 21. März 1882.]

Lieber Freund,

Darf ich wohl Ihre Freundlichkeit ein wenig (*mf.*)[1] in Anspruch nehmen? Härtels bitten um den Jahresbeitrag für den 28. Jahrgang Bach (1877), um die Kantaten 131 bis 140 zu senden.[2] Die Kantaten 121 bis 130 habe ich. Mir fehlt aber das thematische Verzeichnis und der letzte Band (IV?) Kammermusik (Violine und Violoncello).

Sind diese zwei Bände im 27. Jahrgang? (1877?) Bei den gebundenen Bänden fehlt mir die Angabe. Kunst der Fuge, Choral-Vorspiele habe ich — hoffentlich fehlt dann nichts weiter . . . .

Darf ich Sie nun bitten, fünf Taler für den jetzigen Jahrgang, und, im Falle es verlangt wird, fünf für den vorletzten auszulegen, mir aber die Bände sofort schicken zu lassen!?

Seien Sie nicht bös und lassen Sie Ihre liebe Frau und die liebe Miß nicht böse sein, daß ich so ihre hübschen Briefe beantworte!

Ich aber komme nächstens selbst und muß Charfreitag in Hamburg mein Requiem dirigieren; auf dem Rückweg denke ich vorzusprechen.

Sie machen nicht etwa eine kleine Osterreise? Ich wäre so gern ein paar Tage in Weimar und Jena — Herrgott, wenn Sie dahin fahren möchten und ein wenig mit mir

---

[1] Bezeichnung für das von Brahms beliebte mezzo forte. — [2] Die bei Breitkopf und Härtel verlegte große kritische Ausgabe der Werke Seb. Bachs.

bummeln!! Das wäre gar zu reizend und noch besser als
Humboldtstraße, die ja immer noch auf dem Weg läge!
Sagen Sie doch ein Wort Ihrem

J. Brahms.

CVII.

Heinrich von Herzogenberg an Johannes Brahms.

Dresden, 25. März 1882.

Lieber verehrter Freund!

Beiliegende Quittung wird Ihnen die traurige Gewißheit
geben, daß Sie wirklich den 27. Jahrgang schuldig geblieben
waren; ich ging bis ans Hauptbuch der Gesellschaft und fand
die Sache zweifellos! Ich sprach mit dem Kassierer über die
Möglichkeit, Ihnen jährlich ohne vorhergehende Entrichtung
des Mitgliederbeitrags durch Postnachnahme die Publikationen
zukommen zu lassen; er ist ganz bereit dazu und wartet nur
auf Ihren Auftrag, der wieder durch mich gehen kann, wobei
wir wieder ein so liebes Briefl profitieren können, wie das
letzte war.

Wir sind jetzt auf einige Tage (bis Dienstag) hier beim
Bruder Ernst und könnten beinahe das Käthchen[1]) von
Reinthaler hören, wenn wir ins Theater gingen, was noch
sehr unsicher ist! Wir fuhren mit Reinthaler in einem Coupé,
ohne es zu ahnen, bis er sich in Riesa zu erkennen gab.
Er wandte sich an meine Frau und sprach mit großer Ent-
schiedenheit: „Sie sind Frau von Herzogenberg, ich bin Reinthaler; Sie stiegen in Leipzig ein und erwähnten im Gespräch

---

[1]) „Käthchen von Heilbronn", die 1881 preisgekrönte Oper von
Karl Reinthaler.

ben Namen Brahms, das genügte mir." So auffallend haben
wir uns also benommen!

Was den Osterbummel betrifft, so könnte auch uns nichts
Lieberes passieren; ob und wie und wohin, das müssen wir
allerdings erst miteinander überlegen; jedenfalls halten wir
uns vorläufig an Ihren Besuch in der Humboldtstraße, auf
welchen sich alles bis auf Fanny, Ponto und die Miß freut!
Liesel schreibt eben an Epstein, der im Herbst in Wien
einen Osterbesuch bei uns in Aussicht stellte. Sobald wir
von ihm etwas Genaueres und Sicheres haben, schreiben wir
Ihnen gleich wieder. Vielleicht könnten Sie für alle Fälle
vor Hamburg zu uns kommen? Wie wäre das? Oder
möchten Sie mit Epstein vierhändig bei uns spielen?

Nun grüßen wir beide herzlichst und bitten um eine
Postkarte, womöglich noch hierher, Kurfürstenstraße 27.

Ihr treu ergebener

Herzogenberg.

CVIII.

Elisabet von Herzogenberg an Johannes Brahms.

[Leipzig] 6. April 1882.

Verehrter Freund,

Es ist sehr betrübsam! Der Epstein kommt, — natür=
lich meine ich nicht, daß er überhaupt kommt, worüber ich
mich nur freue, aber daß es nicht etwas später sein konnte,
wenn wir unsern hübschen kleinen Frühjahrsausflug gemacht
hätten! Wir jammern nun sehr in dreistimmigem Kanon.
Anbei eine elende Photographie vom Kopf der Feuer=
bachschen lieblichen Madonna. Nur meinen guten Willen

sollen Sie erkennen, ich wollte Ihnen gerne eine kleine Vor-
stellung des so schönen Bildes, das Ihnen noch unbekannt
geblieben, geben — aber die dummen Dreßdner hatten mit
nichts Besserem aufzuwarten! Schlecht danke ich Ihnen
überhaupt für die so guten 24 Stunden, die Sie uns
schenkten. — Was uns der Abend mit Ihren Liedern wieder
war, — so ein An-der-Quelle-Sitzen und -Schöpfen und
-Schlürfen und Sich-gehen-laſſen-dürfen in ungeſchminkter
Freude — das denken Sie gar nicht, wenn Sie's nicht vielmehr ganz genau wiſſen.[1]

Entſchuldigen Sie dieſe eiligen geſetzten Zeilen, aber ich
habe einen Logisbeſuch in Form einer urholſteinſchen alten
ſchnupfenden Tante, die neben mir ſitzt und ſo Vortreff-
liches zwiſchen jeder Priſe vorbringt, daß dabei nichts zu
ſchreiben iſt.

Morgen weiß ich jemanden, der lieber zuhörte,[2] als Sie
dirigieren werden, denn Ihnen iſt's ja doch nur Schmarrn[3] —
ach, bei der „ewigen Freude" denken Sie an mich. So möchte
man ſelig werden. —

Epſtein hat ſich nicht ganz, ganz beſtimmt angeſagt,
telegraphiert er ſich am Ende ab, ſo ſind wir am Ende im-
ſtande, uns anzutelegraphieren — — aber am Ende wär's

---

[1] Brahms hatte die „hübſchen Briefe" Eltſabets (Vgl. CVI) mit
einer Lieberſendung beantwortet, einer Ergänzung zu ben ſchon früher
mitgeteilten, bann als op. 84—86 herausgegebenen Geſängen. — [2] Bei
bem Requiem, das Brahms in Hamburg aufführte. Mit der „ewigen
Freude" iſt der Schluß des zweiten Satzes gemeint: „Ewige Freude
wird über ihrem Haupte ſein". — [3] Schmarrn (ſüddeutſches Dialektwort, das eine geringe Mehlſpeiſe bezeichnet, in übertragenen Sinne der
wegwerfende Ausbruck für irgend eine alltägliche, unbedeutende Sache)
war ein beliebtes Wort bei Brahms, mit dem er oft ſeine eigenen Kom-
poſitionen zu bezeichnen pflegte.

Ihnen lieber, Sie wären nun am Ende Ihrer Kreuz- und Querfahrten.

Heinz ist in der Armensitzung, trug mir auf, alles erdenklich Gute und Liebe zu sagen.

Seien Sie gegrüßt von Ihrer dankbar ergebenen

E. Herzogenberg.

CIX.

Brahms an Elisabet von Herzogenberg.

[Wien, April 1882.]

Verehrte Freundin,

Sie haben hoffentlich noch ein Lied „Therese"? [1]) Mir wäre es ein besonderes Pläsier, wenn Sie zu folgender Lesart „ja" sagen könnten, und sie Ihnen einfach recht schiene.

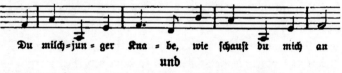

Du milch=jun = ger Kna = be, wie schaust du mich an und

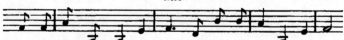

al = le Rats=herr'n in der Stadt und al = le Wei=fen der Welt

Ich kann eigentlich nichts weiter beifügen; die eine Lesart ist so alt wie die andre — vielleicht nicht so einfach und sangbar. Trotzdem diese aber öfter kopiert und gesungen, habe ich mich nicht daran gewöhnt, und jetzt bin ich konfus.

Singen Sie beide das Lied einmal wieder durch und lassen den armen Jungen dazu auf dem Klavier schmachten — und sagen mir ein Wort,

Ihrem herzlich ergebenen

J. Br.

---

[1]) op. 86, Nr. 1.

CX.

Elisabet von Herzogenberg an Johannes Brahms.

[Leipzig] 26. April 1882.

Verehrtester,

Ich kann mich mit bestem Willen — und dem Heinrich
geht's ebenso — nicht mit der alten neuen Lesart befreunden,
und ich wäre ganz traurig, wenn Sie auf derselben beharrten.
Ich finde das einfachere

zu der kleinen Gegenstimme am Klavier viel hübscher als die
zackige andere Lesart, und in diesem Liede, wo es doch auf
Stimmenentfaltung nicht, vielmehr auf seiner gesungnes Sprechen
ankommt, so viel angebrachter. — Singen Sie sich doch in
der leichten, von dem Charakter des Liedes bedingten Weise,
den Oktavsprung in die Tiefe vor, — wie schwerfällig gegen
die einfache Wiederholung der drei Töne!

Ich bitt' gar schön, stierln's nicht mehr in dem lieben
Gsangel herum und laffen's sich die simplere Lesart gefallen!

Wann wird man denn die geliebten Lieder wieder alle
zu sehen kriegen? Wir gehen wahrscheinlich im Mai wirklich nach Frankfurt zur lieben Frau Schumann (da ich mich
von Jena losgebettelt habe!),[1] wie herrlich wäre es, wenn
man mit Stockhausen[2] dann Ihre Neuen musizieren
könnte — an das F dur[3] denke ich doch immerfort und
am liebsten in Verbindung mit Stockhausen, der's doch allein
singen kann; die Stelle

---

[1] Frau Elisabet sollte ihres Herzleidens wegen dort wieder die
Kur gebrauchen (vgl. LXXXVII). — [2] Julius Stockhausen lebte seit 1878
als Gesanglehrer in Frankfurt a. M. — [3] Feldeinsamkeit op. 86, Nr. 2.

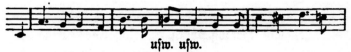

usw. usw.

zieht mir auch in den verschwommenen Umrissen, die ich
davon behalten, die Seele aus dem Leibe! — — — — —
Doch ich muß enden. Grüßen Sie den guten lieben Pro=
fessor,[1] dessen Besuch uns so viel Freude gemacht hat. Er
ist doch ein prächtiger Mensch und hat hier verschiedene
Herzen erobert, was Sie ihm sagen müssen. Leben Sie
wohl, lieber Freund und Doktor. Wo gehen Sie diesen
Sommer hin? In alter Ergebenheit und Verehrung
grüßen Sie

Elisabeth und H. H.

CXI.

Brahms an Elisabet von Herzogenberg.

[Ischl, 15. Mai 1882.]

Meine herzlichsten Grüße dazu, aber den Namen muß
ich erst einmal auf einem Titelblatt gedruckt sehen, damit
ich ihn weiß![2]

Ich aber sitze in Ischl — schaudervoll, höchst schauder=
voll, es regnet (oder schneit), schwarz ist das Kraut und der
Himmel nun erst![3] In diesem Zimmer steht ein Ofen, und
es brennt auch darin, im andern muß einer gesetzt werden!

Ischl, den 15. Mai!

Dem milchweißen [sic!] Knaben[4] geht's nach Wunsch, das
heißt nach Ihrem. Sie könnten auch die Lieder schon haben,

---

[1] Julius Epstein. — [2] Begleitschreiben zu einem für Miß Ethel
Smyth erbetenen Autograph. Der betreffende Brief Elisabets fehlt. —
[3] Zitat aus dem Liede „Über die Heide" op. 86, Nr. 4. Dort heißt
es: „und der Himmel so leer". — [4] Vgl. CIX und CX. Brahms be=
folgte den Rat der Freundin und stellte die frühere Lesart wieder her.

aber nun gehen Sie ja nicht nach Frankfurt, sondern doch
nach Halle! Und wohin später? Gewiß nicht nach Berchtes=
gaden — — das wäre mir eben zu nah? Und nach Bay=
reuth? Ich denke daran, obwohl ich grade von Parsifal[1])
sicher glaube, daß wir ihn nächsten Winter mancher Orten
hören werden!

51 Salzburgerstraße[2]) — schreiben Sie doch das gleich
auf einige Kuverts und schicken dann bisweilen eines Ihrem
herzlich ergebenen

J. Brahms.

CXII.

Elisabet von Herzogenberg an Johannes Brahms

[Leipzig] 18. Mai 1882.

Verehrtester Freund,

Haben Sie Dank für Ihre so gefällige Schleunigkeit,
ich, die Bittstellerin, und Ethel

Smyth,

die davon Profitierende, wir sind beide sehr gerührt von
Ihrer Güte. Aber wo haben Sie nur diese fabelhafte Routine
im Empfehlungsschreiben her, diese Abrundung, diese Form=

---

[1]) Wagners „Parsifal" wurde im Juli 1882 zum erstenmal im
Festspielhause aufgeführt. Bekanntlich sollte das Werk Bayreuther Monopol
bleiben. Brahms hat es lebhaft bedauert, nie in Bayreuth gewesen zu
sein. Im Sommer 1882 schreibt er an Bülow: „Daß ich aber mit Bay=
reuth so gar nicht zum Entschluß kommen kann, ist doch wohl ein Zeichen,
daß das „Ja" nicht heraus will. Ich brauche kaum zu sagen, daß ich die
Wagnerianer fürchte, und daß diese mir die Freude am besten Wagner
verderben könnten. Ich weiß noch nicht, was ich tue, und ob ich nicht
meinen Bart benutze, mit dem ich noch immer so hübsch anonym herum=
laufe." — [2]) Ischler Sommerwohnung, die Brahms in den Jahren 1880,
1882 und 1889 bis 1896 inne hatte. Vgl. Victor von Millers „Brahms=
bilderbuch" p. 98 und 101. Tafel 25, Nr. 5.

Vollendung — — „faſt wie ein Franzos" — —, was Sie
doch ſonſt weniger ſind.[1])

Aber bitte, bilden Sie ſich doch nicht ein, daß ich nach
Halle, womit Sie wieder Jena meinen, gehe; ich ſchrieb Ihnen
doch im Gegenteil, daß ich davon dispenſiert, und daß wir
nach Frankfurt gehen. Nachher müſſen wir eine Pflicht nach
der andern abwickeln, Heinrichs Geſchwiſter in Böhmen beſuchen, dann den armen kranken W. in Graz, dann kommt
ein Stückel Freiheit in irgend einem Bergwinkerl, wahrſchein-
lich als am naheliegendſten in Kärnten oder Tirol. Säßen
Sie noch wie ſonſt und eh in Pörtſchach, wir kämen natürlich Sie heimſuchen, aber Iſchl — es iſt wirklich im Himmel
dafür geſorgt, daß nette Sachen im Sommer nie klappen.

Alſo bis Pfingſten trifft uns, was es ſei, hier; hoffentlich hatten Sie mich nicht zum beſten mit den Liedern, ſonſt
wünſch' ich Ihnen weiter noch recht viel ſchwarzes Kraut und
verregneten Himmel.

Ethel läßt Sie grüßen. Denken Sie, nächſten Winter
will ſie ausſchauen und für ſich arbeiten — in Florenz, wo
Sie ſich vielleicht treffen. Sie meint, ſie könnte dort alle
Fugen ungeſtraft auf der Dominante ſchließen laſſen. Ich
bin ſehr neugierig, wie es ihr bekommt; gut iſt es jedenfalls,
daß ſie dort nicht zu viel Brahms zu hören kriegt. —

Doch ade, und laſſen Sie etwas zu uns bringen aus
Ihrer Winterſtube, in der's doch gewiß recht heimlich iſt, und
in der ſich gewiß Liebes und Schönes vorbereitet.

Eliſabet Herzogenberg.

----

[1]) Dadurch, daß Brahms, wie er ſchreibt, den Namen Ethel Smyth,
damit er ihn wiſſe und behalte, erſt einmal auf einem Titelblatt gedruckt
ſehen müſſe, ſcheint er die angehende Komponiſtin indirekt den Verlegern
empfehlen zu wollen, wie Frau Eliſabet ſcherzt.

CXIII.

Elisabet von Herzogenberg an Johannes Brahms.

Wernsdorf bei Kaaden,[1]) 13. Juli 1882.

Lieber verehrter Freund,

Sie wissen wohl aus eigener Erfahrung, daß man manchmal nicht zum Schreiben kommt, bei noch so redlichem Willen.

— — — — — — — — — —

In Frankfurt war es so schön und wohlig bei der lieben Frau Schumann im neuerstandenen prächtigen Hause, und wir genossen unsre acht Tage sehr. Sie zu beobachten als Meisterin, wie sie mit hochgeröteten Wangen uns ihre besten Schülerinnen vorführte, und wie, sie ihnen zuhörte, streng und mild, meisterlich und mütterlich zugleich, war gar so hübsch; noch 'mal auf die Welt kommen und ihre Schülerin werden! mußte ich zu mir selber als stillen Wunsch sagen.

Ein Abend bei Stockhausen, wo er Dichterliebe[2]) zu Frau Schumanns Begleitung sang, ganz frisch und unangestrengt, wird mir immer unvergeßlich bleiben. Ich hatte die grade von ihm nie gehört und war ganz außer mir über manches, das so wahr, so kraftvoll, so aus der Tiefe heraufgeholt war — — — — — — — — — —

Eine Fürstin war da, die mir höchst bedenklich vorkam, aber ich glaube, ich bin leicht ungerecht, wenn ich Puder auf einer Nase nebst einem Zwicker entdecke. Wenn sie sich neben die Frau Schumann stellte, ganz nah und vertraulich, hatte ich Eglantinen-Euryanthen-Gefühle und litt ordentlich Pein, und wie sie sich die Hände rieb, Euryanthe, und abwehrte in ihrer rührenden Art — es war ein Schauspiel!

---

[1]) Stadt im nordwestlichen Böhmen. — [2]) Den Schumannschen Liederzyklus.

Dessoff's[1]) besuchten wir natürlich, und ich muß sagen — daß doch ein Sachse so norddeutsch sein kann! Wie lange Zeit dauert's übrigens allemal, bis aus zwei Leuten der Mensch zum Menschen spricht, nicht der Kapellmeister zum Herrn Soundso, oder wie sonst die Rollen heißen, für die jeder dasteht — es ist ein Hin- und Herpräsentieren von Gemeinplätzen und möglichst unpersönlichen Redensarten, zum Weinen! Nur Kinder sind aufrichtig, und so entzückte mich Ihr kleiner Pate Johannes,[2]) der, als ich ihn zu mir heranwinkte aufs Sofa, ganz bestimmt, aber niedlich sagte: „Nein, ich bin nicht müde."

Sie aber sind es jetzt, und ich sage Ihnen Adieu. Vielleicht gönnen Sie uns ein paar Zeilen nach Bestwin, Schloß Bestwin, Post Bestwin, Böhmen, wo wir die nächsten acht Tage sein werden. 1. Juli hoffen wir in Graz zu sein, Körblergasse 32.

Warum kamen Ihre Lieder nicht? Ach, senden Sie sie doch baldmöglichst!

Seien Sie gegrüßt von den getreuen

Herzogenbergs.

CXIV.

Elisabet von Herzogenberg an Johannes Brahms.

Graz, Körblergasse 32, 24. Juli 1882.

Lieber verehrter Sechsundachtzigster![3])

Es muß merkwürdig zugehen, wenn ich durch fünf Tage drei Hefte neuer Brahmsscher Lieder im Hause haben kann,

---

[1]) Otto Dessoff (1835—1892) der frühere Dirigent der Wiener Philharmoniker, war seit 1881 erster Kapellmeister am Stadttheater zu Frankfurt a. M. — [2]) Dessoffs Sohn. — [3]) Das letzte der drei Brahms- schen Liederhefte trägt die Opuszahl 86.

eh' ich mich dazu hinsetze, dem, von dem man diese liebe Gabe
hat, zu danken. Daß es lauter Freunde sind, mit denen ich
Wiedersehen feiere, das macht natürlich diese Sammlung mir
um so werter, denn ich empfinde ganz wie die Mutter des
„Naz" in jenem lieben niederöstreich'schen Gedicht, die sich
auf den Himmel freut, wo sie alle vorausgegangenen Men=
schen wiederfinden wird: „Alli, sie kennen uns glei, und der
Naz! Des is das Schenste!" Alli, i kenne sie glei und
kenne sie ganz, wenn ich flüchtig Behaltenes nun liebend
wiederhole und halb Begriffenes nun so überzeugend zu mir
spricht, wie zum Beispiel das Nachtwandlerlied,[1] das mir
erst jetzt ganz aufgegangen ist. Besonders genieße ich den
Schluß: „Wie vom Licht des Vollmonds trunken" — die so
schön kriechenden Begleitungsstimmen auf dem G und die Steige=
rung der Singstimme dazu, und der Aufschwung bei: „Weh
den Lippen, die ihn riefen", und wie es wieder zurücksinkt
auf die ⁝ Lage des ersten Teils, die in ihrer Unbefriedigtheit
wie geschaffen scheint für dies hangende Lied — alles das,
in seinem Reichtum und seiner doch so großen Schlichtheit,
entzückt mich sehr!

Unersättlich aber bin ich in meiner Zuneigung für die
Feldeinsamkeit.[2] — Wie muß Ihre Seele in sich gelacht
haben, als Ihnen diese erste Zeile geschenkt wurde, die uns
gleich so gefangen nimmt, durch schönste Lagen das Ohr
entzückt und in ihrem warmen, weichen Fluß versinken macht;
und wie muß Sie die liebe Ausweichung nach Des dur bei
den „tiefen Träumen"[3] ergötzt haben (denn Sie freuen sich
doch hoffentlich über solche Meisterstückeln!) und über den
Rückgang nach C, der sich so rasch und doch so mild, und

---

[1] „Nachtwandler" op. 86, Nr. 3. — [2] op. 86, Nr. 2. — [3] „Wie
schöne stille Träume" heißt es im Original.

gar noch schleifend und streichelnd, vollzieht. „Todessehnen"
liebe ich mehr denn je; in „Versunken" [1]) dagegen versenk' ich
mich weniger gern, die Singstimme ist doch gar zu gewitter-
zackig. Heft 85 macht gute vergangene Zeiten wieder gegenwärtig; die heimlichen Schubfachfreuden Pörtschachs (in dem
Sie leider nicht mehr weilen, denn wie gut hätten wir Sie
jetzt besuchen können!) werden mir wieder lebendig, nun ich
die alten Lieder in neuem Gewande sehe. „Waldeinsamkeit" [2])
ist doch ein Stück, wie's auch Ihnen der Herrgott nicht alle
Tage schenkt (ob es nicht das Allerschönste in den drei
Heften?), so eins, bei dem man, ohne zu wissen, den Atem
anhält vor lauter Lauschen — ein herrlich Stück, so voll
verklärter Erregung und doch so menschlich rührend, so aus
tief innerlich Erlebtem herausgeboren. Wem dabei nicht die
Augen übergehen, der ist überhaupt wohl nicht zu packen.
Die kleinen, ad libitum ein- oder zweistimmigen sind gar zu
herzige Racker; [3]) wie einfach geben sie sich, wie kindlich
schauen sie einen an, aber wie Kinder vornehmster Art, wie
Kinder Schuberts und Beethovens. Etwas Hübscheres und
Feineres wie die Melodielinie der Mutter im „Sommer-
abend", [4]) und die Wiederholung der einen Textzeile kann
ich mir kaum vorstellen, und wie schlau der Abgesang ist,
der nur scheinbar die Tonika streift und, ganz dominantig
gemeint, das frische D dur der Tochter so schön und rasch
herbeiführt. Da genieße ich aber auch jedes Strichelchen,
wie an einer feinen alten Radierung, von Dietrich [5]) etwa,
bei dem auch die warme Naturempfindung und die Kunst

---

[1]) op. 86, Nr. 5. — [2]) „In Waldeseinsamkeit" op. 85, Nr. 6. —
[3]) Romanzen und Lieder für eine oder zwei Stimmen op. 84. —
[4]) op. 84, Nr. 1. — [5]) Chr. W. Dietrich, Maler und Radierer des
18. Jahrhunderts.

sich so decken. Fast noch lieblicher ist das „Beerenlied"[1] mit seiner tecken lustigen Überführung nach dem chamäleon= haften es moll, das (mit dem für den Blattleser so grau= samen Dis!) dann so reizend sich ins H dur hineinschwindelt. Die zärtliche Achtelbegleitung bei der ersten Erwähnung des „Schatzes", die im Wiederholungsteile bei den „reifen, roten Küssen" so anmutig verbreitet wird, genieße ich auch nicht wenig, und — hast du nicht gesehen — ist man wieder (und wie sehr) im hellen Es dur. Ja, die Freiheit! die Beherrschung! die einem die raschesten Bewegungen, wie im Lauf eines schönen Hirsches, kaum gewahr werden läßt, wäh= rend man mitkeucht und prustet, wenn der ungelenkigere Mensch sich als Läufer produzieren will, um die ist es was Schönes! Die „Spannung"[2] hat mir etwas gar so Rühren= des, das „Du sollst mir Antwort geben, mein Engel", hat etwas so Eindringliches, lieb Zuredendes, und der schöne Text dazu! Und das A dur zuletzt, und wie sie dann so liebreich zusammensingen, das ist so ganz nach meinem Sinn — ich wollte sagen, wie mir's zu Herzen geht. Und so wäre der Schluß 'mal wieder, wie sehr man Ihnen zu danken hat, lieber Freund, denn was hat man denn für bessere Momente im Leben, als wenn einem 'was recht zu Herzen geht?

Ob Sie mir wohl ein paar Zeilen gönnen, unschreiber= lich, wie Sie diesen Sommer aufgelegt scheinen? Ich möchte doch so gerne ungefähr wissen, was Sie treiben, und ob Sie jetzt Ihre beiden Öfen recht genießen. — O, diese Reihe von schönen Tagen, wir sind schon ganz matt vor lauter 22 Grad im Schatten! Mich hält nur das tapfere Ignorieren der Hitze aufrecht, bei welcher ich täglich meine sechs Seiten

---

[1] „In den Beeren", op. 84, Nr. 3. — [2] op. 84, Nr. 5.

Italienisch skrible; denn ich bin endlich so schlau geworden wie Sie[1]) und buchstabiere diese grausam schöne Sprache, die einen so sehnsüchtig macht, die Höhe zu erklimmen, während man doch mühsam auf den ersten Staffeln herumkröpelt. Aber ein paar toskanische Sprichwörter weiß ich schon, und eins davon wollte ich Ihnen sagen, weil es Wasser auf Ihre boshafte Mühle ist und gleichzeitig mir zur Entschuldigung dient, wenn ich zum Dank für Ihre lieben Lieder Ihnen nichts bieten kann als einen geschwätzigen Brief: Le parole sono feminine e i fatti sono maschi![2])

Nun sage ich Ihnen Adieu und bitte nur um Eins: wenn Sie mir schreiben, bitte, sagen Sie ein Wort über den armen Faber.[3]) Ich sah ihn Ende Juni in Wien und war entsetzt über seinen Anblick, so hatte ich mir's nicht erwartet! Nun wüßte ich so gern, was Sie über seinen Zustand, und wie Billroth zum Beispiel ihn beurteilt, wissen — der Frau sagen die Ärzte ja kaum die Wahrheit.

Der arme liebe Mensch! Es tat mir in der Seele weh, ihn so gebrochen zu sehen; ich hoffe nur, er merkt nicht, mit welch geheimer Angst man ihn betrachtet. Aus Sankt Moritz[4]) hörte ich leider noch nichts.

Leben Sie nun wohl, wir sind bis 1. August hier, dann bummeln wir ein paar Tage in den Tiroler Bergen und schlängeln uns sachte nach Venedig, wo der Lido uns gnädig

---

[1]) Brahms lernte italienisch, um für weitere italienische Reisen gerüstet zu sein. — [2]) „Die Worte sind (im Italienischen) weiblichen, die Taten männlichen Geschlechts." Aus Giuseppe Giusti's „Raccolta di proverbi Toscani" p. 126. Richtiger heißt es: „Le parole son femmine e i fatti son maschi" — „Die Worte sind Weiber, die Taten Männer". — [3]) Arthur Faber, Brahms' und Herzogenbergs gemeinsamer Freund, war lebensgefährlich erkrankt. — [4]) Von Frau Klara Schumann.

sein möge. Meine Mutter schreibt übrigens, es sei gar nicht heiß dort. Heinz grüßt und grüßt, er schickt Ihnen den gedruckten Psalm,[1]) wir waren beide so vergnügt über das Lied!

In alter Dankbarkeit und Ergebenheit Ihre getreue

E. Herzogenberg.

CXV.

Brahms an Elisabet von Herzogenberg.

[Ischl, 27. Juli 1882.]

Um Ihnen sogleich ein klein wenig besser zu danken, als ich es durch einen Brief kann, schicke ich beifolgendes kleines Liedchen[2]) — das sich eigentlich gern wieder einen Brief verdiente — das Sie mir dann jedenfalls bei Ihrer Abreise am 1. gütigst wieder zurücksenden?

Einstweilen schönen Gruß und Dank. Nächstens mehr von Ihrem

J. Br.

CXVI.

Elisabet von Herzogenberg an Johannes Brahms.

Innichen, Gasthof zur Sonne, 6. August 1882.

Verehrtester Freund,

Endlich komme ich dazu, Ihnen, wie sich's gehört, zu danken für die Mitteilung des Quintetts und für das liebe, schöne Stück selber, an dem ich solche Freude gehabt habe und noch viel mehr haben werde, wenn wir es diesen Winter in Leipzig hören, woran ich nicht zweifle; denn Vater

---

[1]) „Psalm 116" für vierstimmigen gemischten Chor a capella op. 34. — [2]) Das F dur-Quintett op. 88 im Manuskript.

Röntgen[1]) ist der Kamm und der Mut gewachsen, seit er
damals mit dem G dur-Sextett in der Kammermusik solche
Sensation machte! Der Arme, Brave wird zwar durch die
Sorgen dieses Sommers sehr herabgestimmt sein (denken
Sie sich, daß die Frau seit 7 Wochen mit akutem Gelenk-
rheumatismus zu Bett liegt und erst jetzt stundenweise, ganz
in Watte verpackt, heraus darf), aber ich denke doch, ihn etwas
aufzurappeln, wenn ich ihm im Oktober den ersten Satz, den
ich mir gottlob ganz gemerkt, vorspiele und das erste Largo-
stück von dem zweiten Satz, das mit zum Ergreifendsten gehört, was ich kenne, obwohl er bei diesem leichtlings b:e
bevorzugten Cello und Bratsche beneiden wird; aber welche
Güte kann er sich dann im A dur-Satze, besonders in der
Variation desselben tun! Wie unglaublich geistreich sind
diese Trios; wie lebensvoll, lustig und tief zugleich, und wie
reizend die Stelle

mit ihrem Abgesang!

---

    [1]) Engelbert Röntgen, der Leipziger Konzertmeister und Primarius
des Gewandhausquartetts. — [2]) Die Stelle lautet in der Partitur,
p. 22, Takt 6:

Aber über das kurze Adagio geht mir nichts — man ist fast böse, daß einen das Allegretto herausreißt, so lieblich es ist, aus dem feierlichen Cismoll, in das man ganz versinkt; und gerade nach der unvergleichlichen Kadenz Cis, A, D, Gis, Cis! Wie schön ist die Stelle

besonders wenn die zweite Geige nun die herabsinkende Klage des Cello übernimmt

An dem ersten Satze hatte ich zuerst wegen seiner Durchsichtigkeit ein solches Vergnügen; wie dankbar ist man doch für solche lichte Klarheit der Form, und wie liebt man die Schönheit, die sich so natürlich gibt und so gesetzmäßig entwickelt, und dabei doch, als hätten Sie grade diese Form als die ihr zusagendste erst sich erschaffen. Wie erquickend ist die unromantisch unverhüllte, zweifelsohne Art, wie Sie die Form handhaben — wie bestimmt vorbereitend ist der

---

¹) Auch diese Stellen stimmen nicht mit der Partitur überein (p. 20, die letzten vier Takte).

ganze Überleitungsteil mit seinem in der Durchführung so
verwerteten Motive

und die geiſtreich verzögerte Dominanten=Kadenz

mit dem herzigen F-Fis-Querſtand zwiſchen zweiter Geige
und Bratſche im zweiten Takt![2] Wie fühlt man da: nun
kommt das neue Bild, auf das man acht haben ſoll, und
wie lieblich tut ſich's dann auf in der Bratſche (die ſich in
Julius Röntgens Arm 'mal freuen wird!) Das iſt nun
alles ſo ſchön und warm, wie ſich's nach fis moll biegt, und
die Bratſche ſich auf das Gis und A ſo affektvoll erhebt,[3]
aber wie nun die Geige das Thema übernimmt, und die
fis moll - Stelle, nun nach A dur übertragen, ſo aufblüht,
und die zweite Geige ſich in Terzen dazu geſellt — das iſt
ſchon zauberhaft — das Ergreifen des lichten D dur

---

[1] Bei Brahms heißt es in der erſten Violine ſchon vor dem
Durchführungsteile:

[2] Vgl. Partitur p. 11. Alle die in den Brief eingeſtreuten Notenbeiſpiele
ſind aus dem Gedächtnis nach dem inneren Klangbilde gegeben. Das
Manuſkript war bereits zurückgeſchickt, als Frau Eliſabet dem Meiſter
darüber ſchriftlich Rechenſchaft ablegte. — [3] Partitur p. 6.

übrigens nicht das Schlechteste an der Stelle! In der Durch=
führung, die sich scheinbar fast zu ernst anläßt, sind die beiden
Trugschlüsse auf E[1]

und dann auf G[2] reizende Überraschungen. Mit all der imi=
tationsseligen Triolen=Liebelei, die ihnen auf dem Fuße folgt,
das zweitemal gar, wo es sich bis zu dem orgelpunktigen C
hinaufwuselt und auf diesem wieder nach Hause zu dem so
gründlich verlassenen F dur hinzieht.[3] Wie sanft erklingt nun
das Hauptthema auf dem ⁶⁄₄ wieder, unterbrochen von dem früher
lustigen

nun so bald herabgedrückt, indem es die ernste Wendung
nach Des begleitet.[4] (Zu Ausweichungen nach Des scheinen
Sie mir ein besonderes Talent zu haben, Herr Brahms!)
Nun wirbelt's sich modulierend bis zu dem Es-Dominant,[5] von
dem es wieder herunterstürzt auf den Moll-Non=Akkord auf
C,[6] von dem die letzte Aufregung der Durchführung sich
emporarbeitet, die sie auch in so bestimmten kraftvollen Zügen
zum Abschluß bringt (die Schlußkadenz mit dem b moll,
Ges dur, C dur ist prächtig!).[7] Nur eine Note, ein Ces,
machte mir schwerfälligem Kopf zu schaffen in diesem Takt:

---

[1]) Gemeint ist Part. p. 9, Takt 3. — [2]) Ebend. p. 10, Takt 4. —
[3]) Ebend. p. 11, Takt 6. — [4]) Ebend. p. 12, Takt 3. — [5]) Ebend. p. 12,
Takt 7. — [6]) Ebend. p. 12, Takt 10. — [7]) Ebend. p. 13, Takt 10.

wo es mir mit dem so nahen F, welches das Durige der
Intention so kennzeichnet, schmerzlich querständig ist. Bitte,
seien Sie nicht empört über meine Frechheit, daß ich mir
herausnehme, so alles von der Leber weg zu schwatzen; aber
Sie wollten doch, daß ich schriebe, und da kann ich nur so,
als wenn — als wenn ich nicht Ihnen schriebe, der Sie
sich eigentlich gräßlich langweilen müssen bei der Schilderung
dessen, was Sie doch am besten kennen! Und zwar ist Ihnen
der Adler Ihrer Koda von dem ersten Satz auch nicht ge=
schenkt, Sie müssen sich's noch sagen lassen, wie die mich
bezaubert, und wie ich auf der Nachtfahrt jetzt von Graz
hieher förmlich einschlummerte über der lieblichen Bewegung

Aber da hab' ich nun (und der Heinrich sagte es in einem
Atem mit mir!) einen großen Skrupel! Die zwei letzten
Schrum=schrum=Tempo primo=Takte stören uns so nach dem
herrlich ausklingenden elegischen Schlußteil; und wirklich, es

---

ift fo, als hätte es nur in Ihrer Feder, nicht in Ihnen ge=
legen, und Sie hätten es fo, weil man's eben oft fo hat,
hingefchrieben — warum kann der Sat nicht gedämpft fchließen,
warum muß diefe konventionelle Ohrfeige einen herausreißen —
da fag' ich auch: „Weh den Lippen, die ihn riefen!" — und
dem feligen Traum ein Ende machen?[1]

Nun freuen Sie fich aber! Von dem letzten Satze fage
ich Ihnen gar nichts, weil ich ihn faft nicht kenne; gut konnte
ich alle drei nicht bewältigen in den paar Tagen, von denen
die Hauptzeit ohnedies auf meine armen traurigen Verwandten
und pflichtfchuldigft auf das begonnene Italienisch aufging,
und fo mußte ich mich befchränken. Überdies ift der letzte
Satz wohl derjenige, der den Klang zum vollen Verftändnis
am nötigften hat. Auch ift er nicht fo lyrifch (fprich lührifch),[2]
und wir Weiberle, wenn wir die Wahl haben zwifchen drei
Sätzen, greifen doch immer zu dem lührifchen. Und überdies
war er am fchwerften zu fpielen, und ich Arme mußte grade
in den Tagen mit dem ganzen Gewicht meines Körpers auf
den linken Daumen fallen und mir den Kerl arg verftauchen.
Heinz hat fich dran amüfiert, daß der Satz in der Struktur
und Behandlung einige Ähnlichkeit mit feinem Schlußfatz
vom F dur-Trio hat, worüber er ganz ftolz ift, nicht allein
das erfte Thema

---

[1] Zitat aus dem „Nachtwandler" op. 86, Nr. 3. — Brahms mußte,
warum er die felige Träumerei fo biderb abbrach — das liegt im
Charakter des ganzen Tonftückes und vor allem in dem des erften
Satzes. Darum ließ er auch den Schluß ftehen, wie er ftand. —
[2] Wahrfcheinlich ein auf eine beftimmte Perfon gemünzter Kalauer.

sonbern auch das zweite, und wie sie sich vermischen, hat
solche Spuren, die meinen Heinz aufs höchlichste ergötzten.[1]
Dieser liebe Mensch ist jetzt auf seinen ersten heurigen Berg
gestiegen; er brach schon um fünf auf, ganz selig, wie ich
aus Schlafesnebeln doch erkennen konnte, und überließ mich
hier briefschreibender Einsamkeit und einer Halsentzündung,
mit der ich mich zur Abwechslung wieder einmal beschäftigen
muß. Die rauhe Luft, vermischt mit sehr viel Staub, der
mir vorgestern in die Kehle geriet, mögen's mir eingebrockt
haben, und so sing' ich, wenn auch nicht: „Das Grab ist
meine Freude",[2] aber: übermangansaures Kali ist meine
Freude. Es ist hier sehr schön, die Luft wohlschmeckend und von
Thymian durchwürzt, wie ich's nie schöner schnüffelte, die
Dolomiten herrliche Beleuchtungsobjekte — und die Ruhe
und die Einsamkeit, wie erquickend! Das Wirtshäusel ist
nebstbei vorzüglich, Essen so gut und fast gewählt, und aufs
Zahlen vergißt man fast, so billig ist alles. Von Bertha
Faber hatte ich heute Nachricht; sie brechen den 12. auf und
wollen den 20. in Lettowitz[3] sein. Wenn das nur richtig
ist, daß er dorthin geht, aber er läßt es sich nicht ausreden.
Bis 12. trifft mich hier Ihr Gruß, den ich mir, weil Sie
ihn versprachen, nicht rauben lasse. Seien Sie nur gewiß
nicht bös über meine Gelbschnabligkeit und Sonstiges; daß
es nicht an mir verloren ist, wenn Sie mir so 'was Schönes
schicken, wie Ihr Quintett, werden Sie doch durchfühlen. —

_____

[1] Die Ähnlichkeit war, wie aus CXVII hervorgeht, eine zufällige,
aber sie brauchte es nicht zu sein. Brahms liebte dergleichen Späße,
damit (frei nach Uhland), die Reminiszenzenjäger und Rezensenten doch
auch für sich was finden könnten. An Beispielen, wo er den Scherz
sehr ernsthaft nahm, fehlt es nicht in seinen Werken. — [2] Seite 106.
— [3] Dort, in Mähren, liegt das Landgut der Familie Faber.

Am 2. kuvertierte ich Ihr Manuskript, aber es konnte niemand mehr damit in die Stadt gehen (Körblergasse ist Land),
so werden Sie's erst am 4. gehabt haben. Schickten Sie
nur noch öfter 'was, ich lernte dann Ihre mir doch noch
immer nicht wie Druckschrift geläufigen Notenköpfe so schön
lesen!

Leben Sie schön wohl, seien Sie nochmals bedankt von
Ihrer

Elisabet Herzogenberg.

CXVII.

Brahms an Elisabet von Herzogenberg.

[Ischl, 8. August 1882.

Liebe Freundin,

Es ist wirklich schade, daß ich gleich jetzt schreiben muß,
da ich's wirklich nicht kann. Ich hätte Ihnen so gern behaglich gedankt für Ihre lieben Briefe. Also glauben Sie
nur einfach, daß es wirklich eine höchst angenehme und nötige
Freude ist, ein recht freundlich zustimmendes Wort über ein
neues Stück zu hören. So habe ich Ihnen also diesmal
schönstens zu danken und Ihrem Heinz, daß er das letzte
Drittel auch besehen. Also nicht bloß mit Absicht, sondern
auch ohne das schreibe ich ihm nach!?[1] Den Theologen
aber kann ich nicht los werden![2] Kriege ich von all den
Novitäten gerade den Psalm! Er hat mir nachträglich die
beste Freude gemacht, und ich habe mir ihn in Gedanken vor-

---

[1] Er erinnert an den Scherz, den er sich in dem Vokalquartett
„O schöne Nacht!" erlaubt hatte. Vgl. XV und XIX. — [2] Brahms
durfte sich auf seine Bibelfestigkeit, in der er es mit jedem Theologen
aufnahm, etwas zugute tun.

fingen (laſſen) und die vergnügten Geſichter der Sänger ge-
ſehen, wie er ſo hübſch weich hinfloß. Aber — eine Überwindung
koſtet's mich immer, wenn ich einen Pſalm anfangen ſoll, der
ſo wenig heidniſch iſt, wie dieſer!¹) Ich habe grade einen
geſchrieben, der mir, was das Heidentum betrifft, durchaus
genügt, und ich denke, das wird auch meine Muſik etwas
beſſer als gewöhnlich gemacht haben.²)

———————

Aber für keinen Brief iſt dieſer lang genug. Nun drehen
Sie das Blatt um und freuen ſich, den allerjüngſten Ehe-
mann zu ſehen!³) Recht von Herzen ergeben

Ihr

J. Br.

Ich bin mir gar nicht klar über Innichen (Innigen?).
Liegt das nicht am Eingang vom Ampezzotal, das Dorf jen-
ſeits der Eiſenbahn?

———————

¹) Es war für Brahms von jeher ein Vergnügen, die Bibel nach
„heidniſchen“, „gottloſen“ Stellen zu durchforſchen. Nichts Ärgeres konnte
ihm widerfahren, als um ſeiner geiſtlichen Muſik willen für einen
gläubigen Kirchenkomponiſten angeſprochen zu werden. Nicht nur ſeine
„Vier ernſten Geſänge“ ſind ein lebhafter Proteſt dagegen. — ²) Aller
Wahrſcheinlichkeit nach hat er den „Geſang der Parzen“ im Sinne, den
er im Sommer 1882 vollendete. — ³) Das Briefpapier trägt die Vig-
nette Bülows, der ſich im Juli mit Marie Schanzer verheiratet hatte.

Druck von C. G. Röder G. m. b. H., Leipzig.

CPSIA information can be obtained at www.ICGtesting.com
Printed in the USA
LVOW121613130312

272907LV00012B/145/A